Axel Ertelt und Wilfried Stevens

PORTALE UND TELEPORTATION

Schlüssel für Interstellare Reisen und Zeitreisen

Axel Ertelt und Wilfried Stevens

Portale und Teleportation

Schlüssel für Interstellare Reisen und Zeitreisen

„Portale und Teleportation“
1. Auflage September 2023

Ancient Mail Verlag Werner Betz
Europaring 57, D-64521 Groß-Gerau
Tel.: 00 49 (0) 61 52/5 43 75, Fax: 00 49 (0) 61 52/94 91 82

Verantwortlich für die Produktsicherheit:
Ancient Mail Verlag Werner Betz
Europaring 57, D-64521 Groß-Gerau
Tel.: 00 49 (0) 61 52/5 43 75, Fax: 00 49 (0) 61 52/94 91 82
www.ancientmail.de
Email: ancientmail@t-online.de

Bibliografische Information der Deutschen Nationalbibliothek:
Die Deutsche Nationalbibliothek verzeichnet diese Publikation in der Deutschen Nationalbibliografie; detaillierte bibliografische Daten sind im Internet über http://dnb.dnb.de abrufbar.

Coverfoto: Werner Betz
Covergestaltung: Karl Lesina, Luna Design
Druck: WIRmachenDRUCK GmbH, D-71522 Backnang

ISBN 978-3-95652-334-2

In memoriam

Im Gedenken an meinen besten Freund

Axel Ertelt
* 03.04.1954 † 02.02.2023

der nach schwerer Krankheit leider viel zu früh
diese Welt verlassen musste.
Wir werden uns auf der anderen Seite wiedersehen mein Freund.
44 Jahre Freundschaft und eine ebenso lange und
außergewöhnliche Teamarbeit verbinden uns über
den Tod hinaus. 3-6-9 haben wir erlebt.
Zur Ehrung als hervorragender und
unvergessener Sachbuchautor.

Inhalt

Vorwort

Nach durchschnittlichen Zahlen der vergangenen Jahre werden allein in Deutschland jährlich rund 100.000 Menschen als vermisst gemeldet. Das sind durchschnittlich 275 vermisste Personen pro Tag. Die meisten Fälle, etwa zwei Drittel, können allerdings innerhalb der ersten vier Tage aufgeklärt werden und die Vermissten tauchen wieder auf. Drei Prozent aller Fälle, das sind pro Jahr etwa 3.000 Personen, bleiben länger als ein Jahr unaufgeklärt und tausende der in der Vergangenheit bereits vermissten Personen blieben für immer spurlos verschwunden – allein in Deutschland.

Es gibt eine ganze Reihe von Erklärungen, warum ein Mensch scheinbar spurlos verschwindet. In den wohl meisten Fällen wurde die vermisste Person Opfer eines Verbrechens (Entführung, Mord, Menschen- und Kinderhandel) oder sie haben sich aus irgendeinem Grund abgesetzt und eine neue Identität angenommen. Aber es gibt auch Fälle, in denen Menschen scheinbar ins Nichts verschwanden. Das ist zum Beispiel immer dann der Fall, wenn ihre Spuren abrupt im Schnee oder Sand enden. So zum Beispiel der reale Fall eines kleinen Jungen, der an einem Sandstrand in Portugal verschwand. Der Junge ging mit seiner Mutter und deren Lebensgefährten am Strand spazieren. Er lief ein Stück weit voraus und die beiden Erwachsenen verloren ihn nur für einen kurzen Moment aus den Augen. Und dann war er auf einmal nicht mehr zu sehen, war einfach nicht mehr da. Die Mutter und ihr Lebensgefährte liefen den Spuren des Jungen hinterher, die plötzlich endeten. Trotz einer großangelegten Suche blieb der Junge seit Jahren, bis heute, spurlos verschwunden. Die offizielle Erklärung der portugiesischen Behörden lautete, dass der Junge ins Meer geriet und dann durch die Strömung abgetrieben wurde. Doch die Gesamtumstände sprechen dagegen. Später kam als zweite Erklärungsvariante ins Spiel, dass der Junge das Entführungsopfer eines Pädophilen geworden sei, der bereits in einem anderen Vermisstenfall als Hauptverdächtiger gilt. Aber auch dies erscheint mehr als fragwürdig angesichts der tatsächlichen Umstände. Was wirklich damals in Portugal passierte, bleibt vielleicht für immer im Dunkel der Zeit verborgen.

Auch gibt es zahllose Berichte, wonach Menschen sich vor den Augen anderer Personen scheinbar von einem Moment zum anderen in Nichts auflösten. Was passiert dabei? Teleportierten sie sich (bewusst oder unbewusst) weg? Wurden sie weggebeamt? Oder gerieten sie in ein Portal zu einer anderen Welt, einer anderen Dimension oder in eine andere Zeit?

In diesem Buch geht es im weitesten Sinne um den Themenkomplex *„Teleportation, Beamen und Portale"*. Diese Begriffe unterscheiden sich insofern, dass die Teleportation häufig als eine PSI-Fähigkeit verstanden wird, die von einem Menschen als Individuum ohne technische Hilfe durchgeführt wird. Beamen ist im Grunde ein ähnlicher, aber technisch hervorgerufener Prozess, der vor allem aus der Science-Fiction bekannt wurde. Portale hingegen sind Orte, an denen Anomalien (Wurmlöcher, Löcher oder Risse im Raum-Zeit-Gefüge und ähnliches) auftreten, die Gegenstände oder Lebewesen scheinbar verschwinden und/oder auftauchen lassen. Das sind häufig irgendwelche Orte natürlichen Ursprungs, können aber auch technischen Ursprungs sein (ähnlich der Sternentore in der SF-Serie *„Stargate"*) oder zumindest durch *„technische"* Zugaben kenntlich gemacht worden sein. Alle drei Begriffe bedeuten eine Ortsversetzung, in der Regel in Nullzeit. Der aus dem englischen Sprachraum stammende Begriff des Beamens wurde erst durch die US-amerikanische SF-Serie *„Star Trek"* (*„Raumschiff Enterprise"*) so richtig populär.

Es gibt darüber hinaus weitere Phänomene, die ebenfalls auf einen Prozess der Teleportation zurückgeführt werden könnten. Diese werden aus diesem Grund auch hier dargestellt und mit Teleportationen in Konsens gebracht. Besonderen Wert legen wir dabei auch auf Dokumentation zahlreicher bekannter und unbekannter Fälle zur Verdeutlichung des Themenkomplexes. Dies teilweise auch in Form von alten Überlieferungen, Sagen und Legenden. So könnten auch Zeitreisephänomene, das Verschwinden von Personen und Gegenständen sowie weitere Phänomene und Begebenheiten auf Teleportations-Vorgänge hindeuten.

Nach sorgfältigen Recherchen und dem Studium all der Dinge, die wir hier im Buch beschreiben, kann man nur zu der Schlussfolgerung kommen, dass es bereits Teleportationen gegeben hat und dass das Beamen auf technischer Ebene (zumindest) in der Zukunft durchaus realisierbar ist. Doch dies bringt nicht nur Vorteile, sondern auch gefährliche Nachteile mit sich, wenn das Beamen außer Kontrolle der Menschlichkeit gerät und für eigene egoistische Zwecke Einzelner oder machthungriger Diktatoren missbraucht wird.

Andererseits kann mittels einer Beamtechnik der gesamte Personenverkehr sowie das gesamte Transportwesen revolutioniert werden, wenn es dabei keine Grenzen für Größe und Gewicht mehr gibt. Das würde gleichzeitig auch unser selbstgemachtes Umweltproblem lösen, wenn der aufwendige und umweltschädliche Transport mit LKW, Schiff, Bahn und Flugzeug entfällt. Aber es würden zudem Millionen von Jobs weltweit im Verkehrswesen und in der Auto-, Schiffs-Eisenbahn- und Flugzeugindustrie wegfallen. Ob diese alle im neuen Industriezweig der Beamtechnologie einfließen könnten, ist noch ungewiss. Jedenfalls könnte eine Beamtechnologie unser aller Leben nicht nur deutlich erleichtern, sondern vor allem auch grundlegend verändern.

Wir haben in diesem Buch eine ganze Reihe von Fällen geschildert, die teilweise mehr oder weniger spektakulär sind. Im Allgemeinen geben wir diese hier ohne eine Bewertung wieder. Ein paar dieser Fälle klingen so unglaublich, dass es schwer fallen wird sie für echte Ereignisse zu halten. Eine gewisse Skepsis ist dann durchaus schon einmal angebracht. Doch halten wir es mit William Shakespeare, der Hamlet in *„Die Tragödie von Hamlet, Prinz von Dänemark“* sagen lässt: *„Es gibt Dinge zwischen Himmel und Erde, Horatio, von denen sich eure Schulweisheit nichts träumen lässt.“*

Axel Ertelt und Wilfried Stevens, Halver und Düsseldorf 2023

Was versteht man unter Teleportation?

Als Teleportation (von griechisch τήλε [tile] = fern / weit weg und lateinisch portare = tragen) wird der Transport eines Objektes von einem Ort zu einem anderen Ort in minimalster Zeit (auch Nullzeit genannt) bezeichnet. Dabei durchquert das zu teleportierende Objekt nicht den dazwischenliegenden Raum, sondern wird am Ausgangsort dematerialisiert und am Zielort wieder rematerialisiert. Der Begriff der Teleportation wurde 1931 vom amerikanischen Schriftsteller Charles Fort zur Beschreibung für seltsames Verschwinden und Erscheinen benutzt, weshalb ihm die Einführung dieses Begriffes zugeschrieben wird. Allerdings haben die *Hawaiian Gazette* (Honolulu 1865–1918) und andere Zeitungen bereits 1878 über einen *„Teleport"* berichtet. Das soll ein technisches Gerät gewesen sein, mit dem Gegenstände und Personen von einem Sende-Port zu einem Empfangs-Port transportiert wurden. Dazu mehr im Abschnitt *„Ist eine technische Teleportation (Beamen) unmöglich?"* Ungeachtet der Frage, ob es dies im Jahr 1878, dem Erscheinungsjahr der Berichte, gegeben hat, ist der Begriff doch bereits lange vor Charles Ford bekannt gewesen.

Der Vorgang der Teleportation ist in der Science-Fiction auch als „beamen" bekannt (beispielsweise bei *Star Trek* oder *Stargate*). Beamen ist ein englischer Begriff für Teleportation (to beam = aussenden / ausstrahlen, beam = [Licht- / Leit-] Strahl). In den frühen Star-Trek-Episoden um das Raumschiff Enterprise mit Captain James T. Kirk (William Shatner) ist der Spruch *„Beam me up, Scotty"* (deutsch: *„beam mich hoch, Scotty"*) bis heute ein geflügeltes Wort geblieben.

In der Science-Fiction sind für das Beamen technische Geräte notwendig, was auch in der Realität der Fall sein würde, wenn man beamen auf diese Art in der Zukunft möglich machen könnte. Nach heutigem Ermessen ist dies jedoch sehr unwahrscheinlich – wenigstens in absehbarer Zeit. Im Grunde ähnlich funktionieren in der Science-Fiction auch die Sternentore (*Stargate*), die Transmitter (*Perry Rhodan*), der Teleporter (in der TV-Verfilmung von George Langelaan:

„Die Fliege“; die Wikipedia-Autoren sprechen hier von einem *„Materietransmitter“*, der in George Langelaans Roman-Novelle *„Desintegrator/Reintegrator“* genannt wird, aber in der TB-Ausgabe vom Fischer Taschenbuch Verlag ist nur die Rede von der *„Sendekabine* oder *Übertragungskabine“* und *„Empfangskabine“*) oder die Sprünge durch den Hyperraum bei interstellaren Raumflügen (z. B. *Perry Rhodan*), um nur ein paar Beispiele zu nennen. Auch dies sind Teleportations- oder Beamvorgänge im weiteren Sinne des Begriffes.

Des Weiteren soll es die Teleportation aber auch als Parafähigkeit geben – und dies nicht nur in der Science-Fiction. Bei *Perry Rhodan* gab es beispielsweise das sogenannte Mutantencorps, dessen Mitglieder die unterschiedlichsten paranormalen Fähigkeiten besaßen. Die bekannteste Figur war wohl Gucky, der Mausbieber, der auch ein Teleporter war und sich mit Geisteskraft selbst von einem Ort an einen anderen teleportieren konnte. Auch real soll die Fähigkeit der Teleportation als sogenannte paranormale oder Parafähigkeit neben der Telepathie, Hypnose, Suggestion und Telekinese existieren. Sie wäre dann sicher die spektakulärste aller Parafähigkeiten, die ein Mensch besitzen könnte. Die Theorie, die zur Teleportation in der Parapsychologie bzw. bei der Teleportation als PSI-Fähigkeit am meisten verbreitet ist, hat sowohl mit dem Bewusstsein als auch mit dem Willen zu tun: *„Die Person will irgendwo sein, und einen Augenblick später ist sie einfach da.“* Aber ist dies wirklich möglich? Wenn es tatsächlich Menschen gibt, die über eine solche Gabe verfügen, dann müsste dies in der Zukunft auch technisch realisierbar sein.

Der US-amerikanische Wissenschaftstheoretiker Bob Toben ist davon überzeugt, dass Personen mit einem hohen Bewusstsein in ihren Biogravitationsfeldern auf künstlichem Wege so eine Art Wurmlöcher erzeugen können. Dadurch wären sie in der Lage, starke gravitative Krümmungen zu erzeugen, die zu extremen Verzerrungen in der lokalen Raumzeit-Umgebung führen können. Deshalb ist sich Toben sicher, dass es in den lokalen Zeitstrukturen solcher Personen gegenüber der Realzeit zu Abweichungen kommt, die sich als paranormale oder paraphysikalische Manifestation äußern. Führt dies zu Teleportationen in Raum und Zeit?

Fälle vermuteter menschlicher Teleportationen

Die vermutlich erste Person, die angeblich teleportieren konnte, war der Heiler Apollonius von Tyana (* um 40 – † um 120), der im 1./2. Jahrhundert n. Chr. in Rom lebte. Augenzeugen zufolge konnte der Arzt sofort von Rom nach Ephesus ziehen, um Menschen mit der Pest zu behandeln. Kaiser Domitian erfuhr von dieser erstaunlichen Fähigkeit des Heilers, und hielt sie für gefährlich. Er bezichtigte Apollonius von Tyana der Hexerei und machte ihm den Prozess. Nach der Urteilsverkündung sagte der Philosoph: *„Niemand, nicht einmal der Kaiser von Rom, kann mich in Gefangenschaft halten."* Es gab einen hellen Blitz, und der Angeklagte verschwand. Gleich darauf sah man ihn mehrere Tagereisen von Rom entfernt von seinen Jüngern umringt.

Der folgende Fall ereignete sich in Deutschland im 15. Jahrhundert. Elsa Farthen, die Nichte des örtlichen Bürgermeisters, ging abends zum Schlafen in ihr Schlafzimmer und schloss die Zimmertür von innen zu. Außer einem Dienstmädchen, welches ein helles Licht in der Nacht unter der Tür durchscheinen sah, hatte niemand etwas Ungewöhnliches in der Nacht bemerkt. Am nächsten Morgen kam Elsa nicht aus ihrem Zimmer. Da Elsa nicht auf Rufe und Klopfen reagierte, entschloss man sich die verschlossene Tür zu ihrem Schlafzimmer gewaltsam aufzubrechen. Nun musste man feststellen, dass das Zimmer leer und Elsa spurlos verschwunden war. Zwei Tage vergingen, in denen immer wieder überall nach der jungen Frau gesucht wurde – vergebens. Doch dann, am Morgen des dritten Tages nach Elsas Verschwinden fand sie sich unerwartet und vollkommen unbemerkt von den anderen Personen im Haus in ihrem Schlafzimmer wieder. Sie verstand die im Haus herrschende Aufregung nicht und auf die Erklärung ihrer Familie, dass sie schließlich zwei Tage verschwunden war, wollte sie dies gar nicht glauben. Sie war der Überzeugung gestern Abend ins Bett gegangen und dann heute Morgen wieder aufgewacht zu sein. Sie meinte friedlich im Bett geschlafen zu haben. Lediglich an einen Traum, wie sie meinte, konnte sie sich noch schwach erinnern. Darin war ein helles Licht gewesen und sie sah einige Gesichter, die sie aber nicht genau erkennen konnte.

Der Grieche Cleomedes, einst ein Gewinner bei den Olympischen Spielen, suchte Zuflucht vor einigen Attentätern im Tempel der Artemis. Im Tempel stieg er in eine große Truhe. Seine Verfolger öffneten die Truhe und sahen Cleomedes wie eine vom Wind verwehte Rauchwolke in der Truhe verschwinden.

Diderici, ein französischer Abenteurer, landete als Gefangener in der Festung Vislousty in Danzig. Eines Tages, während die Gefangenen im Hof spazieren gingen, begann Diderici vor den Augen der entsetzten Gefangenen und Wachen zu verschwinden. Er löste sich buchstäblich in Luft auf. Nur seine eisernen Fesseln fielen noch klirrend zu Boden.

Die Tochter eines Kaufmanns, Pierrette Darili, trug am Dreifaltigkeitstag des Jahres 1579 in der französischen Stadt Arles eine Statue der heiligen Klara in einer kirchlichen Prozession. Plötzlich wurde das Mädchen vor den Augen vieler Gläubiger und des Klerus durchsichtig und verschwand zusammen mit der Figur. An der Stelle, an der sie verschwand, wehte nur ihr Musselin-Schleier noch zu Boden, wie Augenzeugen berichteten. Das Mädchen wurde nie wieder gesehen.

In alten spanischen Quellen gibt es den Bericht über den Soldaten Gil Pérez, der am 25. Oktober 1593 völlig unvermittelt auf der Plaza Mayor (dem heutigen Zócalo) in Mexiko-Stadt auftauchte. Sein Regiment befand sich jedoch Tausende von Kilometern entfernt auf den Philippinen. Der Soldat erzählte, dass er noch wenige Augenblicke vor seinem Auftauchen in Mexico-Stadt Wachdienst im Palast des Gouverneurs der Philippinen in Manila hatte und der Gouverneur vor seinen Augen getötet wurde. Laut den Quellen verlor der Soldat das Bewusstsein, als die Randalierer die Residenz des Gouverneurs in Manila angriffen. Seine Ankunft in Mexico-Stadt konnte sich der Soldat nicht erklären. Er wurde schließlich vor Gericht gestellt, weil man ihm nicht glaubte. Erst einige Monate später wurde dieses Ereignis von Passagieren eines Schiffes bestätigt, das von den Philippinen in Mexico eintraf.

Im 17. Jahrhundert gab es im Kloster Jesu in der Stadt Agreda (Spanien) eine Nonne namens Maria. In den 11 Jahren zwischen 1620 und 1631 teleportierte sie mindestens 500-mal nach Amerika, wie offizielle Aufzeichnungen bestätigen. Dort bekehrte sie die Yuma-Indianer zum Christentum. Von ihren Reisen und Bekehrungen erzählte sie auch ihren Glaubensschwestern. Im Jahr 1622 bat Pater Alonso de Binavides von der Isolito-Mission in New Mexico in Briefen an Papst Urban VIII. und König Philipp IV. von Spanien um eine Mitteilung, wer es geschafft hatte, die Yuma-Indianer zum christlichen Glauben zu bekehren. Die Indianer selbst hatten ihm gesagt, dass dies die *„Frau in Blau"*, eine europäische Nonne, gewesen sei, die ihnen auch Kreuze, einen Rosenkranz und einen Kelch hinterlassen hatte, was sie während der Messe verwandten. Papst Urban VIII. glaubte den Geschichten über die Nonne nicht und bat den spanischen König, diese Geschichten zu überprüfen. Doch auch Passagiere eines Schiffes, das aus Amerika kam, brachten Zeugnisse der Indianer mit, die bestätigten, dass ihnen wiederholt eine Frau aus Europa erschienen war. Diese sah genau wie die Nonne Maria aus und hatte zu ihnen von Christus gesprochen und ihnen den Rosenkranz gegeben. Einige Zeit später erhielt Pater Alonso de Binavides von der Nonne selbst einen detaillierten Bericht über ihre Besuche bei den Indianern. Auch beschrieb sie ihm deren Bräuche und Kleidung, was vollkommen mit dem übereinstimmte, was er selber gesehen hatte.

Im Jahr 1655 ging ein Mann im indischen Bundesstaat Goa seinen Geschäften nach. Urplötzlich befand er sich auf einmal in seinem Geburtsort in Portugal wieder. Das plötzliche Erscheinen des Mannes, wie aus dem Nichts, in Portugal wurde von zahlreichen Menschen beobachtet. So kam dieser Fall auch den Inquisitoren zu Ohren, die ihm den Prozess machten, weil sie glaubtes es handele sich um einen Zauberer oder Hexer. Schließlich wurde er der Hexerei schuldig gesprochen und auf dem Scheiterhaufen verbrannt.

1661 stellte man Florence Newton, eine Frau aus Cork (England) vor Gericht. Sie wurde der Hexerei beschuldigt, weil sie angeblich dazu neigte, gewalttätige Episoden von dämonischer Besessenheit zu haben. Auch Florence Newton soll die Fähigkeit der Teleportation besessen haben und oft aus einem Raum verschwunden sein, um nur Augenblicke später in einem anderen Raum oder sogar auf dem Dach oder in einer verschlossenen Truhe wieder aufzutauchen.

Im Bereich der Stadt Tacona auf der italienischen Insel Sizilien gibt es einen geheimnisvollen Ort, der *„Teufelsfalle“* genannt wird. Der Name geht auf einen mysteriösen Vorfall zurück, der sich Mitte des 18. Jahrhunderts ereignet hat und für den es mehrere Zeugen gab. In der Stadt lebte damals auch der Handwerker Alberto Gordoni. An dem warmen und klaren Morgen des 3. Mai 1753 ging Gordoni durch den Hof seines Anwesens. Gleichzeitig waren noch etliche weitere Personen auf dem Hof zugegen, darunter seine Ehefrau und sein Freund, der Graf Zenetti. Ganz plötzlich, wie aus dem Nichts, verschwand Gordoni von einem Augenblick auf den anderen. Die anderen Personen, die sich zu diesem Zeitpunkt auf dem Hof aufhielten, waren fassungslos und seine Ehefrau fiel vor Entsetzen sogar in Ohnmacht. Noch unter Schock stehend suchten die Anwesenden den gesamten Hof ab und untersuchten vor allem den Boden am Ort des Verschwindens ganz genau. Es gab keinerlei Löcher oder Vertiefungen, in denen Gordoni hätte versinken können. Der gesamte Bodenbereich war absolut fest und eben. 22 Jahre später tauchte Gordoni ebenso plötzlich und unvermittelt wie er verschwunden war, an genau der gleichen Stelle, wieder auf. Von einem Augenblick zum anderen stand er, wie aus dem Nichts, wieder mitten im Hof. Die Leute, die bei seinem Wiedererscheinen im Hof waren, fragten ihn wo er die ganze Zeit gewesen und wie er wieder hierhergekommen sei. Doch Gordoni verstand nicht, was sie wollten und meinte er sei doch nicht verschwunden gewesen. Jedenfalls konnte er sich an nichts erinnern und für ihn schienen die 22

Jahre nicht stattgefunden zu haben. Daraufhin wurde er kurzerhand in eine Irrenanstalt gesteckt, in der er dann die nächsten sieben Jahre verbrachte. Dann beschloss ein Arzt mit Namen Mario mit Gordoni noch einmal ausführlicher über seine Geschichte zu sprechen. Und der erzählte dem Arzt, dass er sich damals plötzlich in einer Art Tunnel befunden hätte, der ihn in ein schwaches weißes Licht führte. Vor ihm befand sich dann ein kleines Bild, das mit verschiedenen Punkten und Sternen bedeckt war, die alle auf irgendeine Weise pulsierten. Schließlich kam Gordoni an einem Ort, an dem es eine Reihe seltsamer Geräte und eine unbekannte haarige Kreatur gab, die ihm sagte, dass er sich in einem Spalt aus Zeit und Raum befände. Von diesem Ort aus sei es sehr schwierig zurückzukehren. Während Gordoni auf seine Rückkehr nach Hause wartete, erzählte ihm eine Frau von Löchern, die sich im Dunkeln öffnen und über weiße Tropfen und Gedanken, die sich mit Lichtgeschwindigkeit durch den Raum bewegen. Auch von Seelen ohne Körper und von Körpern ohne Seelen berichtete ihm die Frau genauso wie über fliegende Städte, in denen junge, unsterbliche Bewohner lebten. Dann war es soweit und er wurde nach Hause gebracht. Gordoni war sowohl bei seiner Rückkehr, als auch nach den sieben Jahren in der Irrenanstalt felsenfest davon überzeugt, dass er nicht sehr lange, maximal ein paar Stunden, abwesend gewesen ist. Doktor Mario glaubte schließlich die Geschichte, die Gordoni ihm erzählt hatte und beschloss mit ihm zum Ort der damaligen Geschehnisse zu gehen um weitere Untersuchungen durchzuführen. Als sie in dem Hof ankamen, passierte etwas schier Unglaubliches. Mitten im Gehen verschwand er vor den Augen von Doktor Mario wieder genauso plötzlich wie 29 Jahre zuvor. Diesmal allerdings war das Verschwinden für immer. Jedenfalls wurde Alberto Gordoni danach nie wieder gesehen. Doktor Mario, der hier an die Machenschaften des Teufels glaubte, ließ daraufhin eine Mauer um den Ort des Verschwindens errichten und nannte ihn *„Die Teufelsfalle“*. Diesen Namen hat der Ort bis heute behalten.

Im November 1807 wollte in Perleberg, unweit von Hamburg, der englische Diplomat Benjamin Bathurst vor einem Hotel eine Kutsche besteigen. Doch während er in die Kutsche einstieg verschwand er plötzlich. Seine Diener und einige Bedienstete des Hotels waren Zeugen und sagten später: *„Es war, als ob er durch den Boden fiel.“* Mit dem Diplomaten verschwanden auch ein Zobelmantel und eine Mappe mit Dokumenten. Niemand hat Benjamin Bathurst je wieder gesehen.

Am 3. Juni 1871 teleportierte Mrs. Guppy, eine Londoner Hellseherin, sich Augenzeugenberichten nach angeblich spontan aus ihrem Haus in Highbury (England), um im selben Augenblick mitten in einer Seance zu landen, die gerade in einem rund drei Meilen entfernten Haus in der Lamb's Conduit Street durchgeführt wurde. Sie tauchte dort wie aus dem Nichts auf und hatte lediglich ihre Unterwäsche an.

In den 1880er Jahren gab es eine größere Anzahl von Vermisstenfällen im Osten von London, die als *„Vermisste von West Ham“* in die Geschichte eingingen. Unter den ersten Opfern war das kleine Mädchen Eliza Carter. Sie verschwand plötzlich zu Hause und erschien auf der Straße, wo sie sich mit Schulfreundinnen unterhielt. Auf deren Aufforderung nach Hause zu gehen, sagte sie, dass sie das nicht könne. Kurz darauf verschwand sie für immer.

Im US-Bundesstaat Connecticut materialisierten im Januar 1888 plötzlich und unvermutet sechs Personen mitten auf einer Straße. Sie litten alle an einer Gehirnerschütterung. Das überraschende Auftauchen dieser Personen, wie aus dem Nichts, erschreckte zahlreiche Passanten, die Zeugen des Vorfalls wurden.

Die Familie Pansini zog 1901 in ein Haus in Ruvo (Italien). Dort begann der 7jährige Sohn Alfredo Pansini mit der Fähigkeit sich spontan von einem Ort zum anderen zu teleportieren. Alfredo verschwand dabei plötzlich aus seinem Haus, häufig auch vor den Augen von Besuchern, um dann unmittelbar an einem anderen Ort in der Stadt wieder aufzutauchen. Nach einer Zeit begann auch Alfredos Bruder Paolo spontan zu teleportieren. Diese Vorfälle wurden von Joseph Lapponi, einem medizinischen Berater der Päpste Leo XIII. und Pius X. untersucht. In einem Experiment sperrte er die Jungen in ihrem Zimmer ein und versiegelte alle Fluchtwege, einschließlich Fenster und Türen im ganzen Haus. Trotzdem verschwanden die beiden Jungen und tauchten augenblicklich mehrere Meilen entfernt wieder auf, was zahlreiche Menschen bestätigten. Diese Fähigkeit besaßen die Jungen mehrere Jahre bis zur Pubertät. Danach verloren sie offenbar die Fähigkeit der Teleportation.

Viele Menschen glauben, dass auch der Zauberer und Entfesselungskünstler Harry Houdini (* 24.03.1874 – † 31.10.1926) die Teleportation beherrschte. Mit ihrer Hilfe soll er aus einer verschlossenen und gut bewachten Zelle aus einem Gefängnis in St. Petersburg verschwunden sein.

Am 6. Januar 1914 befanden sich einige vornehme junge Damen auf der High Street in Chatham in der Grafschaft Kent in England. Sie eilten geschäftig auf der Straße umher, als plötzlich aus dem Nichts ein nackter Mann mitten unter ihnen auftauchte. Niemand hatte ihn kommen sehen, er war auf einmal plötzlich da. Ein Polizist kam, ergriff den Mann und brachte ihn auf die Wache. Der Unbekannte konnte keinerlei Aussagen zu seiner Person machen und wurde schließlich für verrückt erklärt und ins Krankenhaus nach Medway gebracht.

In den späten 1920er Jahren fingen die beiden Adoptivsöhne von Dr. Ketar aus Poona (Indien) an zu teleportieren. Sie tauchten dabei immer ganz plötzlich an verschiedenen Orten auf, darunter in verschlossenen Autos und verschlossenen Schuppen. Einmal wurde die Mutter Zeuge, als ihr ältester Sohn plötzlich vor ihr auftauchte und behauptete, er sei gerade aus der weit entfernten Stadt Karjat gekommen. Frau Ketar sagte, dass ihr Sohn über dem Boden schwebte, als er auftauchte.

Am Dienstag, dem 24. Juli 1928, eilt der belgische Großfinanzier Alfred Loewenstein über den Flugplatz Croydon in London zu seiner dreimotorigen Fokker VII. Nur wenige Minuten später hebt die Maschine ab. Ziel des Flugzeugs ist die belgische Hauptstadt Brüssel.

Nachdem die Maschine die vorgesehene Reiseflughöhe von 3.600 Fuß erreicht hatte, betrat Alfred Loewenstein die Bordtoilette. Zehn Minuten später war Loewenstein immer noch nicht wieder aus der Bordtoilette herausgekommen. Deshalb öffnete sein Sekretär die Tür. Die Toilettenkabine war zum Erstaunen des Sekretärs leer. Seitdem fehlt von Alfred Loewenstein jede Spur.

1950 verschwanden etwa 100 Kuomintang-Soldaten in der Bambus Schlucht am chinesischen Shennong Fluss spurlos, als sie sich dort vor den anrückenden kommunistischen Abteilungen versteckten.

Im Dezember 1952 behauptete der bekannte Mystiker Wellesley Tudor Pole (* 23.04.1884 – † 13.09.1968), er sei nach der Ankunft mit einem Zug in ziemlich schlechtes Regenwetter geraten. Taxis oder andere Transportmittel waren nicht vorhanden. Das einzige Münztelefon am Bahnhof war defekt und Pole wusste nicht wie er in sein Zuhause in Sussex (England) kommen sollte. Er befürchtete schon sich die Nacht im Bahnhof um die Ohren schlagen zu müssen. Dabei erwartete er zu Hause noch einen wichtigen Anruf. Er setzte sich hin und verglich die Zeit seiner Uhr mit der Bahnhofsuhr. Beide Uhren zeigten 17.57 Uhr an. Pole behauptete später, er habe sich plötzlich und völlig überraschend im Flur seines Hauses wiedergefunden. Seine Kleidung war absolut trocken und überhaupt nicht nass, seine Schuhe waren auch nicht mit Schlamm bedeckt. Er konnte also nicht durch den Regen gegangen sein. Außerdem schlug die Uhr bei seiner Ankunft im Haus 18.00 Uhr. Seit dem Uhrenvergleich auf dem Bahnhof bis zum Eintreffen in seinem Haus waren nicht einmal drei Minuten vergangen. Die Entfernung wäre selbst mit einem Taxi schier unmöglich in dieser Zeit zu bewältigen gewesen.

Thomas R. Kessell tauchte im Jahr 1956 plötzlich aus dem Nichts auf einer belebten Straße in New York City auf. Er selber konnte sich nicht erinnern, was passiert war und sagte, dass er vor seinem Auftauchen in New York City eine Bar in Johannesburg (Südafrika) verlassen hätte. Und dann sei er plötzlich entlang der Straße in New York gelaufen. Kessell besaß keinen Pass und hätte somit auch gar nicht auf einem normalen Weg in den USA einreisen können.

Jerry Unwin, ein Gefreiter der US-Streitkräfte, verschwand in den 1950er Jahren mehrmals und tauchte danach plötzlich wieder auf – bis er am 1. August 1959 für immer spurlos verschwand.

Im Mai 1968 fuhren Dr. Geraldo Vidal und seine Frau Raffo de Vidal mit ihrem Peugeot 403 auf einer abgelegenen Landstraße von der argentinischen Stadt Chascomus in der Provinz von Buenos Aires zu ihren Freunden in die Stadt Maizu. In der Nähe von Bahía Blanca wurden sie plötzlich von einem dichten Nebel eingehüllt. Als sich der Nebel wieder lichtete, fanden sie sich an einem ihnen völlig unbekannten Ort wieder. Da sie nicht bei ihren Freunden ankamen wurde die Wegstrecke abgesucht, was jedoch keinerlei Spuren brachte. Erst 48 Stunden später meldeten sich die Vidals bei ihren Freunden und sagten, an die inzwischen vergangenen zwei Tage keine Erinnerung zu haben. Sie befanden sich 6.400 Kilometer entfernt in Mexiko-Stadt. Ihr Auto wies außen Verbrennungsspuren auf. Dieser Vorfall wurde allerdings später teilweise auch als Entführung durch UFOs oder als Fake und Promotion für einen geplanten Science-Fiction-Film dargestellt.

Gegen Ende der 1970er Jahre fuhren fünf Männer mit ihrem Boot *Sarah Jo* bei der hawaiianischen Insel Maui zum Fischen aufs Meer hinaus. Es kam ein Sturm auf und die Crew ging auf See spurlos verloren. Doch knappe zehn Jahre später fand man auf einer rund 3.000 Kilometer entfernten Insel ein Grab, in dem einer der verschwundenen Fischer beerdigt lag. Von den anderen vier Fischern wurde bis heute nie eine Spur gefunden. Es bleibt die Frage, wie der verstorbene Fischer auf die Insel kam. Ist er teleportiert? Aber wer hat ihn begraben?

Der Phänomene-Forscher Ion Alexis Will entdeckte im August 1993 in der Elfenbeinküste (Afrika) einen obdachlosen 9jährigen Jungen. Als Will im ländlichen Yamoussoukro war, stieß er auf eine katholische Kirche mit dem Namen St. Augustin. Die Priester der Kirche beschwerten sich gerade über einen 9jährigen Jungen, der die doch recht beunruhigende Angewohnheit hatte aus seinen verschlossenen Unterkünften zu verschwinden und dann an allen möglichen und teils seltsamen Orten wie beispielsweise in verschlossenen Autos wieder aufzutauchen. Einmal war dieser Junge während des Frühstücks vor den Augen zahlreicher Zeugen in Sekundenbruchteilen verschwunden und in einiger Entfernung zur Kirche wieder aufgetaucht. Der Junge hieß N'Doua Kouname Serge und war ursprünglich in einer 250 Kilometer entfernten Stadt in einem tranceähnlichen Zustand gefunden worden. Im Alter von nur 5 Jahren war er, so ergaben die Recherchen, unter mysteriösen Umständen aus einem Krankenhaus in Tiassalé (Elfenbeinküste) verschwunden und dann plötzlich 200 Meilen entfernt, in San Pedro, wieder aufgetaucht. Der Vater des Jungen war nach San Pedro gereist um ihn abzuholen. Doch sein Sohn verschwand von dort, um diesmal 410 Meilen entfernt in der Stadt Odienné wieder aufzutauchen. Danach machte er noch viele andere spontane Sprünge, die ihn in zahlreiche weitere Städte im ganzen Land führten. In denen verbrachte er oft Monate. Einige seiner Wohltäter, die ihn an diesen Orten unterstützten, kamen zu dem Schluss, der Junge sei von einem bösen Geist besessen, der ihn teleportieren würde. Als er einmal von einem Reporter gefragt wurde, wie er plötzlich so schnell von Ort zu Ort springen könne, sagte der Junge selbst: *„Ich weiß es nicht. Ich bin dann einfach da.“*

Seit 1998 wird die 18jährige Deirdre Jacob vermisst. Dieser Fall ist durch Augenzeugen besonders belegt. Direkt vor ihrem Verschwinden, das in unmittelbarer Nähe ihres Elternhauses in Süd-Irland geschah, war sie noch von einer Überwachungskameras aufgenommen worden. Nachbarn sahen sie dann auch etwa 200 Meter vom Haus entfernt am Straßenrand stehen, wo sie stand um die Fahrbahn zu überqueren um die noch wenige Meter nach Hause zu kommen. Und dann war sie plötzlich von einem Moment auf den anderen nicht mehr da – am helllichten Tag!

Gegen Ende des letzten Jahrtausends (ca. 1999) verschwanden aus einem Spiegelsaal in einem Vergnügungspark der britischen Stadt

Kent mehrere Kinder. Sie kamen nie wieder aus dem Spiegelsaal heraus. Die Polizei fand nicht die geringste Spur. Jahre später meldete sich eine Hellseherin zu Wort, die behauptete, dass hinter einem der Spiegel in dem Vergnügungspark eine Tür zu einer anderen Welt sei, durch die die Kinder gegangen seien.

Auf Grund des nachfolgend geschilderten Ereignisses, welches der Erfinder John Quincy St. Clair (* 21.05.1945 – † 13.09.2021) am 2. Mai 2004 in den USA hatte, erfand er (zumindest theoretisch) ein *„Ganzkörper Teleportations System"*, auf das in den USA auch ein Patent eingetragen ist. Mehr über die Erfindung lesen Sie im Abschnitt *„Ein US-Patent für eine Teleportations-Maschine"*. St. Clair lief in unmittelbarer Nähe eines Verkehrsflughafens eine Straße entlang auf eine Bushaltestelle zu. Etwa in der Mitte der Bushaltestelle verlief quer über die Straße ein Gitterrost über einer Wasserablaufrinne. Er war noch etwa 50 Meter von diesem Gitterrost entfernt, als er eine vertikale Welle spürte, ähnlich einer im Wind wehenden Fahne, welche die Straße hinunter zur Bushaltestelle verlief. Die Geschwindigkeit der Welle betrug nach Einschätzung von St. Clair etwa einen Meter pro Sekunde und war somit etwas schneller als seine Schrittgeschwindigkeit. Im nächsten Augenblick fand sich St. Clair an der nächsten Blockecke, etwa 50 Meter hinter der Bushaltestelle, wieder. Innerhalb von Sekundenbruchteilen hatte er eine Strecke von rund 100 Metern zurückgelegt. Den Vorgang erklärte der Betroffene später als Teleportation wie folgt: *„Es war offensichtlich, dass die Welle gepulst war, weil die Vorderkante mich überholte, sich einen Moment lang mit mir bewegte und mich dann die Hinterkante der Welle verließ."* Und weiter wird erläutert, dass er offenbar während des Sekundenbruchteils, in dem er sich in der Welle befand, die Entfernung von 100 Metern mit der Welle mitgerissen und so teleportiert wurde.

An einem warmen Frühlingsabend saß Beth Fletcher in ihrem Auto und wartete auf ihre Tochter, die sie vom Turnen abholen wollte. Zufällig bemerkte sie einen seltsamen Mann, der hinter einem großen Baum im Hof der Turnhalle stand. Der Mann war sehr groß und hatte einen langen Bart und langes Haar. Auf seinem Kopf war ein hoher Hut, der aus Metall zu sein schien. Zudem hatte er einen kompletten Körperpanzerung einschließlich einer Brustplatte aus Metall – ähnlich so, wie man sich einen Ritter aus dem Mittelalter vorstellt. Beth Fletcher starrte den Mann an, der sie wiederum ebenfalls beobachtete. Sie wusste nicht so recht, was sie von diesem seltsamen Mann halten sollte, der plötzlich wie aus dem Nichts aufgetaucht war. Beth beschloss aus ihrem Auto auszusteigen und mit dem Mann zu sprechen. Als sie die Tür ihres Autos öffnete, verschwand der Fremde so schnell, wie er aufgetaucht war. Trotzdem ging Beth raschen Schrittes zu der Stelle, an der er gestanden hatte. Doch der Mann war nirgendwo mehr zu sehen und wie vom Erdboden verschluckt. Nun ging Beth Fletcher zu den anderen Eltern, die ebenfalls in ihren Autos saßen um ihre Kinder abzuholen, und fragte sie nach dem seltsam gekleideten Mann. Doch niemand sonst schien ihn gesehen zu haben. Die Identität des Mannes konnte nie geklärt werden. Dieser Vorfall hat sich in den USA abgespielt. Der genaue Zeitraum und der Ort konnten nicht ermittelt werden. Es muss sich jedoch Ende des 20., Anfang des 21. Jahrhunderts ereignet haben. War der Mann, der plötzlich aus dem Nichts aufgetaucht war und wieder ins Nichts verschwunden war dorthin teleportiert? Wenn ja, wo kam er her? Oder kam er vielleicht tatsächlich aus einer anderen Zeit? War er gar ein Ritter aus dem Mittelalter?

In der Nähe des Ortes Comcrieff in Schottland verschwanden an einem Tag zwei Frauen spurlos. McDougley, der Besitzer des Gebäudes, erzählte, dass sich in dem Schloss seltsame Dinge ereignen würden und dass es dort einige alte okkulte Bücher gäbe. Er hatte das Schloss verlassen, nachdem eines Nachts ein altes Portrait auf ihn gefallen war. Dadurch wurde in der Wand ein Blick in einen anderen Raum möglich. Und in eben diesen Raum stiegen die beiden Frauen heimlich hinein und verschwanden. Trotz intensiver Suche wurde nicht die geringste Spur von ihnen gefunden.

Im Jahr 2009 berichtete Pravda Report in einem Bericht mit dem Titel *„Lightning Can Open Doors to Parallel Worlds“* über eine Reihe von Teleportationsvorgängen. In einem der Vorfälle ging es um die UFO-Forscherin Tatyana Faminskaya, die in Moskau zweimal teleportierte. Während des Vorgangs konnte sie nichts fühlen und wachte einfach an einem anderen Ort in einer vollkommen anderen Landschaft auf. In einem weiteren Fall des Berichtes ging es um Lidia Nikolaeva aus dem Dorf Novy Byt (Russland). Sie hatte gesagt, dass sie beim Sammeln von Pilzen einmal einen stechenden Schmerz in der Brust gespürt habe und sich unmittelbar danach rund 3,3 Meilen entfernt in einer verlassenen Kirche wieder gefunden habe.

In Frankreich gibt es einen mysteriösen Stausee. Mysteriös deshalb, weil hier immer wieder einmal Menschen verschwinden. Paul Leblanc, ein 33jähriger junger Mann, verschwand eines Tages ebenfalls am Ufer dieses Sees. Zwei Monate später tauchte er plötzlich wieder auf, in einer kleinen Provinzstadt, nicht weit entfernt vom Ort seines unerklärlichen Verschwindens. Er hatte einen Bart, der ihn deutlich älter machte und seine Kleidung war völlig verschmutzt und stark abgenutzt. Die Polizei hielt ihn für einen Obdachlosen, griff ihn auf und brachte ihn zur Polizeistation. Dort angekommen, behauptete er bei seiner Vernehmung, er habe eine lange Zeit als Priester in einem Tempel in einer anderen Stadt gedient. Leblanc konnte sich allerdings sonst an nichts erinnern, weder an den Namen der Stadt, noch wie er dorthin gekommen war. Erinnern konnte er sich jedoch an seinen Namen und seine Privatadresse in Paris. Als die Polizei daraufhin seine Verwandten in Paris kontaktierten, erfuhren sie, dass er vor zwei Monaten verschwunden und seitdem vermisst wurde.

Teleportationen in der jüdischen Geschichte

Im Hebräischen gibt es den Begriff *„Kefitzat Haderech“*, der allgemein als *„Kontraktion der Straße“* übersetzt wird. In alten jüdischen Quellen bezieht sich dieser Begriff auf eine *„wundersame Reise“* zwischen zwei weit entfernten Orten innerhalb sehr kurzer Zeit. Die Kontraktion der Straße bedeutet hier, dass sich die Entfernung zwischen zwei Orten zusammenzieht und somit die Strecke in kürzerer Zeit bewältigt werden kann. Im modernen Hebräisch bedeutet das verwandte Wort *„kafatz"* auch *„springen"*. Das deutet darauf hin, dass die Entfernung zwischen zwei Orten *„gesprungen"* bzw. *„übersprungen"* wird. Im ursprünglichen talmudischen Kontext bedeutet es jedoch *„zusammenpressen"* oder *„sich zusammenziehen"*, was sich alternativ auf die Wegstrecke beziehen würde, die sich verkürzt. Das Ergebnis bliebe allerdings das Gleiche.

In der Tora gibt es den ersten Hinweis auf Kefitzat Haderech bei der Geschichte der Reise von Avrahams nichtjüdischen Diener Eliezers nach Ur Kasdim, um eine Frau für Yitzchak aus Avrahams Familie zu finden. In Ur Kasdim findet er schließlich Rivkah, die mit ihm geht (Genesis 24,42). Zu Bethuel und Lavan, dem Vater und Bruder von Rivkah, sagt Eliezer: *„Ich bin heute zur Quelle gekommen..."* Rashi vermerkt dazu, dass die Verwendung von *„ich bin heute gekommen"* bedeutet, dass diese Reiseetappe heute begann und mit der heutigen Ankunft beendet war. *„Daraus können wir schließen, dass die Erde (die Straße) für ihn geschrumpft ist (d.h. dass die Reise auf wundersame Weise verkürzt wurde)."*

Der Text im 1. Buch Mose (Genesis), ab Kapitel 28, Vers 10, deutet, je nach Auslegung jüdischer Texte, ebenfalls auf Kefitzat Haderech hin: Jakob verließ Beer Sheba und ging nach Haran. Er kam zu dem Ort Beth-el, wo er seinen Traum von den Engeln hatte, die auf einer Himmelsleiter hinauf und hinunter stiegen. Als Jakob in Haran war, waren die Weisen über die Reihenfolge der Ereignisse beunruhigt die alsbald kamen. Er hatte doch sein Ziel in Haram erreicht und warum sollte er jetzt nach Zentral-Kanaan zurückkehren? Diese Frage wird damit beantwortet, dass er unterwegs in Beth-el vorbeigekommen war und nun die dortigen heiligen Stätten des Gelobten Landes besuchen wollte. Dazu heißt es in der jüdischen Überlieferung: *„Sofort kam er durch die wundersamen Mittel von Kefitzat Haderech nach Beth-el."*

König David hatte den Riesen Goliath besiegt und getötet. Später wollte dessen Bruder, Ishbi be-Nob, sich an David rächen, so dass dieser in Lebensgefahr schwebte. Ein hochrangiger Offizier aus Davids

Armee, Abishai ben Zeruja, erhielt ein Zeichen indem er Blut sah, als er sich vor dem Sabbat die Haare wusch. Dadurch spürte er, dass sein König dringend seine Hilfe benötigte. Abishai eilte los um David aus den Klauen des Riesen der Philister zu retten. In den jüdischen Texten heißt es dann weiter: *„Wie durch ein Wunder erreichte Abishai durch Kefitzat Haderech Philistia rechtzeitig, um David zu retten, indem er den göttlichen Namen aussprach und seine kriegerischen und erlösenden Kräfte entfesselte.“*

Bezogen auf das 4. Buch Mose (Numeri), Kapitel 13, Vers 25, erhebt der Midrasch ebenfalls einen weiteren Anspruch auf Kefitzat Haderech. Die Spione Eretz erkundeten Israel 40 Tage lang. Doch wie konnten sie in dieser Zeit das gelobte Land in Länge und Breite durchqueren fragen jüdische Rabbiner. Die Ausdehnung betrug doch 400 Parsang (= 2.560 km) zum Quadrat und die durchschnittliche Geschwindigkeit nur 10 Parsang (= 64 km) pro Tag. Daher berufen sich die Rabbiner auf Gott, der die Reisen der Spione barmherzig durch Kefitzat Haderech beschleunigte, da die Israeliten später gezwungen sein würden für jeden Tag der Spione ein Jahr in der Wüste zu bleiben. Hier müssen wir jedoch einwenden, dass die genannten Maßangaben nicht stimmen. Das Land Israel maß nicht annähernd 400 Parsang zum Quadrat. Dazu schreiben Josh & Deena Davis auf der Homepage von Rabbi Evan Hoffman, Gemeinde Anshe Sholom: *„From living in the country, they knew full well that the Land of Israel measured nowhere near 400 parsangs squared. Those measurements were nothing more than a popular exaggeration. It was definitely possible for able-bodied scouts to have crisscrossed the Holy Land in 40 days.”* (Deutsch: *„Da sie auf dem Land lebten, wussten sie genau, dass das Land Israel nicht annähernd 400 Parsang zum Quadrat misst. Diese Messungen waren nichts weiter als eine beliebte Übertreibung. Gesunden Pfadfindern war es durchaus möglich, das Heilige Land in 40 Tagen kreuz und quer zu durchqueren.“*).

Der Talmud berichtet über mehrere Geschichten, in denen Kefitzat Haderech vorkommt, darunter auch einige biblische Geschichten. So berichtet der babylonische Talmud, dass Astrologen zu Sanherib sagten: *„Wenn du gehst und sie jetzt eroberst, wirst du das jüdische Volk besiegen...“* Er ging die Straße an einem einzigen Tag, wofür man normalerweise zehn Tage benötigte (Talmud Sanhedrin, 95a). Im Jerusalemer Talmud wird die Geschichte eines Bauern erzählt, dem es gelang innerhalb eines einzigen Tages von Israel nach Babylonien zu reisen.

Auch Natronai Gaon wurde unterstellt Kefitzat Haderech benutzt zu haben als er von Babylonien nach Frankreich und wieder zurück nach Babylonien reiste. Unter den spanischen Juden des 10. Jahrhunderts war der Glaube verbreitet, das Natronai Gaon sie in der geonischen Zeit in Spanien besucht habe. Da ihn auf seiner Reise niemand gesehen hatte und er auch nicht mit einer Karawane angereist war, ging man davon aus, dass er auf eine wundersame Weise durch Kefitzat Haderech nach Spanien gereist war.

In den frühen Überlieferungen der chassidischen Bewegung wird von wundertätigen Rabbinern berichtet, denen die Fähigkeit zugeschrieben wird Ziele mit unnatürlicher Geschwindigkeit erreichen zu können.

Yerushalmi (Ma'aser Sheni 56a) und Midrasch (Lamentations Rabbah 3) berichten über einen Mann aus Eretz Yisrael, von dem einmal ein Ochse ausgebüxt war. Der Mann verfolgte das Tier, das in eine Art Tunnel (Höhle?) lief. Am anderen Ende des Tunnels konnte er das Tier einfangen. Dann fragte er die Bewohner der Gegend, wo er hier wäre. Diese antworteten ihm, dass er in Babylonien sei. Der mysteriöse Tunnel hatte ihn innerhalb kürzester Zeit über eine Entfernung von Hunderten von Kilometern transportiert. War der Mann etwa durch ein Wurmloch gereist?

In der modernen hebräischen Literatur gibt es auch das Stück *„Ma'aseh Ha-ez“* (*„Die Geschichte von der Ziege“*). Darin adaptierte Shai Agnon die Geschichte des Mannes und seines Ochsen in Form einer Ziege, die durch eine Höhle geht und das Phänomen Kefitzat Haderech erlebt. Die Geschichte, die in Polen spielt, handelt von einem kranken jüdischen Vater, dem die Ärzte eine tägliche Portion Ziegenmilch verordneten. Dafür schaffte er sich eine Ziege an, die immer wieder einmal für ein paar Tage verschwand. Danach kam sie mit prall gefüllten Eutern voller wohlschmeckender Milch zurück. Der Sohn des Mannes wollte wissen, wohin die Ziege immer verschwand und folgte ihr eines Tages. Sie liefen durch eine Höhle, aus der sie nach geraumer Zeit an einem anderen Ende wieder heraustraten. Dort erfuhr der Sohn, dass er sich in Eretz Yisrael, unweit von Safed, befände. Der junge Mann beschloss daraufhin dauerhaft im Heiligen Land zu bleiben und schrieb seine Erlebnisse auf einen Zettel, den er der Ziege ins Ohr steckte um seinen Vater zu informieren. Doch der Vater glaubte, dass sein Sohn umgekommen wäre und schlachtete die Ziege, die seiner Ansicht nach dafür verantwortlich war. Erst nachdem er das Tier gehäutet hatte fand er den Zettel, las ihn und beklagte die verpasste Chance auf einen schnellen Weg ins Heilige Land. Seitdem ist der Weg durch die Höhle versperrt und es gibt keinen schnellen Weg mehr nach Eretz Yisrael.

Shmuel Yosef Agnon ist ein israelischer Schriftsteller, der 1966 den Nobelpreis für Literatur erhielt. Er bezieht Kefitzat Haderech in einige Handlungen seiner Geschichten ein. In einer dieser Geschichten, die auf einem der chassidischen Volkssagen basiert, erhält ein rechtschaffener Rabbi das Geschenk von Kefitzat Haderech und verwendet es, um in die Schatzkammern des Habsburgerreichs zu *„springen“*. Dort entnimmt er Säcke voller Goldmünzen und springt wieder unbemerkt zurück. Das Geld verwendet er, um damit armen und verfolgten Juden zu helfen. Die Geschichte impliziert, dass ihm die Fähigkeit des Kefitzat Haderech weggenommen würde, falls er etwas von dem Gold für sich selbst behält. Als der Kaiser später plante Dekrete zu erlassen, die den Juden schaden, nutzte der Rabbi seine Macht des Kefitzat Haderech, um in den Audienzsaal zu springen und den Kaiser mit seinem Stock zu schlagen. Dabei soll er zwar für den Kaiser sichtbar, aber unsichtbar für seine Räte und Wachen gewesen sein.

Faltung der Erde – Tay al-Ardh

Im Islam gibt es den Begriff der *„Faltung der Erde“* (*„Tay al-Ardh“*). Dieser Begriff *„bezeichnet die Fähigkeit einer Person, an zwei oder mehreren Orten derart kurz hintereinander zu sein, dass die Entfernung zwischen den Orten mit vorliegenden Verkehrsmitteln nicht zu überbrücken wäre.“* Mit dieser Fähigkeit, können große räumliche Entfernungen überwunden werden. Sie wird vielen (bis allen) Propheten und den Ahl-ul-Bait zugesprochen.

Der Begriff der *„Faltung der Erde“* bedeutet, dass die Erde soweit *„zusammengefaltet“* wird, dass mit einem einzigen Schritt ganze Kontinente überschritten werden können. Es handelt sich dabei also definitiv um einen Teleportationsvorgang. Die *„Enzyklopädie des Islam“* nennt es in ihrem Eintrag zu *„Tay al-Ardh“* (http://www.eslam.de/begriffe/f/faltung_der_erde.htm) auch eindeutig als Teleportation: *„eine Art der mystischen Teleportation“*.

Allerdings wird der Vorgang der Teleportation in der *„Enzyklopädie des Islam“* falsch interpretiert, wenn es dort heißt, dass nicht *„der dazu Fähige“*, also, der Teleportierende, *„einen Schritt in Richtung seines Ziels“* macht, sondern dass das Ziel sich *„eilvoll dem Voranschreitenden entgegen“* bewegt. Allama Qadi, der einer der Lehrer von Allama Sayyid Muhammad Husain Tabatabai war, definierte den Begriff *„Tay al-Ardh“* hingegen jedoch völlig richtig, wenn er sagt: *„Das Aufhören und die Beendigung der Anwesenheit in der ersten Position und sein Erscheinen und Neuschöpfung in seiner Zielposition.“* Das bedeutet richtiger Weise, dass der Körper des Teleportierenden am Ausgangsort seiner Teleportation verschwindet, quasi aufgelöst wird und am Zielort wieder auftaucht bzw. sich wieder neu bildet und zusammenfügt – genauso, wie wir es vom Beamen in der Science-Fiction bei *„Star Trek“* kennen.

Nach Ibn Nadim wird das Prinzip der *„Faltung der Erde“* auf die Ayat 27, 38 – 40 des Heiligen Qur'an (Koran) zurückgeführt. Ähnlich beschreibt es auch die englischsprachige Wikipedia. Hier zitiert aus einer Übersetzung: *„Salomo sagte zu seinen eigenen Männern: ‚Ihr Häuptlinge! Wer von euch kann mir den Thron der Königin von Saba bringen, bevor sie und ihre Gesandten sich mir unterwerfen?‘ Sagte ein Ifrit von den Dschinn: ‚Ich werde ihn dir bringen bevor du dich von deinem Rat erhebst; wahrlich, ich habe volle Kraft für den Zweck, und man kann ihm vertrauen.‘ Einer, der das Buch kannte, sagte: ‚Ich werde es dir im Handumdrehen bringen!' Dann, als (Salomo) es fest vor sich stehen sah, sagte er: ‚Dies ist durch die Gnade meines Herrn!‘“* (Koran, Sure 27 [An-Naml], Ayat 38 – 40)

Die *„Enzyklopädie des Islam“* erläutert dies weitergehend wie folgt: In der besagten Textstelle geht es darum, den Thron der Bilqis mit übernatürlicher Geschwindigkeit zu holen, was gemäß der *„Enzyklopädie des Islam“* bedeutet, dass dies *„schneller als ein Wimpernschlag“* geschah. Wenn selbst Asif ibn Barchiya zu dieser Fortbewegung fähig war, müssen nach Meinung Vieler auch andere dazu befähigt sein. In diesem Zusammenhang ist auch ein Dialog interessant, der zwischen Allama Sayyid Muhammad Husain Tabatabai und seinem Bruder überliefert ist. Der Bruder fragt ihn, ob auch er diese Fähigkeit haben könnte. Darauf antwortet Allama Sayyid Muhammad Husain Tabatabai mit einer Gegenfrage, *„was er denn mit seiner Seele getan hätte, dass er diese Fähigkeit nicht mehr hat“*.

Im Kapitel *„Teleportation oder Astralkörper?“* sind wir bereits auf das vermeintliche Phänomen der Bilokation eingegangen, bei der eine Person an zwei Orten gleichzeitig sein soll. Als Beispiel hatten wir dabei auch Albertus Magnus angeführt. Die *„Enzyklopädie des Islam“* geht auch kurz auf das Thema Bilokation ein, verwirft diese aber augenscheinlich mit dem gleichen Argument, dass es nur so wirke und es sich offenbar um Teleportation bzw. die *„Faltung der Erde“* handelt.

Neben den Propheten und den Ahl-ul-Bait wird die Fähigkeit auch anderen Persönlichkeiten zugeschrieben. Dazu gehören beispielsweise Dschalaleddin Rumi oder Bayazid Bistami. In seiner Gelehrtenbiographie *„Tadhkirat al-Awliya“* listet Faridudin Attar zahlreiche weitere Personen auf, die der Teleportation mächtig waren. Auch in

Al-Kafi wird die *„Faltung der Erde“* erwähnt. Vor allem, so wird betont, soll Imam Mahdi darüber verfügen und es heißt, dass auch die 313 Gefährten des Imam Mahdi, mit denen nach dem Islam die Erlösung eingeleitet wird, über die Fähigkeit zur Teleportation verfügen.

Kontrolliertes Teleportieren oder Beamen birgt ungeahnte Gefahren

In den allermeisten Fällen, in denen Menschen offensichtlich teleportierten, geschah dies unkontrolliert. Wenn es die menschliche Teleportation wirklich gibt und diese vom Teleportierenden zudem auch noch kontrolliert durchgeführt werden könnte, indem er seinen gewünschten Zielort bei der Teleportation punktgenau trifft, dann bietet dies nicht nur ungeahnte Möglichkeiten, sondern auch enorme Gefahren für die Gesellschaft. Es würde unser aller Leben vollkommen verändern und auf den Kopf stellen. Und dies umso krasser, je mehr Menschen diese Art der Fortbewegung beherrschen würden.

Manch einer meint, dass dann solchen Teleportern strenge Beschränkungen auferlegt werden müssten. Doch wie soll dies aussehen? Würden entsprechende Gesetze dafür etwas bewirken können? Vor allem auch wie sollte ein Teleporter dann bestraft werden. Gefängnismauern würden ihn nicht aufhalten. Der Teleporter hätte einen Freibrief für alles, was ihm gerade in den Sinn kommt. Er könnte sich beispielsweise in die Tresorräume von Banken teleportieren und diese ausräumen ohne dass ihn etwas aufhalten könnte. Die in Fort Knox gelagerten Goldreserven der US-Regierung könnten so weggeschafft werden, ohne dass es jemand bemerken würde.

Obwohl das Thema der Teleportation eines der umstrittensten überhaupt ist, hat sich zumindest die Filmindustrie intensivere Gedanken darüber gemacht. Daraus entstand dann der Film *„Jumper“*, der in den USA und Kanada gedreht wurde und 2008 erschien. Die *Jumper* (Teleporter) wurden von den *Paladinen* gejagt, die die *Jumper* töteten, wenn sie einen solchen gestellt hatten. Der Tod der *Jumper* war hier offenbar die einzig logische Konsequenz um den Rest der Menschheit zu schützen.

Man stelle sich vor, es gäbe nicht nur die Teleportation, sondern auch das technische Beamen und man kann mit Hilfe dieser Technologie Personen und Objekte innerhalb von Sekunden von einem Ort zu einem anderen Ort befördern. Dies wäre dann eine derart revolutionäre Technik, die das Schicksal unserer Zivilisation schlagartig verändern würde. Alleine die Möglichkeit, eine Kriegsführung so zu verändern, das eigene Truppen ungehindert und blitzartig hinter die feindlichen Linien transportiert werden oder eine Atombombe an jede beliebige Stelle teleportiert oder gebeamt werden kann, könnte dabei mit hoher Wahrscheinlichkeit das schnelle und vermutlich endgültige Ende der Menschheit bedeuten. Mindestens aber würde es die Unterdrückung ganzer Staaten und Völker nach sich ziehen.

Und wenn dann zu den *Von-Ort-zu-Ort-Teleportationen* auch noch Teleportationen in die Zeit hinzukämen, dann wäre das Chaos unübertrefflich. Jede Manipulation in der Vergangenheit würde sich katastrophal auf die Zukunft auswirken, da diese sich bei der Rückkehr in die Gegenwart verändert hätte. Bleibt die Frage zu klären, ob es sich dann tatsächlich noch um die Gegenwart handelt, aus der der Zeit-Teleporter (Zeitreisende) ursprünglich kam, oder ob es sich um eine *neue* Zukunft in einer durch die Manipulation neu geschaffenen Zeitlinie handelt. Diese Thematik wurde auch in dem Film *„Timecop“* (Kanada/USA 1994) sehr passend dargestellt.

Teleportation in der Tierwelt

Teleportieren können aber nicht nur Menschen, sondern zumindest auch die Königin als Gebärmutter der Atta-Ameisen. Das sind Ameisen der amerikanischen Tropen, die zu den Blattschneide-Ameisen gehören. Damit die Gebärmutter geschützt ist, bauen die Arbeiterameisen eine extrem starke Kammer, die die Gebärmutter vollständig umgibt. Diese hat nur unten eine Reihe kleinerer Öffnungen für die Nahrungsträger, Kanäle für Kot und den Durchgang der Hebammen, die die Eier beobachten, sowie eine Wanne für Eier selbst. Die Gebärmutter selbst ist so groß, dass sie unmöglich durch eine dieser Öffnungen passt.

Wenn die Kammer der Gebärmutter fest verschlossen wird, verschwindet diese. Noch bis vor wenigen Jahren wurde dies damit erklärt, dass es sich dabei um eine Zerstörung der Gebärmutter durch den Ameisenstamm handeln würde. Um das Rätsel des Verschwindens endgültig zu lösen wurde ein Experiment gestartet. Man markierte eine Gebärmutter mit Farbe und verschloss die Kammer mit der Gebärmutter für einige Minuten. Wie erwartet war sie kurz darauf leer. Die Gebärmutter war innerhalb weniger Minuten scheinbar spurlos aus der unzerstörten Kammer verschwunden. In einer mehrere Stunden andauernden Suche in dem Ameisenhaufen und seiner Umgebung wurde die Gebärmutter dann doch noch gefunden. Sie war in einer neuen Kammer eingeschlossen. Diese lag in einer Entfernung von ca. zehn Metern zur alten Kammer. Dass es sich dabei tatsächlich um die vermisste Gebärmutter handelte bewies zweifelsfrei die Farbmarkierung. Bei diesem Phänomen handelt es sich zweifellos um die natürliche Teleportation eines lebenden Wesens. Die Gebärmutter fühlte sich nach der Teleportation auch in der neuen Kammer ganz offensichtlich wohl, was nicht nur ihr Appetit, sondern auch die Eierproduktion bezeugte.

Teleportation oder Astralkörper?

Es gibt eine ganze Reihe von Berichten, nach denen Menschen an zwei Orten gleichzeitig gewesen sein sollen. Den Wahrheitsgehalt solcher Berichte vorausgesetzt, kann dies auf zwei unterschiedlichen Ursachen beruhen. Eine davon wäre die Teleportation. Dann wäre aber keine übereinstimmende minuten- oder gar sekundengenaue Gleichzeitigkeit gegeben, sondern lediglich eine scheinbare oder vermutete Gleichzeitigkeit, weil das Erscheinen an beiden Orten zeitlich nicht exakt übereinstimmt, sondern nur recht nahekommt bzw. an beiden

Orten nur geringfügig voneinander abweicht. Eine tatsächliche, sekundengleiche Übereinstimmung der Gleichzeitigkeit könnte durch eine Teleportation nicht mehr erklärt werden. Hierbei käme wohl nur die Erstellung eines Astralkörpers (Bilokation) als Erklärung in Betracht.

Das klingt nach modernen Gruselstorys und man wird in die Welt des deutschen Romanautors Jürgen Grasmück (* 23.01.1940 – † 07.08.2007) versetzt, der unter dem Pseudonym Dan Shocker in den 1970er bis Anfang der 1980er Jahre unter anderem auch die Grusel-Romanserie *„Macabros"* verfasste. Der Serienheld, Björn Hellmark, war nach einem Autounfall in der Lage seinen Körper zu verdoppeln, ein Duplikat entstehen zu lassen. Dieses Double war ein unverwundbarer Ätherkörper, der im Roman völlig unabhängig von seinem Originalkörper agieren konnte und gegen die Geister- und Dämonenwelt kämpfte.

Interessant am Rande ist, dass Jürgen Grasmück mit Erscheinen des ersten dreistelligen Bandes seiner Heftromanserie *„Macabros"* einen neuen Zyklus begann, in dem er auch die aus der UFO-Forschung bekannten Men in Black (MIB) ins Spiel brachte. Dazu hatte er sich Informationen von Peter Krassa (* 29.10.1938 – † 11.10.2005) geholt, der zu diesem Thema das Buch „Phantome des Schreckens" verfasste, und sich von ihm zum Thema beraten lassen. Band 107 trug dann auch den Titel *„Mord-Clan der Männer in Schwarz"*. Doch plötzlich verschwanden die MIB wieder aus dem Serieninhalt. Dazu schrieb Grasmück selbst in einer Leserbriefantwort, dass er vorerst *„aus bestimmten Gründen"* die MIB nicht mehr ins Spiel bringen wolle. Das gab dann Anlass zu diversen Spekulationen, dass die MIB nun auch dem Dan Shocker das Gruseln gelehrt hätten.

Axel Ertelt verfasste dazu Ende 1982 eine Kurzmeldung für das im John Fisch Verlag in Luxemburg erscheinende ursprüngliche *„Magazin 2000"*, die dann in der Ausgabe 1-2/1973 (Januar/Februar) erschien. Peter Krassa, der damals ebenfalls für den John Fisch Verlag schrieb, erzählte dann Jürgen Grasmück davon, der sich wiederum

„köstlich amüsiert" haben soll, wie Peter Krassa später auf einem AAS-Kongress Axel Ertelt einmal erzählte. Ob wirklich die MIB hinter ihrem Verschwinden aus der Heftromanserie standen konnte nicht bestätigt werden, da sich Jürgen Grasmück dazu nie näher äußerte.

Diese Macabros-Romanhandlung ist beileibe nicht so utopisch, wie sie für den Durchschnittsbürger auf den ersten Blick vielleicht erscheinen mag. Die Parapsychologie kennt das Phänomen solcher Äther- oder Astralkörper, die eine getreue Abbildung des menschlichen Körpers sind, von dem sie stammen. Auch wenn die Wissenschaft hier noch geteilter Meinung ist und es bisher offenbar noch keinen eindeutigen Beweis für solche Astralkörper gibt, es wäre die einzige logische Erklärung, wenn eine Person wirklich an zwei Orten sekundengenau gleichzeitig sein kann.

Im Verlaufe seiner umfangreichen Forschungen über die Geheimnisse unserer Welt traf Axel Ertelt bereits in den 70er Jahren mit einem älteren Herrn aus Bad Friedrichshall zusammen, der ihm eine wahrhaft merkwürdige Geschichte erzählte, die eine verblüffende Parallele dazu ist: *„Als ich eines Tages mit hohem Fieber zu Hause im Bett lag, konnte ich plötzlich von oben auf mich selber herabsehen. Dann verließ ich das Zimmer, wobei ich einen letzten Blick auf mich selbst warf, wie mein Körper noch dort im Bett lag. Mein Ziel war der Bahnhof. Von dort wollte ich mit dem Zug zu einem Verwandtenbesuch fahren. Im Bahnhof traf ich auf einen Bekannten, mit dem ich mich eine Zeitlang unterhielt. Dann kam der Zug, ich löste eine Fahrkarte und besuchte meine Verwandten. An die Rückfahrt kann ich mich nicht mehr erinnern. Meine nächste Erinnerung ist erst wieder zu Hause, als ich in meinem Bett aufwachte."*

Nun könnte man diese Geschichte einfach als Traumerlebnis abtun und die Angelegenheit wäre vergessen. Aber so einfach ist es in diesem Fall nicht. Die Angehörigen des Betreffenden bezeugten, dass er das Bett nicht verlassen hatte. Und doch fand man im Zimmer eine Bahnfahrkarte von diesem Tage, von der niemand wusste, wie sie dorthin gekommen war. Es kommt noch besser: Sowohl der Bekannte bestätigte das Zusammentreffen am Bahnhof, als auch die Verwandten den Besuch des Mannes. Aus seinen Gesprächen mit den Betroffenen hat Axel Ertelt durchaus den Eindruck gewonnen, dass dieses Erlebnis glaubwürdig und damit real sein könnte. Die Schlussfolgerung wäre hier dann ohne Zweifel die Entstehung eines Astralkörpers.

An mehreren Stellen wird in alten Sagen und Chroniken berichtet, dass der Heilige Albertus Magnus (* um 1200 – † 15.11.1280) an zwei Orten gleichzeitig sein konnte. So soll er des Öfteren in zwei weit voneinander entfernt liegenden Orten gleichzeitig die heilige Messe gelesen haben. Wir haben es hier mit einer Person zu tun, die im 13. Jahrhundert gelebt und gewirkt hat. In dieser Zeit war es kaum möglich zwei Begebenheiten in weit voneinander entfernten Orten zeitlich exakt in Zusammenhang zu setzen. Die vermeintliche Gleichzeitigkeit könnte durchaus auch unmittelbar hintereinander stattgefunden haben. Und so ist im Fall von Albertus Magnus kaum nachvollziehbar, ob es sich bei ihm um Teleportation oder die Bildung eines Astralkörpers gehandelt hat. Beides erscheint in diesem Fall möglich zu sein.

Auch Idries Shah und Robert Graves erwähnen beispielsweise einen Fall, in dem hochrangige Mitglieder des Azimia-Ordens *„angeblich wie viele der alten Scheichs an verschiedenen Orten gleichzeitig erschienen“*.

Teleportationsreisen durch Portale

In manchen Fällen von Teleportation wird von einer Art Portalen berichtet, durch die man an weit entfernte Orte gelangen kann. Das wird auch öfters beschrieben als ob man durch eine Tür zu gehen scheint. Aber anstatt, dass sich hinter der Tür ein anderer Raum des Hauses befindet, ist man beim Durchschreiten plötzlich an einem ganz anderen, manchmal weit entfernten, Ort.

Ein Mann namens Al Kiessig behauptete 1971, dass er in den US-Bundesstaaten Missouri und Arkansas mehrere solcher Türen (oder auch Wirbel) freigelegt habe, die ihm eine sofortige Teleportation von Ort zu Ort mittels Reisen durch andere Dimensionen ermöglichen. Wie Kiessig sagte, könnte man durch diese Türen gehen und sofort meilenweit von der Stelle entfernt sein, an der man sie betreten hat. Er sagte dazu weiter: *„Jede Tür ist etwas anders. Ich glaube, wenn man diese Türöffnungen erkennen kann, könnte man eine Tür in Arkansas auswählen, die es erlauben würde, in einen fremden Vorgarten in Iowa zu treten. Ich habe solche ‚Türen' während der Fahrt betreten und mir dabei Hunderte von Kilometern gespart."*

Kiessig sprach auch davon, dass es solche Portale gäbe, die in die Zeit, in Vergangenheit oder Zukunft führen würden (dazu später mehr). *„Und dann gibt es Türen, die sich in Kammern öffnen, die den Körper zu einem fernen Stern schicken."*

Wenn an einem Ort immer wieder Menschen spurlos verschwinden, deutet dies nicht auf Einzel-Teleportationen hin, sondern vielmehr auf das Vorhandensein eines Portals. Das dürfte dann auch die Ursache der Ereignisse sein, die sich zwischen den Jahren 1940 und 1950 in der Umgebung von Mount Glastonbury abgespielt haben. Dies liegt im US-Bundesstaat Vermont. Und unmittelbar bei Mount Glastonbury verschwanden in diesem Jahrzehnt zahlreiche Menschen spurlos. Niemand von ihnen tauchte je wieder lebend auf. Das Gebiet befindet sich im Green Mountain National Forest, einem 1.615 Quadratkilometer großer Nationalpark in den Green Mountains, in dem sich auch der Bennington County befindet. In der relativen Nähe der Stadt Bennington verschwanden seit den 1920er Jahren immer wieder Menschen auf unerklärliche Weise spurlos – bis heute mehr als 40 Personen. Dies hat der Gegend dann auch die Bezeichnung Bennington-Dreieck eingebracht. Zwischen 1945 und 1950 verschwanden hier mindestens fünf Menschen spurlos. Alle in den Monaten Oktober bis Dezember und, soweit es überliefert ist, zwischen 15.00 Uhr und 17.00 Uhr am Nachmittag. Die indianischen Ureinwohner, die Abenaki, die früher das Land auch als Friedhof verwendeten, glauben, dass sich dort der Punkt befindet, an dem die vier Winde aufeinandertreffen und sich dort auch ein magischer Stein befindet, der mit seinen magischen Kräften jeden verschwinden lässt, der ihn berührt. Allem Anschein nach haben wir es hier mit einem weiteren Portalort zu tun, an dem Menschen Reisen in Zeit und Raum antreten um in parallele Welten oder andere Zeiten zu verschwinden. Der erfahrene 74jährige Jäger Middie Rivers gilt als die erste (belegte) Person, die am 12. November 1945 im Bennington-Dreieck verschwand. Er war gemeinsam mit vier anderen Jägern in den Bergen, auf dem sogenannten Long Trail, unterwegs gewesen und hatte sich von denen auf dem Rückweg getrennt. Danach wurde er nie wieder gesehen. Ein Jahr später, am 1. Dezember 1946, verschwand in der gleichen Gegend die 18jährige Paula Jean Welden spurlos. Sie wurde am Tag ihres Verschwindens noch von etlichen Personen gesehen, so von Ernest Whitman, einem Mitarbeiter der Benningtoner Tageszeitung. Auch ein älteres Ehepaar sah sie etwa 90 Meter vor sich auf dem Weg gehen, bis sie in einer Wegebiegung aus ihrem Blickfeld verschwand. Danach haben sie die 18jährige Paula Welden nicht mehr gesehen. Im Dezember 1949 verschwand in dem Gebiet der 60jährige Veteran James E. Tedford. Ein Jahr später, 1950, verschwand der kleine Junge Paul Jepson. Lediglich von Frieda Langer, die dort ebenfalls im Oktober 1950 verschwand, wurde nach sieben Monaten ihr grauenhaft zugerichteter Körper gefunden. Und dies an einer Stelle, die zuvor bereits mehrmals sorgfältig und gründlich abgesucht wurde. In mindestens drei der fünf Fälle sollen die Betroffenen rote Kleidungsstücke getragen haben. Ob die Farbe Rot jedoch eine Rolle beim Verschwinden spielt, mag mal dahingestellt bleiben.

Entstehen an solchen Portal-Orten Wurmlöcher, in die die Menschen fallen bzw. durch die sie reisen (teleportieren)? Professor John A. Wheeler ist ein renommierter Physiktheoretiker. Er bezeichnet solche Wurmlöcher auch als Mini-Schwarze-Löcher und Mini-Weiße-Löcher. US-Wissenschaftstheoretiker Bob Toben vertritt darüber hinaus die Auffassung, dass Personen, die über ein hohes Bewusstseinspotential verfügen, auf künstlichem Wege in ihren Biogravitationsfeldern solche Löcher erzeugen können. Dadurch wären Menschen mit diesen Fähigkeiten in der Lage, starke gravitative Krümmungen hervorzurufen, die wiederum zu erheblichen Verzerrungen in der lokalen Raumzeit-Umgebung dieser Personen führen oder zumindest führen können. Bob Toben ist sich sicher, dass es so in den lokalen Zeitstrukturen betroffener Personen auch zu Abweichungen gegenüber der Realzeit kommt Das äußere sich als paranormale oder paraphysikalische Manifestation, meint er. *„Anhand dieses Modells können sich zumindest die personenbezogenen Fälle unerklärlichen Verschwindens erklären lassen“*, meint Toben. Haben Wheeler und Toben mit ihren Hypothesen recht, muss davon ausgegangen werden, dass solche „Mini-Löcher“ überall auf der Welt plötzlich und unerwartet aus dem Nichts auftreten können.

In der Nähe der griechischen Hauptstadt Athen befindet sich der Pentelicus-Berg. Der birgt seit Jahrtausenden viele Geheimnisse, die sich zum größten Teil um eine ganz bestimmte Höhle ranken, die Penteli-Höhle, die im Volksmund auch Davelis-Höhle genannt wird – nach einem berüchtigten Räuber aus dem 19. Jahrhundert, der die Reichen bestahl und hier seinen Unterschlupf hatte. Die Haupthöhle ist 60 Meter lang und 20 Meter hoch. Im hinteren Teil befindet sich ein Netz von Tunneln. Einer davon führt zu einem unterirdischen Teich, ein anderer soll nach einer alten Überlieferung direkt in die Hölle führen. Ist dies ein Indiz dafür, dass dieser Tunnel an einen ganz anderen Ort, in eine andere Welt oder gar eine andere Dimension oder Zeit führt? Jedenfalls halten es einige Forscher paranormaler Phänomene für möglich, dass es hier eine Öffnung von extradimensionalen Portalen gibt.

Einige der wissenschaftlichen Erklärungsversuche vermuten magnetische Kanäle und Störungen in den lokalen elektromagnetischen Feldern. Die ständigen Hinweise auf elektromagnetische Störungen deuten bereits auf ein erkennbares Muster hin. So vermuten Neurowissenschaftler wie Michael Persinger von der Laurentian University, dass gepulste elektromagnetische Felder die Wahrnehmung beeinflussen können.

Es hat hier immer wieder seltsame Erscheinungen gegeben wie Schatten und andere paranormale Wesen. Sogar UFO-Erscheinungen gab es hier. So gilt die Höhle bereits seit dem Altertum als Ort übernatürlicher Ereignisse und in der Antike war hier das Panaipolion, an dem der Naturgott Pan und seine Nymphen hausten. Im 19. Jahrhundert hörten die Menschen immer wieder geheimnisvolle Stimmen aus den Tiefen der Gänge.

Die ganze Portal-Sache erinnert sehr stark an die eingangs schon erwähnte US-amerikanische Science-Fiction-Reihe *„Stargate"*. Dort reisen Eliteeinheiten durch große ringförmige Portale, die Wurmlöcher zu anderen Welten öffnen, fast in Nullzeit zu fremden Planeten. Das wäre eine phantastische Möglichkeit zur Besiedelung des Weltraums in der Zukunft. – Aber, das ist doch alles nur Science-Fiction und bis in alle Ewigkeit Utopie. Oder nicht?

Ranmasu Uyana – das sind die Überreste einer sehr alten Stadt auf dem Inselstaat Sri Lanka im indischen Ozean. Betritt man dort die unterirdischen Gänge, findet man in den Höhlen von Ranmasu Uyana einen ganz außergewöhnlichen Stein. Auf ihm sind Symbole und Zeichen eingearbeitet, die verblüffend stark an eine Sternenkarte erinnern. Es heißt, dass diese antiken Symbole Portale zu anderen Sternen und Sonnensystemen öffnen. Voraussetzung dazu ist allerdings, dass man weiß, was zu tun ist und was die Symbole bedeuten. Der Stein wird heute, wohl in Anlehnung an die SF-Reihe *„Stargate"* als *„Das Sternentor von Ranmasu Uyana"* bezeichnet. Und es scheint lange nicht das einzige, das bisher entdeckt wurde. Über den ganzen Erdball verteilt wurden Dutzende solcher Karten gefunden, die starke Ähnlichkeit mit der von Ranmasu Uyana vorweisen.

Einige Parapsychologen, darunter der Australier Jean Grimbriard, gehen davon aus, dass es auf der Erde mehr als 40 Portale zu anderen Welten oder Dimensionen gibt. Vier davon sollen sich in Australien befinden, sieben weitere in den USA und eines in der Region Gelendschik in Russland. Das soll sich in einer alten Mine befinden. Ein junger Mann betrat einmal die Mine um nach dem Portal zu suchen. Er blieb eine Woche lang in der Mine verschollen. Als er dann endlich wieder ans Tageslicht kam, konnte er sich an nichts erinnern und war bereits extrem gealtert.

Befindet sich eines der vier von den Parapsychologen vermuteten Portale von Australien in Queensland? Jedenfalls befindet sich etwa 26 Kilometer von Cooktown in Queensland entfernt der mysteriöse Black Mountain. Seinen Namen bekam er nach seinem Aussehen. Er besteht aus unzähligen, eigentlich hellgrauen Granitfelsen. Seine dunkle Farbe bekam er durch den Bewuchs mit Blaualgen. Die Einheimischen nennen ihn *„Todesberg"* und meiden ihn, weil sie glauben, dass im Schoß des Berges Dämonen leben, die Menschen verschlingen. Dieser Glaube rührt daher, weil dort immer wieder Menschen spurlos verschwinden. Und dieser Umstand berechtigt zu der Vermutung, dass es sich beim Black Mountain um einen Portal-Ort handelt. Am Berg verschwanden bis in unsere Zeit immer wieder Goldgräber und Hirten, Polizisten und Spurensucher der Ureinwohner, die versuchten, sein Geheimnis aufzudecken. Jedes Verschwinden wurde von der örtlichen Polizei akribisch untersucht. Aber es gab nie ein Ergebnis, da jedes Verschwinden ohne Spuren zu hinterlassen ablief. Hier einige Beispiele:

- 1800: Der berüchtigte Gangster Sugarfoot Jack floh mit seinen Komplizen nach einer Schießerei zum Black Mountain. Keiner von ihnen wurde je wieder gesehen.
- 1872: Der Lieferkurier Philip Grayner verschwindet auf der Suche nach seinem Kalb am Black Mountain.
- 1877: Ein Einheimischer, der auf der Suche nach seinen Ochsen das Labyrinth aus riesigen Felsen betrat verschwand mitsamt seinem Ochsen spurlos.
- 1882: Die Polizei suchte am Black Mountain nach den beiden vermissten Viehzüchtern Harry Owens und George Hawkins. Einer der Viehzüchter kehrte zurück, konnte aber nichts zu dem sagen, was passiert war.

- 1907: Constable Ryan, der einen Flüchtigen verfolgte, verschwand ebenfalls am Black Mountain.
- 1928: Q. Packer wurde vermisst, nachdem er am Black Mountain nach Gold und Edelsteinen suchte. Sein Körper wurde später mit einer Kugel im Kopf und in seinem Gewehr gefunden.
- 1932: Ein Reisender wurde nach seiner Wanderung zum Black Mountain als vermisst gemeldet. Auch er wurde später aus ungeklärten Gründen tot aufgefunden.

Im Juli 1911 hatte die italienische Firma Sanetti (teilweise auch Zanetti geschrieben) eine Werbekampagne für die Jungfernfahrt eines neuen Touristenzuges gestartet. Der Zug bestand aus einer Lokomotive mit drei recht luxuriösen Waggons. Die Jungfernfahrt sollte von der Hauptstadt Rom aus nach Mailand gehen und durch den damals mit ca. einem Kilometer Länge als längsten Tunnel der Welt geltenden Lombardei-Tunnel führen. 100 Passagiere aus der örtlichen Oberschicht und Angehörige aus den Familien einiger Mitglieder der Eisenbahngesellschaft wurden für diese Fahrt ausgewählt. Hinzu kamen sechs weitere Personen, darunter der Lokführer und das Bordpersonal. Insgesamt waren also 106 Personen an Bord des Zuges, als dieser am 14. Juli 1911 aus dem Bahnhof in Rom losfuhr. Zunächst verlief alles vollkommen normal. Doch dann erreichte der Zug den Lombardei-Tunnel. Er fuhr in ihn hinein – und – kam nie wieder heraus. Der Zug verschwand an diesem Tag in dem Tunnel spurlos. Als der Zug am Bestimmungsort nicht ankam, schon Verspätung hatte und auch von niemanden gesehen wurde nachdem er in den Tunnel gefahren war, befürchtete man eine Panne und Suchmannschaften machten sich auf den weg um den Zug zu suchen. Vom Bahnhof in Mailand bis zum Tunnel und im Tunnel selbst fand sich nicht die geringste Spur des Zuges oder seiner Insassen. Also suchte man auch die andere Richtung, zwischen Rom und dem Tunnel, ab. Am Tunneleingang auf dieser Seite fand man schließlich zwei der Passagiere in einem Zustand von Schock und Verwirrung. Nachdem sich die beiden wieder einigermaßen gefangen hatten, gab einer von beiden eine Schilderung über die Ereignisse. Bald darauf erschien auch ein Interview mit ihm in der Zeitung *„Rimsky Vestnik“*. Nach diesen Schilderungen soll beim Eintreffen am Tunnel plötzlich schwarzer Rauch und weißer Nebel aus der Tunnelröhre gekommen sein. Letzterer schien sich um den Zug herum zu winden, der darin völlig verschluckt wurde. Daraufhin sei der Zug langsamer geworden und die Passagiere gerieten in Panik. Auch war, so der Passagier Sajino der Zeitung gegenüber, ein unklares Summen zu hören gewesen. Es war furchteinflößend. Da der Zug bei der Tunneleinfahrt kaum noch Fahrt hatte, sprangen zwei der Passagiere unmittelbar vor dem Tunneleingang in Panik aus dem Zug. Hatte man mit dem Bau dieses Tunnels unbeabsichtigt ein Portal geöffnet oder gar geschaffen? Jedenfalls wollte keine italienische Bahngesellschaft, so heißt es, von da an noch einen Zug durch den Tunnel schicken, dessen Eingänge dann zugemauert wurden. Im Zweiten Weltkrieg fiel eine Bombe unmittelbar vor einen der Eingänge und verursachte einen Teileinsturz der Tunneldecke. Seitdem ist der Tunnel endgültig geschlossen. 15 Jahre später fand man Aufzeichnungen in einem Archiv in Mexiko-City, in denen berichtet wurde, dass 104 Italiener in Mexiko-City aufgetaucht waren und behaupteten, sie seien mit dem Zug aus Rom gekommen. Das größte Mysterium dabei war jedoch, dass diese Aufzeichnung aus dem Jahr 1845 stammte, also 66 Jahre vor dem Verschwinden des Zuges. Die Aufzeichnungen darüber stammten von dem Psychiater José Saxino, der die 104 Italiener in der psychiatrischen Klinik der mexikanischen Hauptstadt untersucht hatte, da sie sich nach Auffassung der mexikanischen Behörden mürrisch und verwirrt verhielten. Da die Italiener kontinuierlich behaupteten aus dem 20. Jahrhundert zu kommen, wurden sie schließlich für verrückt erklärt und in einer geschlossenen Abteilung der Psychiatrie untergebracht. Über das Schicksal der 104 Italiener in Mexiko-City gibt es die verschiedensten Spekulationen, jedoch allesamt unbewiesen und unbelegt sind. Einige berichten, dass sie sich nach einiger Zeit an ihre neue Realität angepasst und mit dem neuen Leben abgefunden haben. Andere meinen, dass ein Teil von ihnen in der lebenslangen Verbannung der Klinik verrückt wurde und wieder andere behaupten, dass sich ihre Spur im Nichts verlor. Indizien dafür, dass man auch den Zug in Mexiko gefunden hätte, gibt es nicht. Die Italiener jedenfalls sollen für die damalige Zeit eine vollkommen ungewöhnliche und nicht bekannte Kleidung getragen haben. Einer von ihnen hatte, nach den Aufzeichnungen, sogar eine Zigarettenschachtel bei sich auf der das Jahr 1907 aufgedruckt war. Diese soll sich sogar heute noch in einem Museum in Mexiko-City befinden. Wurden die Passagiere des Sanetti-Zuges von Italien nach Mexiko teleportiert und dabei sogar noch in die Vergangenheit versetzt? Noch spektakulärer als der Bericht aus Mexiko ist eine Aufzeichnung aus dem 16. Jahrhundert, die man in den Chroniken des Klosters von Modena fand. Diese berichtete von einem satanischen Metallwagen, aus dem schwarzer Rauch aufstieg, und der gefolgt wurde von drei weiteren kleineren Wagen. Aus diesen kamen drei *„Diener des Teufels"*, bartlos und in seltsame schwarze Roben gekleidet. Diese begannen an die Klostertür zu klopfen und um Einlass zu bitten. Aber die starken Riegel der Klostertür verhinderten ein Eindringen zu den verängstigten Mönchen. Später tauchten mehr als einmal Zeugen in verschiedenen Ländern auf und behaupteten, sie hätten den Sanetti-Zug gesehen. 1955 wurde der Zug in der UdSSR, genauer gesagt auf der Krim (Ukraine) gesehen, wo er sich über einen Bahndamm fortbewegt haben soll, auf dem die Schienen bereits lange zuvor abgebaut worden waren. Darüber berichtete beispielweise die ukrainische Zeitung *„Gloria di Sebastopol"* in ihrer Ausgabe vom 12. August 1992 (*„Geisterzug auf den Straßen der Ukraine"*): *„Ein Geist von drei Wagen erschien an der Kreuzung der diensthabenden Offizierin Elena Spiridonovna Chebrets [...] Der Zug mit fest geschlossenen Vorhängen, geöffneten Türen und leerem Cockpit bewegte sich absolut lautlos und zerquetschte die Hühner, die entlang der Straße gingen."* Weitere Augenzeugen, die den mysteriösen Zug zu verschiedenen Zeiten und in verschiedenen Ländern gesehen haben wollen, beschrieben ihn auf dieselbe Weise: Eine alte Dampflok mit drei Wagen und lateinischen Inschriften. Die Fenster waren mit Vorhängen fest verschlossen und der ganze Zug in weißen Nebel gehüllt. Er erschien genauso plötzlich, wie er wieder verschwand. Und dann gibt es noch die Legende, dass ein

Mysterien-Forscher namens Vasily Leshchaty, der an einer der Kreuzungen nach dem Geisterzug Ausschau hielt, auf ihn aufsprang und dann mitsamt dem Zug verschwand.

Walther von Knebel (* 13.04.1880 bis † 10.07.1907[?]) war ein deutscher Geologe, Vulkanologe und Speläologe. Mit der finanziellen Unterstützung des *„Humboldt-Fonds für Naturforschung und Reisen"* der Königlich-Preußischen Akademie der Wissenschaften unternahm er im Sommer 1907 zusammen mit dem Studenten Hans Spethmann sowie dem Maler Max Rudloff eine Island-Reise. Am 10. Juli 1907 verschwand Walther von Knebel während einer Bootsfahrt auf dem Öskjuvatn, dem Kratersee der Askja, zusammen mit Max Rudloff spurlos. Spekuliert wurde, dass die beiden Männer möglicherweise von einer Steinlawine in Ufernähe getötet wurden. Aus diesem Grund setzt beispielsweise die Internet-Enzyklopädie Wikipedia das Todesdatum mit dem Datum des Verschwindens gleich. Da es nicht die geringste Spur über das Schicksal und den Verbleib der beiden Männer gab, reiste von Knebels Verlobte, Ina von Grumbkow, im Sommer 1908 zusammen mit Hans Reck zum Ort des Geschehens. Ziel war es, zumindest die Leichen der beiden Männer zu finden und zu bergen. Die Aktion blieb erfolglos und brachte keinerlei Resultate. So errichteten sie am Westufer des Öskjuvatn eine rund vier Meter hohe Steinpyramide. In das Lavagestein meißelten sie zur Erinnerung *„† 1907, Walther von Knebel, Max Rudloff"* ein. Viele Jahre später wurde dann auch eine Gedenktafel aus Metall an der Pyramide angebracht. Das Schicksal der beiden Männer ist bis heute ungeklärt. Island ist bekanntlich das Mutterland der Elfen. Hier lebt man mit Respekt und Ehrfurcht vor diesen *„Naturgeistern"*. Und wenn etwas Wahres an dem alten Keltenglauben ist, dass Elfen aus der *„Anderswelt"* kommen, dann könnte es auch hier am Öskjuvatn ein Portal geben, durch das von Knebel und Rudloff in diese andere Welt eintraten.

Teleportationsreisen durch Portale oder gar Sternentore, die heute noch mehr oder weniger wissenschaftlich begründet werden können, bestehen darin, mit dem Portal ein Fenster zu einer anderen Dimension zu öffnen, dessen Koordinaten unserer Welt entsprechen. Die Entfernungen werden dann millionenfach komprimiert und eine Person nach einem anderen Ort, einer anderen Stadt oder gar einer fremden Galaxie geschickt. Es gibt bereits führende Physiker, die behaupten, dass alle für diesen Prozess notwendigen Technologien bereits existieren. Dabei spielen die sogenannten X-Punkte eine entscheidende Rolle. Die ersten entscheidenden Hinweise auf die X-Punkte lieferte um 1998 die NASA-Raumsonde Polar.

Die endgültige Entdeckung dieser X-Punkte (auch Elektronendiffusions-Bereiche genannt) durch die THEMIS Satelliten der NASA, die am 17. Februar 2007 gestartet wurden, leitete ein komplett neues Kapitel in der Astro-Physik ein und dürfte in der zukünftigen Raumfahrt und Menschheitsgeschichte eine wichtige Rolle spielen.

Zunächst wurde ein Portal mit einer Länge von 149 Millionen Kilometern gefunden, welches das Magnetfeld der Erde mit dem Magnetfeld der Sonne verbindet. Dies bestätigte der Plasmaphysiker Jack Scudder von der University of Iowa. In diesem Portal werden jeden Tag Tonnen von magnetisch geladenen Teilchen (Sonnenwind) übertragen, die von der Sonne ausgehen. Sie könnten auch Verursacher der Polarlichter und der geomagnetischen Stürme sein. Doch dieses Portal ist nicht das Einzige. Es wurden weitere Portale in mehreren Zehntausend Kilometern von der Erde entfernt gefunden. Manche sind kleiner, wären aber für Raumschiffe groß genug. Andere sind so gigantisch, dass selbst große Asteroiden durchpassen. Ein Teil dieser Portale öffnet und schließt sich mehrere Dutzende Male pro Tag, wie in einem regelmäßigen Rhythmus (elektromagnetische Wellen). Die anderen scheinen sogar durchgehend geöffnet zu sein. Ist die Frage berechtigt, ob hier vielleicht die legendären Sternen-Tore der Götter entdeckt wurden, phantastische Portale, um mit Raumschiffen in unbekannte Weiten des Universums oder gar in andere Dimensionen zu reisen?

Um diese phantastische Entdeckung besser zu erforschen, wurden am 13. März 2015 mit der Magnetospheric Multiscale Mission (MMS) vier neue Raumsonden gestartet. Diese bestätigten erneut, dass die X-Punkte Realität und keine Science-Fiction sind. Es ist schon längst kein Geheimnis mehr, dass sich auch das US-Verteidigungsministerium finanziell an diesen Untersuchungen beteiligt. Dies gibt Anlass zu der Befürchtung, dass hier viele Erkenntnisse unter dem Deckmantel der nationalen Sicherheit der Öffentlichkeit verschwiegen werden. So wurde angeblich bereits ein ehemaliger NASA-Mitarbeiter, der behauptete, dass es ein Portal von der Erde zum Mars gibt, mit einer neuen Identität ausgestattet und mundtot gemacht. Es dürfte auch kein Zufall sein, dass die NASA diese Entdeckungen nur zögerlich präsentierte, denn seit 1977 wird schon theoretisch und seit 1983 auch experimentell an einem Magnetoplasmadynamischen Antrieb VASIMR (Variable specific impulse magnetoplasma rocket) geforscht, einem Plasma-Antrieb, der zumindest theoretisch ein Raumschiff auf bis zu 200.000 km/h beschleunigen könnte, so dass ein Flug zum Mars in rund 40 Tagen möglich wäre.

Diese Magnetischen Portale, die X-Punkte, sind eigentlich unsichtbar und sogar instabil. Sie bilden zudem so etwas wie gigantische magnetische Kraftlinien, die sich durch eine magnetische Wiederverbindung, dessen Mechanismus offiziell noch nicht ganz entschlüsselt ist, öffnen und schließen. In der Praxis bedeutet dies, dass es tatsächlich einen Anfang und ein Ende gibt. Eine Eingangs- und eine Ausgangstür gewissermaßen, je von welcher Seite man es betrachtet. Doch der wesentliche Effekt durch die Vereinigung dieser Magnetfelder kann Strahlen geladener Teilchen aus dem X-Punkt treiben, wodurch ein neu entdeckter physikalischer Prozess, der Elektronen-Diffusionsbereich entsteht.

Bisher fand man offiziell nur Portale im Weltraum. Wissenschaftler halten es jedoch theoretisch auch für möglich, dass die entstehenden magnetischen Kräfte, wie bei den Polsprüngen, auch Portale vom Erdmagnetfeld zum Weltraum oder zu nahegelegenen Monden oder Planeten öffnen und so auf diesem Weg Reisen dorthin in den Bereich des Machbaren kommen könnten. Damit klingen auch solche Aussagen, wie sie 1971 Al Kiessig machte, nicht mehr ganz so spekulativ wie man vielleicht glauben möchte.

Die bisherigen Erkenntnisse über die X-Punkte im All lassen es zumindest hypothetisch möglich erscheinen, ein Raumschiff in eine Art Schutzschild (z.B. ein Plasmafeld) einzuhüllen, wodurch ein Vakuum entsteht, um dann dieses Raumschiff mit bis zur Lichtgeschwindigkeit in einer elektrometrischen Welle reisen zu lassen. Elektromagnetische Wellen breiten sich im Vakuum mit Lichtgeschwindigkeit aus.

Das Portal vom Untersberg

Der Untersberg, ein geheimnisvoller Kraftort im Salzburger Land und wohl der geheimnisvollste Berg der Alpen. Der Dalai Lama hat ihn 1992 bei seinem Salzburgbesuch als das *„Herzchakra Europas"* bezeichnet. Heute sprechen schon einige von ihm als das, oder auch ein *„Herzchakra der Erde"*. Spirituelle Vorstellungen einer beseelten Natur und der Mutter Erde scheinen hier zur Tagesordnung zu schreiten. Manch einer sagt, dass ein Energienetz den Untersberg überspannt und an markanten Orten besondere Kräfte erfahrbar werden lässt.

Schon viele Namen und Bezeichnungen hat man ihm gegeben. Der Name Untersberg ist nachweislich zum ersten Mal am 28. Juni 1306 erwähnt. Die Bevölkerung kennt ihn als *„Wunderberg“*, als *„magischen Berg“*, als *„heiligen Berg“* und als *„Berg des Lichts“*. Letztere Bezeichnung erhielt er durch seltsame, merkwürdige und unheimliche Licht- und Sonnenphänomene, die permanent in der Gegend um und am Untersberg beobachtet werden. Das gibt dem Ganzen noch einen mysteriöseren Anstrich.

Gewaltige Höhlensysteme durchziehen den Berg und sein Umfeld. Sie sind bis heute noch nicht restlos erforscht, was die alten Sagen und Legenden um den Berg und seine Höhlen bis in unsere moderne Zeit aufrechterhalten hat. Da ist die Rede von Kobolden und Zwergen, die in den verwinkelten Gängen und Kammern unermessliche Reichtümer hüten.

Viele Menschen, die in diesen Höhlen waren, glaubten nur kurze Zeit darin gewesen zu sein. In Wirklichkeit waren aber draußen mehrere Jahre vergangen und sie wurden oftmals sogar von ihren Mitmenschen nicht mehr erkannt. Damit sind wir beim Thema, denn der Untersberg ist besonders auch bekannt für seine Zeitphänomene. Zeitlöcher und Zeitsprünge scheinen hier allgegenwärtig zu sein.

1983 besuchten Axel Ertelt und Wilfried Stevens den Untersberg und die Schellenberger Eishöhle. Vor der Begehung achteten sie bewusst darauf, dass ihre mechanischen Uhren mit Sekundenzeiger funktionierten und genau die exakte gleiche Zeit anzeigten. Und tatsächlich konnten sie nach der etwa 4stündigen Begehung einen unerklärlichen Zeitsprung von rund 12 Minuten an den Uhren feststellen.

Es handelt sich insbesondere um ein ganz bestimmtes und begrenztes Gebiet wo diese Zeitphänomene immer wieder einmal auftreten. Bei dem Gebiet sprechen Geologen von einer extremen Verwerfungszone die sich auch auf die Qualität der Zeit auswirken kann. Bei diesem Bereich handelt es sich um die sogenannte Mittagsscharte. In ihr gibt es eine Stelle, die der Steinerne Kaser genannt wird. Und diese Stelle soll ein Dimensionsportal sein, das sich jedes Jahr am 15. August öffnet.

Im Innern des Berges soll es die Spiegelwelt geben, in der, genau wie auf unserer Seite des Berges, das gemeine Volk, Bauern, Mägde und Knechte, aber auch Adelige, leben. Sie werden regiert von Karl dem Großen, der einst Europa einte. Und genau wie am Kyffhäuser in Thüringen erzählt man sich hier auch die Geschichte von Kaiser Barbarossa, der im Untersberg schlafen soll und auf seine Wiederkunft wartet.

Eine der Geschichten dazu betrifft einen Bauern, der seine Geschichte auf dem Krankenbett erzählte: Als er in der Christmette war, waren ihm alle Leute plötzlich fremd. Die Menschen waren nämlich *„Untersbergler“* aus dem Berg. Und diese, so heißt es, feiern zu nächtlicher Stunde ihre Gottesdienste in den 14 Untersbergkirchen (Großgmainer Pfarrkirche, St. Bartolomä am Königssee, Stiftskirche in

Berchtesgaden, Maria Gern, Salzburger Dom, Maria Kirchenthal, Feldkirchen, Seekirchen, Max Glan, St. Michael, St. Gilgen, St. Zeno, Maria Eck und die heute nicht mehr existierende Reichenhaller Kirche St. Peter).

Die Berichte über Zeitlöcher und andere unerklärliche Geschehen am Untersberg werden von der dort agierenden Bergrettung allerdings ins Reich der Fabeln verwiesen. Dennoch: *„Tatsache ist, dass seit Beginn unserer Aufzeichnung bis heute 18 Menschen auf dem Untersberg vermisst und bislang noch nicht gefunden worden sind“*, sagte Bergretter Ulrich Schmidt, aus Grödig. Der letzte bekannt gewordene Fall stammt aus Januar 2012.

Die schönste und beste Geschichte über eine Zeitverschiebung am Untersberg ist aber immer noch die Geschichte von der verschollenen Hochzeitsgesellschaft: Vor langer Zeit begab sich ein reiches Bauernpaar mit Gefolge aus dem Dorf St. Leonhard kommend in Richtung des nahe liegenden Grödig, weil es dort mit den Eltern der Braut das Hochzeitsfest begehen wollte. Am Untersberg angekommen erzählte plötzlich einer aus der Gesellschaft, dass hier in der Gegend ein Kaiser mit seinem Heer spurlos verschwunden sei und dass seitdem in der Gegend Geister erschienen, die die Wanderer reich beschenkten.

Als der Bräutigam dies hörte, fing er an nach den Geistern zu rufen und bat sie die Gesellschaft zu beschenken. Plötzlich öffnete sich der Berg und ein kleiner, grau gekleideter Mann mit silberweißem Haar erschien und hieß ihnen in den Berg einzutreten. Die ganze Hochzeitsgesellschaft kam dieser Aufforderung nach. Müde geworden nahmen sie schließlich an einer gedeckten Tafel Platz und labten sich am Essen und Trinken.

Im Anschluss daran schliefen sie noch am Tische sitzend müde ein und schlummerten friedlich vor sich hin. Als die Gesellschaft wieder erwachte, wurde sie vom Berggeist hinausgeführt. Unsicher schauten sie sich an der Erdoberfläche um. Alles schien so anders zu sein als wie sie es in Erinnerung hatten. Und auch die Leute, denen sie begegneten, verstanden ihre Sprache nicht mehr. Fast schien es so, als seien sie in einem völlig fremden Land. Doch dann kamen sie in einen Ort und als sie dort nach dem Ortsnamen fragten und man ihnen den bekannten und ersehnten Ort nannte, da schienen sie doch so fremd zu sein. Sie suchten ihre Häuser und fanden sie nicht, weil an ihrer Stelle dort plötzlich ganz fremde Häuser standen. Sie suchten ihre Freunde und Nachbarn und fanden sie ebenfalls nicht. Niemand war mehr da, den sie gekannt hatten. Was war geschehen?

Schließlich gingen sie zum Pfarrer des Ortes und erzählten ihm ihre Geschichte. Dieser schlug dann in den Kirchenchroniken nach. Nach längerem Suchen fand er einen Eintrag, nach dem 500 Jahre zuvor ein Brautpaar mit seiner ganzen Hochzeitsgesellschaft verloren gegangen war …

Ähnliche Phänomene wie am Untersberg soll es am Pic de Bugarach geben. Das ist ein 1.233 Meter hoher Berg und die höchste Erhebung der Corbières, eines Mittelgebirges in der Region Okzitanien in Südfrankreich. In ca. 480 Meter Höhe liegt am Fuß des Berges Pic de Bugarach das rund 200 Einwohner besitzende Dorf Bugarach im Department Aude. Der Berg liegt häufig hinter dichten Nebelschwaden verborgen. Immer wieder gibt es mysteriöse und eigenartige Phänomene am und auf dem Berg. Da gibt es seltsame Vibrationen und unerklärliche Lichterscheinungen. Häufig kommen auch Wanderer vom Berg zurück, deren Speicherkarten in den Fotoapparaten nicht mehr funktionieren.

Die Fachzeitschrift *„Top-Secret“* Nr. 63 berichtete 2012 über den Rentner François Garet, der viele Jahre die Restaurierung der Kirche Sainte Marie Madelaine im nahegelegenen Ort Rennes-le-Chateau leitete. Er glaubt, dass es am Pic de Bugarach ein Portal gebe, durch das man in eine andere Zeit oder Dimension gelangen kann. Diese Hypothese ist aber nicht neu, sondern es gibt sie schon viel länger. Ein Abbé namens Saunière hat im Jahr 1885 einen nicht unbeträchtlichen Goldschatz in den Gemäuern der Kirche Sainte Marie Madelaine gefunden und hinterließ rätselhafte Aufzeichnungen, in denen die Rede von Teufelsfiguren und seltsamen Gesteinsformationen war, die Saunière im Umland entdeckt hatte. Zudem soll das gesamte Gebirge von Höhlen und unterirdischen Galerien durchzogen sein.

Bei einer Wanderung am Berg Pic de Bugarach begegnete François Garet einmal einem ortsunbekannten, eigenartigen Kahlkopf mit Hut, der plötzlich aus einer Nebelwand herausgetreten sei. Diese seltsame Gestalt huschte grußlos an ihm vorbei. Garet spekulierte ob es ein *„Wächter der Schleusen“* war. Seine Ganzkörperenthaarung mache dann auch Sinn, wenn der Kahlkopf mit hoher Geschwindigkeit durch die Universen reise. Den Hut trug er dann vielleicht um nicht aufzufallen.

Thomas Ritter, Buchautor und Reiseveranstalter, berichtete von einem eigenen Erlebnis, das er bei einer Höhle in der Nähe des Kromlech von Rennes-les-Bains hatte. Rennes-les-Bains liegt unmittelbar östlich von Rennes-le-Chateau und etwas nördlich von Bugarach. Bei seinem Erlebnis beschreibt Ritter einen merkwürdigen Zeitverlust von rund 20 Minuten, der nicht zur Zufriedenheit geklärt werden konnte. Allerdings deutet vieles darauf hin, dass es diese verlorenen Minuten wirklich gab und Ritter in dieser Zeit vielleicht in einer anderen Dimension weilte. Das erscheint im Zusammenhang mit den zuvor geschilderten Fakten am Pic de Bugarach (auch: Pech de Bugarach) äußerst interessant. Ist die Gegend dort tatsächlich eine größere Portalgegend? Ritter schreibt dazu in einem Artikel: *„Möglicherweise existiert am Pech de Bugarach oder am Kromlech von Rennes-les-Bains der Zugang zu einer parallelen Realität, die bereits zu Zeiten der Kelten als ‚Anderwelt‘ bekannt war.“*
(https://www.efodon.de/html/archiv/sonstiges/ritter/2006%20
ritter_rennes.pdf)

Der geheimnisvolle Nyangani in Simbabwe – Ein Portalort?

In Afrika, nördlich von Simbabwes östlichem Hochland, liegt der Nyanga-Nationalpark. Es ist einer der ältesten und größten des Landes mit Simbabwes höchsten Wasserfall, den Mutarazi Falls. Im Zentrum des Parks thront mit einer Höhe von 2.592 Metern der majestätische Berg Nyangani. Für die Einheimischen wird der Berg von mächtigen Ahnengeistern bewohnt und ist ein heiliger Ort. Auch soll er ein Treffpunkt böser und rachsüchtiger Geister sein, an dem sich auch ansonsten allerlei übernatürliche Wesen und Kreaturen aufhalten.

Personen, die auf dem Berg waren, erzählten von Kompassen und elektrischen Geräten, die dort *„verrückt gespielt"* haben oder gar ganz ausgefallen sind. Fotos konnten nicht richtig entwickelt werden und auf dem Berg taucht immer wieder ganz plötzlich ein geheimnisvoller, dichter Nebel oder Dunst wie aus dem Nichts auf. Dieser scheint sogar die Wanderer auf dem Berg regelrecht zu verfolgen. Und dann verschwinden dort immer wieder Menschen. Manche spurlos für immer und manche kommen nach einiger Zeit wieder – benommen, verwirrt und vollkommen orientierungslos. Das brachte dem Nyangani den Spitznamen *„Der Berg, der Menschen verschlingt"* ein. Für viele Einheimische ist der Berg nicht nur ein *„magischer und heiliger Berg"*, sondern er soll auch ein Tor zu einer Parallelwelt sein. Sie nennen diese Welt auch *„Semiza"* (auch *„Chimidza"*; was zu Deutsch so viel wie *„Zwischenwelt"* oder *„Zwischenreich"* bedeutet).

Aber nicht nur auf dem Berg selbst, auch in der Umgebung, geschieht seltsames und Menschen verschwinden spurlos. So auch beim Bau der Staudämme Osborne und Gokwe in der Umgebung. Dabei gab es bizarre Unfälle und unerklärliche Ausfälle der Geräte. Das Unheimlichste von all den widrigen Umständen bei den Bauarbeiten aber war, dass eine Reihe von Bauarbeitern spurlos verschwand. Man hat sie nie wieder gesehen.

In den 1980er Jahren kam es auf dem Berg Nyangani verstärkt zu einem spurlosen Verschwinden von Menschen. 1981 waren es zwei junge Teenager, Töchter des ehemaligen Regierungsbeamten Tichaendepi Masaya, die auf dem Berg verschwanden und trotz einer massiven Suche aus der Luft und am Boden nie wieder auftauchten. Es gab nicht die geringste Spur von ihnen. Nur wenige Jahre später verschwand der 12jährige Schüler Robert Ackhurst während eines Schulausflugs auf dem Berg. Sein Lehrer hat es nicht überwunden während des Schulausflugs einen Schüler verloren zu haben und beging ein Jahr später Selbstmord. Es gab in den 1980er Jahren mindestens drei wietere Fälle, in denen Menschen auf ungeklärte Art und Weise auf dem Berg spurlos verschwanden. In allen Fällen wurde nie auch nur die geringste Spur der Verschollenen gefunden.

In den frühen Morgenstunden des 4. Januar 2014 ging der 31jährige Zayd Dada, ein simbabwischer Tourist indischer Abstammung, zusammen mit seiner Frau und einem weiteren Paar, zu einer Wanderung auf den Berg. Während sich seine Frau und das Pärchen etwa auf halber Höhe ausruhten, ging Dada ein Stück weiter um die Landschaft zu bewundern. Als er davon nicht zurückkehrte, suchten die drei anderen nach ihm, konnten ihn aber nirgendwo finden. Die Behörden wurden benachrichtigt und es begann eine umfangreiche Suchaktion, an der neben zahlreichen Freiwilligen, Bergsteigern und professionellen Fährtensuchern auch die Polizei, die Nationalarmee und die Luftwaffe von Simbabwe beteiligt waren. Dabei wurde modernste Technologie wie Landschaftsscannen, 3D-Satellitenkarten und Infrarotscannen eingesetzt. Sämtliche Routen auf den Berg hinauf wurden sorgfältig abgesucht. Die Familie ließ Flyer in verschiedenen Sprachen drucken und in der Region verteilen. Schließlich holten sich Familie und Freunde sogar Rat bei den örtlichen Stammeshäuptlingen, die daraufhin die traditionellen Rituale arrangierten, um die Geister des Berges zu besänftigen. Doch alles blieb vergebliche Müh‘. Zayd Dada blieb spurlos verschwunden.

Nicht immer bleiben die am Berg vermissten Personen für immer verschwunden. Einige von ihnen kehren nach einigen Tagen zurück. Sie sind dann in der Regel recht benommen und orientierungslos, aber auch verwirrt und können sich an die verstrichene Zeit nicht oder nicht mehr vollständig erinnern und sind in einer Art tranceähnlichem Zustand.

Ein solcher Fall, der besonders gut dokumentiert ist, fand in den frühen 1980er Jahren statt. Ein hochrangiger Regierungsbeamter verschwand bei einer Bergwanderung am Berg Nyangani mit zwei Begleitern. Vier Tage lang blieben sie trotz intensiver Suche vermisst. Doch dann tauchten sie unvermittelt wieder auf. Sie erzählten später, dass sie hoffnungs- und orientierungslos umhergeirrt seien. Dabei hätten sie sich die ganze Zeit weder müde noch dehydriert oder hungrig gefühlt. Das erstaunlichste war aber sicher, dass sie sagten, sie hätten die Leute gesehen, die nach ihnen gesucht haben. Doch die wiederum hätten offensichtlich die Vermissten nicht gesehen, die dann meinten sich unsichtbar gefühlt zu haben. Und auch akustisch hätten sie sich nicht bemerkbar machen können. Erst als Stammeshäuptlinge eine Opferzeremonie mit einem Blutopfer durchführten, tauchten die drei Vermissten wieder auf. Obwohl sie vier Tage lang verschollen waren, kam es ihnen selbst nur wie ein paar Stunden vor. Damals wurde auch behauptet, dass die drei in einer Art Zwischenreich zwischen den Realitäten gefangen gewesen und von den Geistern des Berges festgehalten worden seien.

Inzwischen müssen Wanderer, die den Berg Nyangani erkunden möchten, eine Gebühr von derzeit fünf US-Dollar pro Stunde für die Begleitung durch einen erfahrenen und ortskundigen Führer bezahlen. Außerdem müssen sie ein vollständig aufgeladenes Handy und eine Taschenlampe mit frischen Batterien mit sich führen. Die Regierung von Simbabwe hat auch Funkmasten für das Handytelefonieren neu errichten lassen und räumt die wichtigsten Wege regelmäßig und befestigt oder asphaltiert sie.

Mögliche Portale der Geschichte

Gibt es noch unbekannte magnetische Anomalien, die unsichtbare Portale auf der Erde mit unterschiedlichen Punkten auf der Erde, im Weltraum, in anderen Dimensionen oder anderen Zeiten verbinden? Existiert gar ein globales energiegeladenes Kristallgitter oder eine Art Energiestruktur, an dessen zentralen Punkten bewusst alte Kultstätten wie Pyramiden, Tempel, Menhire oder Steinkreise errichtet wurden, die einen Ein- oder Ausgang der Portale bilden? Hier wollen wir eine kurze Übersicht über solche möglichen Portale, auch Sternentore genannt, geben, über die spekuliert wird, dass es sich um eben solche Dimensionstore handeln könnte:

In dem teilweise als gefährlich geltenden alten Zauberbuch *„Necronomicon"* (wird übersetzt als *„Die Toten betreffend"*, *„Wissen von den Toten"*, *„Bräuche/Gesetze der Toten betreffend"* oder *„Buch der toten Namen"*) sind viele Zauberformeln enthalten, mit denen es möglich sein soll durch Portale in andere Dimensionen zu reisen. Allerdings ist das *„Necronomicon"* nach derzeitigem Erkenntnisstand nur fiktiv und als Grimoire Anfang des 20. Jahrhunderts von H. P. Lovecraft erfunden worden, wie dieser später selber zugegeben haben soll. Nichtdestotrotz werden die Passagen über die Portale oft in Sachbüchern erwähnt und für real gehalten. Olaus Wormius eine vermeintlich von Lovecraft erfundene Gestalt, soll 1228 das *„Necronomicon"* vom Griechischen ins Lateinische übersetzt haben. Papst Gregor IX. (* um 1167 – † 22.08.1241) soll daraufhin sowohl die griechische, als auch die lateinische Version verboten haben.

Asgard ist der Wohnort der göttlichen Asen, die über die Regenbogenbrücke (auch *Asenbrücke*) Bifröst (= *schwankende Himmelsstraße*) von ihrer Welt Asgard nach Midgard (= Erde) reisen konnten. Sie wurde auch für die Besuche bei den täglichen Treffen der Asen am Urdbrunnen benutzt und vom Asen-Gott Heimdall bewacht.

Das Sonnentor von Tiahuanaco in Bolivien steht am Südufer des Titicacasees auf einer Höhe von 3.825 Metern in den Anden und wird auf ein Alter von ca. 14.000 Jahren geschätzt. Es soll als Portal in andere Welten gedient haben, aus denen einst die Götter auf die Erde kamen.

Puerta del Diablo in El Salvador liegt ca. 13 Kilometer südlich von San Salvador. Zwei sehr hohe Felsen bilden dort eine Art Bogen. Durch diesen soll nach der Legende der Teufel oder Satan zwischen den Welten gereist sein.

Ist das *„Tor der Götter“* von Hayu Marca (auch Aramu Muru) in Peru ein Sternentor? Das sogenannte Sternentor wurde von Jose Luis Delgado Mamanu entdeckt. Er stieß auf ein riesiges türähnliches Bauwerk, das aus einem riesigen, sieben Meter hohen und sieben Meter breiten Felsen bestand. In dem Felsen befindet sich eine kleine Vertiefung, die wie ein zwei Meter hoher Eingang im Eingang aussieht. Der *„kleine Eingang“* war für die Sterblichen und das große Tor für die Gottheiten bestimmt. Nachdem ein Ritual durchgeführt wurde, öffnete sich das Tor mit einem blauen Licht, das von ihm ausging. Im 16. Jahrhundert floh der Inka-Priester Amaru Muru vor den Spaniern zum *„Tor der Götter“*. Mit der Hilfe anderer Priester und einer goldenen Scheibe öffnete er das Tor und ging hindurch. Danach wurde er nie wieder gesehen. Seine Anhänger waren der Überzeugung, dass Amaru Muru ins *„Land der Götter“* ging, als er das Tor durchschritt, und heute dort mit ihnen lebt. Auch die Legenden der Ureinwohner in der Region sprechen hier vom *„Tor zum Land der Götter“*, aus dem einst die Götter ins Land gekommen sind.

Der Londoner Brompton Friedhof im Westen Londons beherbergt ein auffälliges Mausoleum, das seit vielen Jahren die Fantasie der Menschen anregt. Von dem Gebäude gibt es offenbar keinerlei Pläne mehr und der Schlüssel zum Öffnen der schweren Bronzetür ist seit den späten 1970er Jahren unauffindbar. Das Mausoleum wurde Mitte des 19. Jahrhunderts für Hannah Courtoy (* 1784 – † 26.01.1849) errichtet. Sie stand in einer näheren Beziehung zu Samuel Alfred Warner (* um 1793 – † Dezember 1853), der am 10. Dezember 1853 ebenfalls auf dem Brompton Friedhof beigesetzt wurde. Warner, der heute allgemein als Scharlatan bezeichnet wird, hatte eine *„unsichtbare Granate"* erfunden. Wie diese funktionierte ist nicht überliefert. Es gibt jedoch das Gerücht, dass Warner antikes Wissen nutzte, um die Granate zum Ziel zu teleportieren. Die Technik dazu könnte er von Joseph Bonomi (* 09.10.1796 – † 03.03.1878) erhalten haben, der Ägyptologe war und zu den Forschern gehörte, die als erstes die Schriftrollen aus dem Tal der Könige entschlüsselten. Aus diesen ganzen Umständen heraus geht das Gerücht um, dass das Mausoleum ein Portal ist, welches in die Zeit führt. Alternativ wird auch vermutet, dass Bonomi das Mausoleum gemeinsam mit Warner gebaut hat und dass darin ein Teleportations-Portal oder eine Zeitmaschine versteckt ist. Schließlich war in viktorianischer Zeit die Ansicht weit verbreitet, dass die alten Ägypter das Geheimnis der Zeitreise gekannt haben. Der britische Komponist Stephen Coates glaubt fest daran, dass das Teleportations-Portal im Mausoleum zu einem Netzwerk von solchen Portalen gehört, die auf den sieben großen (glorreichen) Friedhöfen Londons und auf dem Friedhof Montmartre in Paris stehen.

Gobekli Tepe ist eine der ältesten uns bekannten Tempelanlagen und befindet sich in der heutigen Türkei. Bereits rund 10.000 Jahre vor Christus wurde diese Tempelanlage nachweislich genutzt. Um das Jahr 8800 vor Christus wurde die Tempelanlage erweitert. Später wurde sie verlassen und nach und nach vom Erdboden verschluckt. Von oben betrachtet erkennt man die kreisrunde Form des Tempels. In der Mitte des Kreises steht ein Portal, das angeblich zum Sternsystem der Plejaden führt. Ob die Priester des Tempels damals wirklich versuchten zu den Sternen zu reisen bleibt wohl für immer ein Geheimnis.

Abydos ist eine der ältesten Städte in Ägypten. Hier gibt es besonders mysteriöse Hieroglyphen, die scheinbar moderne technische Geräte wie Helikopter, Panzer und UFOs in der typischen Form der frühen sogenannten *„Fliegenden Untertassen"* zeigen. Weitaus spannender ist allerdings die damit verbundene Geschichte von Dorothy Louise Eady (* 16. Januar 1904 – † 21. April 1981). Sie behauptete die

Wiedergeburt einer jungen Priesterin zu sein, die zur Zeit des Pharao Seti gelebt hat. Unglaublich, aber sie konnte ägyptische Texte übersetzen und wusste auch ganz genau, wo die Archäologen diese Texte gefunden hatten. Mehrere Augenzeugen berichteten außerdem öfter, dass Dorothy Eady, die sich nun Om Seti (auch teilweise Omm Sety geschrieben) nannte, versuchte sogenannte Scheintüren zu öffnen. Das sind angedeutete Türen an Wänden, die jedoch nicht in unserer Welt zu existieren scheinen. Durch diese Scheintüren versuchte sie in geheime Räume zu gelangen. Nach ihren eigenen Aussagen würden die Scheintüren zu Portalen führen, durch die man in eine andere Welt gelangen kann.

Sedona ist eine Kleinstadt im Verde Valley im Norden Arizonas im Coconino und im Yavapai County. Sie wird von den Ureinwohnern als der heiligste Ort im Staat Arizona angesehen. *„Die roten Felsen in der Wüste“*, so wird erzählt, *„können Tore öffnen, die tote Materie und verstorbene Lebewesen in eine andere Dimension und Sphäre transportieren.“* Die Felsen sollen eine höhere Frequenz besitzen, die solche Portale ermöglichen. Auch ist die Rede von mysteriösen Wirbeln, die das Ganze vielleicht fördern oder gar erst möglich machen. In den 1950er Jahren erfuhren Schatzsucher, die dort nach Gold suchten, von diesen geheimnisvollen Wirbeln. Von ihrer Neugier angetrieben wollten sie mehr erfahren und das Geheimnis der Portale lüften. Langsam näherten sie sich einer Stelle mit mehreren Felsenbögen. Als der wohl mutigste unter den Schatzsuchern all seinen Mut zusammennahm und durch einen der Bögen hindurchschritt, verschwand er und wurde nie wieder gesehen. Sedona ist heute auch ein Zentrum der New-Age-Bewegung. Das liegt daran, dass den Bergen und Felsen der Umgebung auch heute noch viele spirituelle Kräfte zugeschrieben werden.

Ein weiteres Portal ist im ehemaligen Sumer, einer der frühesten Zivilisation, zu finden. Dort gibt es ein gigantisches altes Bauwerk, das etwas an die Pyramiden in Ägypten erinnert und vor über 4.000 Jahren erbaut wurde. Es handelt sich um die Zikkurat des Mondgottes Nanna (sumerisch Etemennigur), allgemein unter der Bezeichnung *„Zikkurat* *von Ur"* bekannt. Dieser frühantike Stufentempel hat eine Basislänge von 62,5 m x 43,0 m und eine Höhe von 25,0 m und liegt im Süden des heutigen Irak. Oben auf der Spitze befindet sich eine Art Tor, zu dem eine lange steile Treppe hinaufführt. Steht man unten vor der ersten Stufe und blickt zum Tor hinauf, so hat man aus dieser Perspektive den Eindruck direkt in den Himmel zu sehen, in den die Stufen hineinführen. Es wurde auch ein antikes sumerisches Siegel gefunden, dass ein Wesen (Gott?) zeigt, welches ganz offensichtlich durch ein Portal oder Sternentor auf die Erde gelangt. Bemerkenswert an dieser Darstellung ist, dass wenn man lange genug auf dieses Bild sieht, der Eindruck entsteht, dass sich das Wesen zwar langsam, aber stetig entfernt.

Gibt es ein weltweites geometrisches Gitternetz von Portalen?

Der US-amerikanische Schriftsteller Ivan Terence Sanderson (* 30.01.1911 – † 19.02.1973) veröffentlichte 1972 den Artikel *„The Twelve Devil's Graveyards Around the World"* (deutsch: *„Die zwölf Teufelsfriedhöfe auf der ganzen Welt"*). Hintergrund dazu waren seine Nachforschungen zu den rätselhaften und außergewöhnlichen Phänomenen im Bermuda-Dreieck. Dadurch kam Sanderson schließlich zur Überzeugung, dass rätselhafte elektromagnetische Felder, Wirbel oder Wellen, eine Art anormale Portale erzeugen können. Diese können Teleportationen zu anderen Orten, in andere Zeiten oder gar in andere Dimensionen ermöglichen.

Als Anomalistiker sind für Sanderson die Portal-Orte Bereiche, an denen ein extremer Raum-Zeit-Riss in der Landschaft erzeugt wird, in dem Zeit und Raum sich ineinander falten. Die Anomalistik untersucht auf wissenschaftlicher Basis verschiedene Phänomene, die sich unserem gegenwärtigen Verständnis noch entziehen. Er bezeichnete diese Anomalie-Orte als *„Vile Vortices"* (*„Abscheuliche Wirbel"*). Diese kommen nach Sanderson urplötzlich und zeitgleich aus drei Richtungen. Deshalb werden sie auch Dreieckswellen genannt. Im Mittelpunkt der Wellen öffnet sich dann ein Portal. Dabei werden Fehlfunktionen an elektronischen Geräten und Abweichungen bei Kompassen verursacht. Alles, was in den Einflussbereich des Portals gelangt, wird sofort darin verschwinden. Da dies in der Regel ohne die geringste Spur zu hinterlassen passiert, ist das jeweilige Verschwinden immer mysteriös.

Bei seinen umfangreichen Nachforschungen kam Sanderson schließlich auch zu dem Schluss, dass es zwölf Orte auf der Erde gibt, die ein geometrisches Muster rund um die Welt ergeben, die eine Art Teleportations-Punkte-Netz ergeben. Diese Portal-Orte öffnen und schließen sich unter den besonderen Bedingungen. Wissenschaftler, die sich unabhängig von Sanderson mit dessen Theorien beschäftigten, rätseln noch heute darüber, wie und warum solche elektromagnetischen Wellen oder Wirbel entstehen oder gar funktionieren.

Fünf dieser zwölf Portal-Orte befinden sich in einer Linie auf einem Breitegrad oberhalb des Äquators und fünf weitere in einer Linie auf einem Breitengrad unterhalb des Äquators. Die restlichen beiden befinden sich nach Sanderson am Nord- und Südpol.

Die fünf Orte oberhalb des Äquators sind:

1. Das Drachen-Dreieck (auch Teufelsmeer genannt) südlich von Japan.
2. Hamakulia Vulkan Hawaii.
3. Das Bermuda-Dreieck vor der Küste Floridas.
4. Megalithische Ruinen von Algerien.
5. Die archäologische Stätte Karachi/Mohenjo-Daro in Pakistan. (Über diesen Ort gibt es Spekulationen, wonach es in der Antike hier atomare Explosionen gegeben haben soll.)

Die fünf Orte unterhalb des Äquators sind:

1. Das Wharton-Becken westlich von Australien.
2. Die Loyalty Inseln zwischen Australien und der Osterinsel.
3. Die Osterinsel selbst.

4. Die Südatlantik-Anomalie östlich von Rio de Janeiro.
5. Die Megalithe von Simbabwe.

Das Bermuda-Dreieck ist wohl den meisten Menschen bekannt. Viele unheimlich anmutende und immer noch unaufgeklärte Fälle, in denen Flugzeuge, Schiffe und Menschen spurlos verschwanden, bleiben nach wie vor ein Mythos, um den sich zahlreiche Spekulationen ranken. Wenn unter besten Wetterbedingungen und einer ruhigen See Schiffe mit einer erfahrenden Mannschaft und Flugzeuge mit erfahrenen Piloten spurlos verschwinden, muss etwas ganz Außergewöhnliches und Geheimnisvolles dahinterstecken. Weniger bekannt ist allerdings ein weiteres Seegebiet, in denen genau die gleichen Vorkommnisse stattfinden: Das Drachen-Dreieck.

Beide, sowohl das Bermuda-Dreieck als auch das Drachen-Dreieck vor der Küste Japans, liegen auf demselben Breitengrad und gehören zum Gitternetz der Portale, das Ivan Terence Sanderson identifizierte. Die japanischen Seefahrer nennen dieses Gebiet seit alters her *Ma-no Umi*. Übersetzt heißt das Drachenmeer, was dann, zusammen mit den geometrischen Daten, die Bezeichnung Drachen-Dreieck verständlich macht. Bereits vor 1.000 Jahren glaubte man, das Wasser-Drachen plötzlich aus der Tiefe auftauchen und die Seefahrer in ihre unterirdischen Unterwasserpaläste entführen, die nur von den Drachen selbst und ihren menschlichen Sklaven bewohnt werden.

Einigen Berichten zufolge sollen seit den frühen 1950er Jahren im Drachen-Dreieck bereits mehr als 1.000 Flugzeuge und Schiffe aller Größen verschwunden sein. Es sind Tausende Menschen verschwunden, und man fand weder Wrackteile noch Leichen. Wohin sind all diese Menschen, Flugzeuge und Schiffe verschwunden? Nach einigen Gerüchten über diese Gegend sollen dort auch plötzlich Objekte auftauchen, für die es keine logische Erklärung gibt. Dies wiederum könnte ein weiteres Indiz dafür sein, dass hier ein Portal existiert, das sich durch elektromagnetische Anomalien in unregelmäßigen Abstanden öffnet und schließt. Darauf könnte auch ein Vorfall hindeuten, der sich im August 1945 abspielte. Ein Flugzeug vom Typ Mitsubishi A6M Zero verschwand beim Überfliegen des Drachen-Dreiecks. Die letzte Meldung des Piloten Shiro Kawamoto klang seltsam mysteriös: *„Etwas passiert am Himmel... Der Himmel öffnet sich."* Dann brach die Funkverbindung ab. Eine folgende Suchaktion der Marine blieb erfolglos. Nicht die geringste Spur wurde gefunden. Sanderson kam zu der Ansicht, dass die Verluste im Drachen-Dreieck sogar weitaus höher sind als im Bermuda-Dreieck.

Die sowjetischen Wissenschaftler N. F. Goncharov, V. S. Morosov und V. A. Makarov stellten Anfang der 1970er Jahre unabhängig von Sanderson ebenfalls die Theorie eines Gitternetzes auf und verglichen unseren Planeten dabei mit einem großen Kristall. Nach ihrem Modell gibt es bei diesem System insgesamt 62 Knotenpunkte. Auffallend ist, dass einige davon mit den Portal-Orten von Sanderson identisch sind. Die drei Wissenschaftler nehmen an, *„dass es im Körper unseres Planeten so etwas wie ein Kristall- oder Energiegitter gibt, und die Eigenschaften des Planeten wie in einem Kristall am aktivsten an den Gitterorten und entlang seiner Kanten liegen."* Ein weiteres Indiz für die Existenz von Portal-Orten?

Die Hypothese von Sanderson ist keineswegs eine Erfindung der Neuzeit. Schon im Altertum wurde darüber spekuliert. Und so gab es bereits bei den alten Griechen die Vermutung, dass der ganze Planet Erde mit einem uralten unsichtbaren Energie-Gitter voll kosmischer Energie überzogen ist. Die berühmte Denkschule der Pythagoreer und ihr Anhänger Platon waren davon überzeugt, dass die Erde aus 12 fünfeckigen Platten zusammengesetzt ist. Diese Theorie verfestigte Platon mit seinen Platonischen Körpern. Auch soll Platon einmal gesagt haben, dass die Erde von oben betrachtet einem Ball gleicht, der wie aus zwölf Fetzen zusammengenäht sei. Wie konnte Platon bereits vor über 2.000 Jahren eine solche Aussage tätigen?

Tatsächlich haben Geologen ja festgestellt, dass die tektonische Struktur der Erde Formen von Polyedern in der Nähe der Plattengrenzen besitzt. Die energiereichsten Punkte werden auch als geladene elektromagnetische Knoten oder Wirbelpunkte bezeichnet, an denen auch die meisten Anomalien vorkommen. Zu bestimmten Zeiten und unter komplizierten Umständen produzieren diese Knoten ungewöhnliche hohe elektromagnetische Wellen, die die Raum-Zeit verändern können.

Nach der Planetary Grid Hypothese (Planetengitter-Hypothese) besitzt die Erde ein inneres Gitter, vom Aufbau her wie ein Kristall, kosmischer Energie. Die Theorie von Ivan T. Sanderson wird dabei voll unterstützt. Und dies gilt auch für die von ihm benannten lokalen Punkte, die die besonderen Energiepunkte betreffen, an denen die größten Anomalien auftreten. Viele antike Bauwerke befinden sich zudem an den Linien des Gitternetzes. Ist dies nur ein Zufall oder wussten die antiken Baumeister, Priester und Druiden tatsächlich über das Gitternetz Bescheid?

Das Netz der Ley-Linien

Geomantie war früher auch eines der Lehrfächer in den Druidenschulen. Dabei geht es um die Wissenschaft von Kraftfeldern oder Kraftlinien und Kraftorten auf und unter der Erde. Nach ihrer Lehre hat die Erde an vielen Stellen Kraftorte, auch Energiefelder genannt, die über ein strukturiertes Netz durch Energie-Linien verbunden sind, die heute auch als Ley-Linien bezeichnet werden. Zusammengefasst ist die Geomantie die Wissenschaft dieser durch Energielinien verbundenen Energiefelder.

Besondere Kult-Stätten wie Steinkreise und Menhire baute und Eichenbäume pflanzte man zur Zeit der Kelten nur an solchen Kraftorten oder auf diesen Energielinien. Es ist bis heute ein Rätsel geblieben, mit welcher Technik und Praxis früher solche speziellen Kraftorte gefunden werden konnten. Bemerkenswert ist die Tatsache, dass Missionare des Christentums eifrig alte heidnische religiöse Stätten und Heiligtümer zerstörten, die an solchen Orten errichtet wurden um stattdessen an derselben Stelle ihre religiösen Stätten und Heiligtümer wie beispielsweise Kapellen und Kirchen zu bauen. Als Beispiel gilt die Fällung der heiligen germanischen Donar-Eiche, an deren Stelle dann die St. Veit Kirche zu Crock errichtet wurde. Wenn man sich näher mit den Ley-Linien beschäftigt, wird man feststellen, dass viele Kirchen in Europa genau auf diesen Energielinien gebaut wurden, wo sich vorher in den Augen der Kirche heidnische Kultstätten befanden.

Die Kelten pflegten, ähnlich wie die Buddhisten, den Wiedergeburtsglauben. Nach dem Tod gelangte der Verstorbene in die Anderswelt der Götter. Eine Welt außerhalb von Zeit und Raum, in der jeder unsterblich sein würde. Ebenso war man davon überzeugt, dass es an den Kraftorten, die man auch Schwellenorte nannte, Tore für Lebende zur Anderswelt geben soll. Auch an weiteren Orten, wie Quellen, Erdspalten oder Höhlen, öffnete sich zu bestimmten Zeiten ein Tor zur Anderswelt. Das Besondere war dabei, das man diese Welt betreten und verlassen konnte. Umgekehrt, so war man überzeugt, konnten Wesen wie Feen, Elfen, Kobolde und Wiedergänger in die diesseitige Welt gelangen. Waren diese Anderswelten vielleicht Parallelwelten, in die man teleportieren konnte? Und waren Wesen wie Feen, Elfen, Kobolde und Wiedergänger keine Phantasiewesen, sondern Wesen aus diesen Anderswelten?

Viele Forscher haben sich mit dem Wissen der Kelten über solche Energielinien auseinandergesetzt, wobei dieses Wissen einen weitaus älteren Ursprung haben muss, und das weltweit. Das alte Wissen und die Geomantie zeigen sich in den alten Steinkreisen, Megalith-Reihen, Menhir-Standorten bis hin zu Pyramiden und Tempelanlagen. Offenbar gab es ein weltweit vernetztes Wissen über Geomantie.

Mit heutigen modernen Messmethoden konnte man tatsächlich nachweisen, das auf Ley-Linien die Werte für Magnetismus und Gravitation gegenüber den Normwerten verändert sind. Daraus schlussfolgernd schrieb der Amateur-Archäologe Alfred Watkins (* 27.01.1855 bis † 15.04.1935) in seinem Buch *„The Old Straight Track“* einen ganz wichtigen Gedanken: *„Ich glaube, dass Ley, Priester, Astronomen, Druiden, Barden, Magier, Hexen, Wahrsager und Eremiten, alle* *mehr oder weniger verbunden waren durch einen einzigen Faden von allem Wissen und Macht, so degeneriert dieser am Ende auch geworden sein mag.“* Viele Forscher folgen den Gedanken von Watkins, und die meisten sind der festen Überzeugung, dass es sich um einen verschlüsselten Code einer frühen mystischen in allen Erdteilen bekannten Wissenschaft handelt. Ley-Linien sind mehr als nur eine Theorie.

Es gibt viele berühmte Kraftorte, die solche Übergänge in die Anderswelt enthalten könnten. Dazu zählen beispielsweise auch die in diesem Buch ausführlicher beschriebenen Berge wie der Mount Shasta in Kalifornien, der Mount Kailash im Tibet oder der Untersberg, der teilweise in Bayern (Deutschland) und zum Teil in Salzburg (Österreich) liegt. Bei diesen drei Bergen gibt es eindeutige Berichte über das spurlose Verschwinden von Menschen (in die Anderswelt?). Aber es gibt viele weitere solcher Kraftorte, zu denen wir allerdings bisher noch nicht für alle solche Berichte über das Verschwinden von Menschen fanden. Dazu gehören die Externsteine (Deutschland), Stonehenge (England), die Kathedrale Notre Dame in Paris (Frankreich), die Pyramiden von Gizeh (Ägypten), Machu Picchu (Peru), Teotihuacán (Mexiko), der schwarze Monolith in Mekka (Saudi-Arabien) oder auch Delphi, die alte Orakelstadt in Griechenland. Hinzu kommen weitere heilige Berge wie beispielsweise der Tai Shan in China, der Ayers Rock (Australien), der Berg Sinai in Ägypten, der Berg Ararat in der Türkei, der Adams Peak (Sri Lanka) oder der Arunachala in Indien. All diese Orte, die auf oder an heiligen Linien liegen, weisen eine elektromagnetische Anomalie auf. Von den Einheimischen werden diese Orte als heilig verehrt, als Orte der Götter oder als Tor zu einer anderen Welt bezeichnet.

Das Portal am Mount Shasta

Der Mount Shasta ist ein 4.322 Meter hoher und 27 Kilometer durchmessender, schlafender Vulkan mit einem Volumen von ca. 350 km^3, der sich im Norden des US-Bundesstaats Kalifornien befindet. Um ihn ranken sich zahlreiche Mythen und Legenden quer durch die verschiedensten Bereiche der Grenzwissenschaften: Alte Zivilisationen, verschwundene Zivilisationen, verlorener Kontinent, Himmelsmenschen, Lichtwesen, Außerirdische, UFOs, Riesen, Bigfoot, mystische Kräfte und Paranormale Erscheinungen.

Was für uns aber besonders interessant ist, ist die Tatsache, dass am und um den Mount Shasta außergewöhnlich viele Menschen immer wieder spurlos verschwinden. Ja, der Mount Shasta ist geradezu ein Hotspot für das Verschwinden von Menschen. Die Ureinwohner, die noch heute am Berg leben, warnen immer wieder Besucher vor diesem rätselhaften Verschwinden. Der Historiker Dustin Neff, der sich intensiv mit dem Mount Shasta beschäftigt, berichtete von einem Fall, in dem jemand beobachtete, wie in einer Höhle Menschen durch die Wand gingen und spurlos verschwanden.

Am 02. September 2011 verschwand während eines Campingausfluges ein dreijähriger Junge. Eine Suchaktion blieb zunächst erfolglos. Nach fünf Stunden, mitten in der Nacht, wurde er schließlich am Wegesrand gefunden. Aber genau hier hatten die Suchtrupps bereits zuvor intensiv gesucht und den Jungen mit seinem Namen gerufen – erfolglos. Der Dreijährige erzählte später, dass er sich verlaufen habe und dabei in eine Art Höhle geraten sei. Dort habe ihn eine *„Roboterfrau“* gefragt, ob es ihm gut gehe.

Eine verrückte Geschichte, möchte man meinen. Entsprang sie nur der Phantasie des Jungen oder hatte es sich tatsächlich so ereignet? Eine *„Roboterfrau“*? Das würde von modernster Technik und vermutlich auch Künstlicher Intelligenz (KI) zeugen. Sind die Legenden vielleicht doch wahr, dass in dem Vulkan eine außerirdische Intelligenz wohnt, wie es die Ureinwohner seit Jahrhunderten behaupten? Gibt es tatsächlich in den unterirdischen Gängen und Höhlen Portale, durch die man scheinbar wie durch die Felswand gehen kann? Portale, die sich bei Bedarf oder auf Anforderung öffnen?

Einer der zahlreichen Nachfahren der einstigen Ureinwohner berichtete von einem ähnlichen Erlebnis. Dieses hatte allerdings eine viel größere Dimension als es bei einem einfachen Menschen der Fall ist, der in eine Höhlenwand hineingeht. Der Mann berichtete, wie er einmal am Mount Shasta ein großes *„Luftschiff"* (UFO) bemerkte. Plötzlich öffnete sich der Berg an einer Seite. Dann flog das *„Luftschiff"* in den Berg hinein, der sich hinter dem UFO wieder schloss. Seitdem will er so etwas noch öfters beobachtet haben.

Einer der spektakulärsten Fälle vom Verschwinden eines Menschen am Mount Shasta ereignete sich am 25. Mai 1999. Die drei Bergsteiger Karl Landers, Barry Gilmore und Milt Gaines waren dabei den Vulkan zu besteigen. Am Rastplatz 50/50 hatten sie übernachtet. Am Morgen herrschte ein starker Wind. Als sie ihre Zelte abbauten bemerkten sie, dass Karl Landers stark unterkühlt aussah. Deshalb schickten seine beiden Kollegen ihn schon zum nur 200 Meter entfernt liegenden Rastplatz Lake Helen vor, um ihn dann dort abzuholen. Also geht Landers vereinbarungsgemäß los. Kurz danach folgten die beiden anderen ihrem Kollegen. Als sie jedoch am Rastplatz Lake Helen ankamen, fehlt von Landers jede Spur. Auf der ganzen Strecke von lediglich 200 Metern gibt es keine Stelle, an der ein Mensch hätte verschwinden können. Keine Felsspalte, keine Felsen, nichts! Eine wochenlange Suchaktion lief an. Nicht der geringste Hinweis auf den Verbleib von Karl Landers wurde gefunden. Der Leiter der Suchaktion sagte damals: *„Karl ist garantiert nicht mehr am Berg. Vielleicht ist er aufgestiegen oder im Innern..."* Auch heute noch, nach über 20 Jahren, gibt es nicht den kleinsten Hinweis darauf, was damals mit Karl Landers passierte.

Der Mount Shasta liegt an einem Knotenpunkt von Ley-Linien (manchmal auch als *„Heilige Linien"* bezeichnet). An weiteren Knotenpunkten dieser Ley-Linien befinden sich auch der Berg Sinai in Ägypten und der Kailash in Tibet. Die Ley-Linien bilden wieder ein Gitternetz in der Art, wie es bereits Ivan T. Sanderson und andere nachwiesen.

In der Kabel1-Dokumentation *„Das Mysterium um Mount Shasta"* wurde auch darüber gesprochen, dass der Mount Shasta früher ein natürliches Kraftwerk gewesen sein könnte, dass durch Wassermassen, die durch die unterirdischen Gänge, Höhlen und Lavaröhren flossen, betrieben wurde. Dabei wurde ein direkter Vergleich zur Cheops-Pyramide von Gizeh in Ägypten gezogen. Auch unter ihr befinden sich Gänge, durch die nachweislich einst Wasser geflossen ist, das vom Nil dorthin gelangte. Demnach war die Cheops-Pyramide eine künstliche Kraftwerkskonstruktion nach dem Vorbild des Mount Shasta oder einer ähnlichen natürlichen Formation. An beiden Orten sollen sich immer wieder Schwankungen in den elektromagnetischen Feldern des Umfelds ergeben, die Portale öffnen könnten, wie einige Forscher meinen. Die Cheops-Pyramide als Portal? Darüber hatte Axel Ertelt bereits in der ersten Hälfte der 1980er Jahre Überlegungen angestellt und war zu der Schlussfolgerung gekommen, dass es gerade Pyramiden sind, bzw. die Pyramidenform ist, die solche Portale entstehen lassen können.

Kailash – Der geheimnisvolle Berg in Tibet

Wir haben bereits über den Mount Shasta berichtet und dass er an einem Knotenpunkt in einem Gitternetz von Ley-Linien liegt. Dabei wurde erwähnt, dass auch der Berg Sinai und der Kailash im Tibet auf einem solchen Knotenpunkt liegen. Vor allem dem Kailash muss hier eine ganz besondere Aufmerksamkeit gewidmet werden. Was ihn von Interesse macht, sind nicht nur phantastische Geschehnisse verschiedenster Art und seine große religiöse Bedeutung, sondern auch die Tatsache, dass ihn die chinesische Regierung fast vollkommen abschirmt. Das chinesische Militär patrouilliert immer wieder um den Berg herum. Es ist nämlich strikt verboten den Kailash zu besteigen. Zuwiderhandlungen werden mit mehreren Jahren Gefängnis bestraft. Anfragen zur Genehmigung einer Besteigung des Berges wurden bislang von der chinesischen Regierung rigoros abgelehnt. Den Berg zu besuchen und ihn auf streng vorgegebenen Routen zu umwandern ist erlaubt, was jährlich Zehntausende von Touristen wahrnehmen. Aber auch eine Abweichung von den ausgewiesenen Wegen kann eine hohe

Haftstrafe bedeuten. China begründet all dies mit der religiösen Bedeutung des Berges. Aber seit wann schert sich China um Religion? Und so behält der Kailash seine Geheimnisse. Es fängt schon damit an, dass offenbar niemand genau weiß, wie hoch der Berg eigentlich ist. Seine Höhe wird häufig mit 6.714 Metern angegeben. Neueren Quellen zufolge beträgt sie jedoch *„nur"* 6.638 Meter.

Es soll nur eine einzige sterbliche Person gegeben haben, die jemals den Mount Kailash bestiegen hat. Und dies war der tibetische Mönch und Heilige Milarepa (* 1052 bis † 1135). Die Besteigung des Berges im Jahr 1093 praktizierte Milarepa von der Westseite her. Ein unaufhaltsamer Drang soll ihn dem Gipfel entgegengetrieben haben. Schließlich hat er es auch bis zur Spitze geschafft. Der Berg Kailash war dann für eine lange Zeit Ort seiner Meditation. Und wie die Legende erzählt, hat er die Besteigung des Kailash unbeschadet überstanden. Die Geschichte um den heiligen Mönch („Milarepas Reise auf den Berg Kailash") wird noch bis heute erzählt und der Legende nach verrichtet er immer noch Buße auf dem Berg Kailash, sitzend in einer Höhle, die in beide Richtungen zeigt.

Der Kailash gilt vor allem auch wegen Milarepa als der heiligste Berg der Buddhisten. Gleichermaßen ist er aber auch der heilige Berg der Hindus. Nach uralten Legenden der frühen Bewohner Tibets sollen einst himmlische Wesen die Bergspitze geformt haben. Manch ein Gläubiger ist sogar davon überzeugt, dass der ganze Berg aus unvorstellbar großen Blöcken von Riesen zusammengesetzt wurde und somit größtenteils künstlich erschaffen wurde. Seitdem wird der Berg auch als Wohnstätte der Götter betrachtet, die kein Sterblicher betreten sollte. Die Hinduisten glauben darüber hinaus, dass der Berg einen geheimen Eingang zum mystischen Königreich Shambhala im Inneren der Erde verbirgt. Dass der Berg Hohlräume am Fuß und auf der mittleren Ebene hat, scheint heute unumstößlich. Trotz aller Untersuchungen fand man jedoch keinen Eingang im herkömmlichen Sinne. Einige Forscher sind der Ansicht, dass der Berg eine ganze Reihe großer Hohlräume verbergen könnte.

Der Bericht eines Forschers aus der ehemaligen Sowjetunion, der damals die Erlaubnis erhalten hatte zusammen mit einer Expedition einen Monat lang am Berg zu verbringen lieferte ein verblüffendes Ergebnis. Zwar war dem Team aus der Sowjetunion das Besteigen des Berges auch damals schon verboten, doch konnten sie viele andere Untersuchungen und Messungen am Berg machen und beobachten die höheren Regionen auch mit Ferngläsern. Nachdem sie wieder zurück in der Sowjetunion waren, veröffentlichten sie ihre Ergebnisse. Danach soll der Berg eine Pyramide sein! Und zwar die größte, die jemals auf unserem Planeten geschaffen wurde. Die Messungen, die das Team vorgenommen hatte, sollen auch beweisen, dass diese Pyramide (der Mount Kailash) innen hohl ist. Später stellte Igor Michailovich Danilov die Hypothese auf, dass alle Pyramiden der Erde auf den Mount Kailash ausgerichtet sind, der selbst ja die größte Pyramide der Welt sei.

Es werden am Berg immer wieder Lichter beobachtet, die nachts aus dem Berg emporsteigen und dann den Berg oben an der Spitze umkreisen. Auch Lichter, die in den Berg hineinfliegen werden immer wieder beobachtet. Sowohl Prä-Astronautiker als auch UFO-Forscher glauben, dass der Berg von Außerirdischen als Basis erschaffen oder ausgebaut wurde, die noch heute bewohnt ist. Könnte dies die großen Rätsel und Geheimnisse des Berges erklären?

Piloten berichteten immer wieder davon, dass am Himmel über dem Kailash die Navigationsgeräte versagen und das Erdmagnetfeld die Kompasse rotieren lässt. Dadurch verlieren die Piloten die Orientierung. Deshalb sind heute auch Überflüge über und um den Kailash herum von der chinesischen Regierung verboten worden.

Am Kailash gibt es auch merkwürdige Stimmenphänomene, die schon viele Menschen in der Nacht gehört haben. Die Stimmen waren in einer Sprache, die niemand verstehen konnte. Das geheimnisvollste aller Phänomene am Mount Kailash ist jedoch das rätselhafte Verschwinden und teilweise auch des späteren Wiederauftauchens von Menschen. So gibt es einen Bericht über eine Gruppe von vier jungen

Männern, die dem Berg aus religiösen Gründen besonders nahe sein wollten. Sie machten sich auf den Berg ein wenig zu besteigen, sind dann aber nicht mehr zurückgekehrt. Einige andere Personen machten sich daraufhin auf um sie zu suchen. Bereits am Nachmittag des nächsten Tages fand man ihre Körper, besser gesagt, dass, was von ihnen übrig war. Sie waren nämlich komplett skelettiert und konnten nur noch an ihrer Kleidung und dem Schmuck identifizieren, den sie getragen haben.

Immer wieder haben es einige Personen, trotz aller Verbote, versucht ein Stück den Berg hinaufzuklettern, soweit es ohne Seilschaft und Ausrüstung möglich war. Viele von ihnen sind nie wieder zurückgekehrt. Sie sind den alten Pfaden gefolgt und dort verschwunden. Das sollen, wie es heißt, sehr viele Menschen gewesen sein. Da taucht dann wieder die Frage auf: Gibt es auch am Mount Kailash ein Portal, durch das immer wieder Menschen verschwinden – an einen anderen Ort oder in eine andere Zeit versetzt werden? Ist der Mount Kailash ein Zeitportal? Vieles könnte darauf hindeuten, denn es gibt viele Beobachtungen, die belegen, dass hier die Zeit offenbar um einiges schneller abläuft als im Rest der Welt. Personen, die den Berg etwas höher bestiegen und dort einige Zeit verbrachten, berichten dass man dort schneller altert. Die Nägel und die Haare seien sehr schnell gewachsen und auch in ihrer ganzen Erscheinung seien sie älter geworden, berichten diese Leute. Verschiedenen Berechnungen zu Folge sollen 12 Stunden auf dem Kailash zwei Wochen Normalzeit entsprechen. Man altert demnach in 12 Stunden auf dem Berg um zwei Wochen.

In den späten 1990er Jahren erschienen in der westlichen Presse sensationelle Berichte, nach denen eine Gruppe amerikanischer Bergsteiger zum ersten Mal den dem Kailash am nächsten gelegenen Gipfel bezwungen haben. Es hatte sich dabei um dreißigjährige Draufgänger gehandelt, die absolut fit und gesund waren. Doch trotz dieser ausgezeichneten körperlichen Verfassung begannen sie nach der Besteigung plötzlich rapide zu altern und starben alle innerhalb von zwei Jahren.

Gibt es auch ein Portal am Lake Michigan?

Der Lake Michigan (Michigansee) ist einer aus der Gruppe der fünf Großen Seen in Nordamerika. Als einziger der fünf Seen befindet er sich vollständig auf dem Gebiet der USA. Seine Fläche beträgt 58.016 km^2 und die maximale Tiefe 281 Meter. Die Ausdehnung geht über 494 Kilometer in die Länge und 190 Kilometer in die Breite. Das Ufer des Sees hat eine Gesamtlänge von 2.633 Kilometern. Er grenzt an die US-Bundesstaaten Indiana, Illinois, Wisconsin und Michigan.

Ähnlich dem Bermuda-Dreieck der Sargassosee gibt es im Michigansee das Lake-Michigan-Dreieck. Dessen Eckpunkte bilden die Ortschaften Ludington und Benton Harbor im US-Bundesstaat Michigan sowie Manitowoc im US-Bundesstaat Wisconsin. Wie auch beim legendären Bermuda-Dreieck scheinen hier in mehr oder weniger regelmäßigen Abständen Zonen mit Anomalien aufzutreten, die auch im Lake-Michigan-Dreieck immer wieder Dinge und Menschen spurlos verschwinden lassen. Gibt es also im oder auf dem Lake Michigan ein Portal? Auch über Beobachtungen von Lichtern im See und von UFOs wird des Öfteren von hier berichtet. Nachstehend ein paar Fälle in chronologischer Reihenfolge.

Im August des Jahres 1679 verschwand das Segelschiff Le Griffon auf dem Lake Michigan spurlos und konnte bis heute nicht gefunden werden, obwohl zahlreiche Schatzjäger danach suchten.

Ein weiterer bekanntgewordener Bericht, der aufgezeichnet wurde, stammt vom 21. Mai 1891. Der Schoner *„Thomas Hume"* brach damals zu einer Fahrt über den See auf, um Bauholz zu transportieren. An Bord eine siebenköpfige Besatzung und die Ladung Bauholz. Das Schiff verschwand über Nacht buchstäblich *„mit Mann und Maus"* spurlos. Trotz einer großangelegten, sofortigen Suche wurde bis heute nicht die geringste Spur von dem Schiff gefunden – nicht einmal ein Stück Treibholz der Ladung.

Im Juni des Jahres 1900 besuchte Sherman Church eine Baumwollspinnerei. Diese war in Augusta Mills in der Nähe des Lake Michigan.

Er ist nie wieder dort herausgekommen und niemand hat ihn je wieder gesehen.

Im Jahr 1921 verschwanden elf Personen von der *„Rosa Belle"*. Das Schiff selbst wurde auf der Seite liegend gefunden, wie es über den See trieb. Es erweckte den Eindruck, als ob es eine Kollision mit einem anderen Schiff hatte. Doch es gab keine Spuren eines anderen beteiligten Schiffs. Und es war auch kein Unfall auf dem See gemeldet worden. Zudem wurde kein anderes Schiff vermisst. Besonders unheimlich an dem Fall war, dass die *„Rosa Belle"* bereits im 19. Jahrhundert einen Schiffbruch erlitten hatte, bei dem ganz ähnliche Begleitumstände vorgekommen waren.

Der Kapitän George R. Donner befand sich am 28. April 1937 an Bord seines Schiffes McFarland auf dem Weg von Erie im US-Bundesstaat Pennsylvania nach Port Washington im Bundesstaat Wisconsin. Am Abend zog er sich müde in seine Kabine zurück, nachdem er seinem zweiten Steuermann die Order gegeben hatte ihn zu wecken, wenn sie sich dem Ziel näherten. Das Schiff fuhr gerade durch Bereiche des Lake-Michigan-Dreiecks. Rund drei Stunden später wollte der Steuermann wie befohlen seinen Kapitän wecken. Doch dieser war nicht in seiner Kabine, die einigen Quellen zufolge von innen verschlossen gewesen sein soll. Auch bei einer gründlichen Suchaktion auf dem ganzen Schiff fand sich keine Spur von Kapitän George R. Donner. Er blieb für immer spurlos verschollen.

Am 23. Juni 1950 war Flug 2501 der Northwest Orient Airlines auf dem Weg von New York nach Seattle im US-Bundesstaat Washington. An Bord der Douglas DC-4 befanden sich der als erfahren geltende Pilot Robert C. Lind, zwei weitere Besatzungsmitglieder und 55 Passagiere. Wegen schlechtem Wetter änderte man den Kurs und flog über den Lake Michigan. Die Flughöhe betrug 3.500 Fuß (1.100 Meter) über dem See. Und die Maschine befand sich 18 Meilen (29 Kilometer) nordnordwestlich von Benton Harbor, als Pilot Lind gegen Mitternacht wegen elektrischer Entladungen in der Luft einen Sinkflug auf 2.500 Fuß (760 Meter) beantragte. Dies wurde jedoch von der Flugsi-

cherung abgelehnt. Gleichzeitig aber war es das letzte Lebenszeichen von Flug 2501, denn in diesem Moment verschwand das Flugzeug vom Radarschirm. Eine groß angelegte Suche, bei der auch Sonargeräte eingesetzt wurden und der Grund des Lake Michigan mit einem Trawler und Tauchern abgesucht wurde, blieb das eigentliche Flugzeugwrack verschollen. Im offiziellen Unfallbericht heißt es allerdings: *„Eine intensive Suche im Gebiet des Lake Michigan wurde am 24. Juni bei Tageslicht begonnen. Am folgenden Tag, um 18:30 Uhr, fand ein Kutter der US-Küstenwache einen Ölteppich und Flugzeugtrümmer im Lake Michigan, etwa 18 Meilen nordnordwestlich von Benton Hafen.“*
(https://aviation-safety.net/database/record.php?id=19500623-0&lang=de)

Es war bis zu diesem Zeitpunkt der schwerste Unfall eines Verkehrsflugzeugs in der US-amerikanischen Geschichte. Es gibt Quellen, die berichten, dass zwei Polizisten ca. zwei Stunden nach der letzten Kommunikation mit Flug 2501 ein seltsames rotes Licht über dem Michigansee schweben sahen, das zehn Minuten später verschwand. Daraus entwickelte sich auch die Spekulation, dass ein UFO etwas mit dem Zwischenfall zu tun gehabt hat.

Interessant am Rande: Marc Holly, Professor für Unterwasserarchäologie an der Northwestern University of Michigan und sein Kollege Brian Abbott entdeckten 2007 bei der Suche nach gesunkenen Schiffen im Michigansee in einer Tiefe von 12 Metern eine künstlich angelegte Steinstruktur. Nach ihrer Auffassung ist dieses Gebilde etwa 9.000 Jahre alt. Auf einem der Steine wurde die Felszeichnung eines Mastodons gefunden. Das aber ließe ein noch viel höheres Alter für möglich, da man davon ausgeht, das Mastodons vor rund 10.000 Jahren ausgestorben sind.

Das Dreieck der Großen Seen

Die Buchautoren Jay Gourley und Hugh F. Cochrane weisen darauf hin, dass sich Vorfälle wie im Lake-Michigan-Dreieck im Bereich aller fünf Großen Seen abspielen. Gourley schreibt dann auch konkret über das *„Dreieck der Großen Seen“* und Cochrane glaubt erkannt zu haben, dass das Ostende des Ontariosees im Bereich um Marysburgh die gefährlichste Gegend ist. Er spricht dann auch vom *„Marysburgh-Wirbel“*.

Die fünf Großen Seen sind der Obere(r) See (Lake Superior), der Huronsee (Lake Huron), der Michigansee (Lake Michigan), der Eriesee (Lake Erie) und der Ontariosee (Lake Ontario). Bis auf den Lake Michigan, der komplett in den USA liegt, befinden sich alle anderen Seen auf der Grenze zwischen Kanada und den USA, die mitten durch die Seen geht. Um den Lake Superior herum befinden sich die Jagdgründe der Chippeway-Indianer. Und die haben eine uralte Legende, nach der sich in dem See ein gigantischer Stör befindet, der bereits mit einer kleinen Bewegung seiner Flossen einen großen Strudel verursacht und mit einem Schlag seiner Schwanzflosse gar den ganzen See in Aufruhr bringt. Und so verursacht dieser Stör nach dem Glauben der Chippeway-Indianer das Phänomen, das als *„Die drei Schwestern“* bekannt ist. Dabei handelt es sich um eine dreifache Welle, die über die sonst meistens recht ruhige Wasseroberfläche rollt und dabei jedes Boot verschlingt, das sich in ihrem Weg befindet.

Auch heute noch nehmen die Schiffer die Legende der Chippeway-Indianer sehr ernst. Seit die Franzosen die Großen Seen vor mehr als 340 Jahren entdeckt haben, wurden die Unglücke auf den fünf Großen Seen mehr oder weniger gut dokumentiert. Ein besonders gefährlicher Ort scheint dabei die Whitefish Bucht zu sein, die am Ostende des Lake Superior liegt. Seit etwa 1970 vermuten verschiedene Forscher, dass sich hinter den Legenden der Chippeway-Indianer um den gigantischen Stör mehr verbirgt als nur Naturkatastrophen, mit denen das spurlose Verschwinden von Schiffen, und seit dem 20. Jahrhundert auch von Flugzeugen, bisher heruntergespielt wurde. Manch einer der Forscher vermutet im *„Dreieck der Großen Seen“* eine geheimnisvolle Kraft, die den Kräften im Bermuda-Dreieck mindestens gleichkommt oder sie sogar noch übertrifft.

Im Jahr 1859 gingen innerhalb einer Woche fast 30 Schiffe auf dem Lake Ontario verloren und zwischen den Jahren 1870 und 1889 waren es mehr als 6.000 Schiffe auf den fünf Großen Seen. Auch im November 1913 häuften sich die Schiffsverluste. Damals gingen innerhalb von nur 4 Tagen ganze 40 Schiffe verloren. Zwischen 1940 und 1960 waren bei den Schiffsverlusten sogar neun Schiffe mit mehr als 1.000 Bruttoregistertonnen. Natürlich sind die allermeisten dieser Verluste auf bekannte Ursachen, wie Auflaufen auf Grund, Kentern oder auch in den vergangenen Jahrhunderten durch Feuer an Bord der Holzschiffe, zurückzuführen. Aber ein nicht unerheblicher Anteil ist einfach verschollen ohne eine Spur zu hinterlassen.

Von den meisten Flugzeugen, die über den Großen Seen verloren gingen, wurde nie eine Spur gefunden. Allein in einem kleinen Bereich an der Nordküste des Lake Superior verschwanden von 1952 bis 1982 mindestens 15 Flugzeuge spurlos. Viele der Piloten hatten vom plötzlichen Auftauchen eines *„allesverschlingenden Nebel“* berichtet. Ähnliches passiert auch im Bermuda-Dreieck und an anderen Portal-Orten.

Im November 1804 ging der Schoner *„Speedy“* auf dem Lake Ontario spurlos verloren. Ausgangspunkt der Reise war der Hafen von York, dem heutigen Toronto. An Bord des Schoners war eine Gruppe von Richtern und Regierungsmitgliedern, die in das rund 140 Kilometer entfernte Presqu’ile wollten. Außerdem war noch ein wegen Mordes verurteilter Gefangener, ein Indianer, an Bord. Dieser sollte zu der Küstenstadt Newcastle gebracht werden um dort gehängt zu werden. Der Schoner hatte zwei Kapitäne, die beide als erfahren galten und sich abwechselten. Der eine davon war Kapitän James Richardson. Er sollte ursprünglich die *„Speedy“* auf dieser Fahrt befehligen. Richardson beschlichen beim Ablegen schlimme Vorahnungen, dass etwas passieren würde. Den Grund dafür konnte er nicht angeben. Buchautor Hugh F. Cochrane vermutet, dass Kapitän Richardson in dieser Situation Erdströme, wie sie auch von Megalithen und Leylines ausgehen, gespürt habe, die ihn die drohende Gefahr vorausahnen ließen.

Jedenfalls versuchte Kapitän Richardson daraufhin die Beamten zu überreden die Fahrt zu verschieben oder gar ganz abzusagen. Daraufhin musste er zu Gunsten seines Kollegen, Kapitän Thomas Paxton, der weniger sensitiv war und nichts spürte, von seinem Kommando zurücktreten. Paxton übernahm nun den Schoner und das Schiff segelte unter vollen Segeln los. Das Schiff kam nie in seinem Bestimmungshafen an und ging spurlos verloren. Nicht der geringste Hinweis auf seinen Verbleib wurde je gefunden.

Ebenso auf dem Lake Ontario ereilte 1889 die „*Bavaria*" ihr Schicksal. Sie wurde einige Tage nach ihrer Vermisstmeldung vollkommen intakt aber völlig verlassen bei der Galloo-Insel auf dem See treibend aufgefunden. Nur ein Kanarienvogel trillerte noch fröhlich in seinem Käfig in einer der Kabinen. Ein Laib frisch gebackenes Brot lag in der Messe und im Schreibtisch des Kapitäns lagen noch seine Papiere und eine gewisse Geldsumme. Dieser Vorfall erinnert frappierend an das Schicksal der Schonerbrigg „*Mary Celeste*", die am 7. November 1872 im Auftrag der Firma Meissner, Ackermann & Co in New York Industriealkohol geladen hatte und dann nach Genua in Italien ausgelaufen war. Manche Autoren legen ihre Entdeckung in den Bereich des Bermuda-Dreiecks. Eher wahrscheinlich ist den alten Dokumenten nach jedoch ein Auffinden mitten im Atlantik, auf halbem Wege zwischen den Azoren und Portugal. Allerdings wurde nie geklärt, warum das Schiff dorthin getrieben ist. Am 4. Dezember 1872 wurde sie von der Bark „*Dei Gratia*" in einem scheinbar guten Zustand, aber vollkommen verlassen, aufgefunden. Von der siebenköpfigen Besatzung und den Passagieren fehlte jede Spur. Sie wurden nie wieder gesehen.

Das Alaska-Dreieck

Alaska, der nördlichste Bundesstaat der USA, hat auch ein Dreieck – ein dreieckiges Gebiet, in dem Schiffe, Flugzeuge und jede Menge Menschen spurlos verschwinden. Dies wird seit etwa den 1950er Jahren gut dokumentiert. Mehr als 60.000 Menschen, so heißt es, sind in Alaska seit 1988, als die Behörden mit der offiziellen Statistik anfingen, verloren gegangen. Davon alleine mindestens 16.000 im Alaska-Dreieck. Das sind so viele Menschen, wie sonst nirgendwo in den USA. Laut der zentralen Datenbank des National Crime Information Center wurden im Jahr 2019 pro 100.000 Einwohner 41 Personen in Alaska vermisst. Arizona liegt auf Platz zwei. Dort sind es jedoch nur 13 Vermisste auf 100.000 Einwohner gewesen.

Die Eckpunkte des geheimnisvollen Dreiecks bilden die Städte Anchorage, Barrow und Juneau. In dieses knapp 500.000 km^2 große Dreieck passt der US-Bundesstaat Oregon fast zweimal hinein. In Alaska gibt es viele Gebiete mit diversen Strömungswirbeln oder Anomalien im Erdmagnetfeld. Im Dreieck scheinen sie sich sogar zu konzentrieren. Instrumente und Kompasse spielen verrückt und haben Fehlfunktionen. Alles scheint hier genauso zu sein wie im berühmt-berüchtigten Bermuda-Dreieck – nur schlimmer, wie einige Forscher meinen. Zu dem Verschwinden kommen Legenden über Fabeltiere wie dem Hairyman, dem Alaska-Bigfoot oder einem Geist aus der Mythologie der indigenen Tlingit, dem Kushtaka. Ferner gibt es dort auch etliche Sichtungen von unbekannten Himmelsphänomenen und UFOs. So sah beispielsweise die Besatzung eines japanischen Frachtflugzeugs im Jahr 1986 über Ost-Alaska drei seltsame glühende Scheiben, die die Maschine begleiteten.

Am 3. November 1948 startete um 22.26 Uhr eine Douglas C-47A-DK (DC-3) der Pacific Alaska Air Express in Anchorage zu einem Charterflug über Homer, Yakutat und Annette Island in Alaska nach Seattle. An Bord befanden sich zwei Besatzungsmitglieder und 15 Passagiere. Am Morgen des 4. November 1948, um 02.57 Uhr, kam die Maschine auf dem Yakutat Airport an. Dort wurde ein Instrumentenflugplan eingereicht, in dem eine Reiseflughöhe von 10.000 Fuß nach Annette Island angegeben war. Um 04.07 Uhr startete die Maschine wieder. Gut eine Stunde später, um 05.10 Uhr, erhielt Gustavus Radio eine Positionsmeldung von dem Flug. Demnach befand sich das Flugzeug in der vorgesehenen Flughöhe von 10.000 Fuß und befand sich 146 Meilen südöstlich von Yakutat. Die Meldung besagte ferner, dass sie um 05.44 Uhr über Sitka sein würden. Das war die letzte Mitteilung der Maschine, die am Annette Island Airport nie ankam. Trotz umfangreicher Suche verschwand sie spurlos. Das Flugzeug wurde für vermisst erklärt und bis heute nie gefunden.

Im Jahr 1950 startete in Anchorage ein Flugzeug nach Great Falls im US-Bundesstaat Montana. An Bord befanden sich 44 Personen, acht Besatzungsmitglieder und 36 Passagiere. Rund zwei Stunden nach dem Start bestätigte der Pilot dem Tower, dass alles in bester Ordnung sei. Danach herrschte Schweigen. Das 30 Meter lange Flugzeug antwortete nicht mehr und war vom Radar verschwunden. Es begann eine großangelegte mehrtägige Suchaktion, an der, einigen Quellen zu Folge, 85 Flugzeuge und ca. 7.000 Personen beteiligt waren. Sie fanden nicht keine Spur, nicht das kleinste Teilchen von der vermissten Maschine. Es schien, als habe sie sich buchstäblich in Luft aufgelöst und sei ins Nichts verschwunden. Dieser Vorfall war der Anfang von der traurigen Berühmtheit des Alaska-Dreiecks.

Am 21. Juli 1951 verschwand eine Douglas DC-4 der Canadian Pacific Air Lines (CPAL) mit der Flugnummer 3505 vermutlich in der Nähe von Sitka (Alaska) auf dem Flug von Vancouver (Kanada) nach Anchorage (Alaska). An Bord waren sechs Besatzungsmitglieder und 31 Passagiere. Die Maschine, die als Endziel die japanische Hauptstadt Tokio hatte, flog über Alaska, da sie einen planmäßigen Zwischenstopp in Anchorage hatte. Doch dort kam das Flugzeug nie an. Um 00.44 Uhr wurde eine Notfallwarnung ausgegeben, da sich Flug 3505 nicht mehr meldete. Die dann anlaufende Suchaktion am 31. Oktober 1951 ergebnislos eingestellt. Das Flugzeug ist bis heute spurlos verschwunden.

Im Oktober 1972 verschwanden mitsamt einem Privatflugzeug und dem Buschpiloten Don Jonz der Politiker und Mehrheitsführer des US-Repräsentantenhauses, Hale Boggs, der Kongressabgeordnete von Alaska, Nick Begich und der Assistent Russel Brown. Boggs war unter anderem auch ein Mitglied der Warren-Kommission, die den Mord an

Präsident John F. Kennedy untersuchte. Das Flugzeug war in Anchorage mit Ziel Juneau gestartet, kam dort aber nie an. Wieder wurde eine großangelegte Such- und Rettungsaktion gestartet, an der 50 Zivilflugzeuge und 40 Militärmaschinen sowie Dutzende Boote teilnahmen und ein Suchgebiet von 32.000 mi^2 (= 82.880 km^2) abdeckten. Die Suche wurde nach mehreren Wochen erfolglos eingestellt. Es wurde nie eine Spur des Flugzeugs oder der Männer gefunden.

Der Thompson Park Wirbel

Die Siedlung (City) Watertown befindet sich im Jefferson Country im US-Bundesstaat New York. Sie hat knapp 25.000 Einwohner und eine Grundfläche von 23,4 km^2. Watertown ist das Verwaltungszentrum (County Seat) von Jefferson County. In Watertown befindet sich der Stadtpark, der Thompson Park (Watertown, NY 13601, USA). In ihm gibt es einen Spielplatz, Tennisplätze, einen Golfplatz, Wanderwege und sogar einen kleinen Zoo. Der Park wurde im Jahr 1905 auf einer Fläche von 200 acres (ca. 80 Hektar) nach einer Planung des Landschaftsarchitekten John Charles Olmsted (* 1852 bis † 1920) eröffnet.

Einige Quellberichte zum Thompson Park Vortex schreiben die Planung und oder den Entwurf des Parks allerdings dem Onkel und späteren Stiefvaters von John Charles Olmsted zu. Das war Frederick Law Olmsted (* 26.04.1822 bis † 28.08.1903). Angesichts der Tatsachen, dass Frederick Law Olmsted bei der Parkeröffnung bereits seit zwei Jahren tot und vor seinem Tod über einen längeren Zeitraum dement und im McLean Hospital in Belmont (Massachusetts) war, scheint dies ausgeschlossen. Allenfalls käme dann noch der jüngere Halbbruder Frederick Law Olmsted Jr. (* 24.07.1870 bis † 25.12.1957) in Frage, der ein leiblicher Sohn von Frederick Law Olmsted und Mary Cleveland Perkins war. Diese war wiederum die leibliche Mutter von John Charles Olmsted und die ehemalige Schwägerin von Frederick Law Olmsted, die dieser nach dem Tode seines Bruders geheiratet hatte. Aber nichts deutet daraufhin, dass Frederick Law Olmsted Jr. etwas mit der Planung des Watertown Parks zu tun hatte.

Im Park gibt es rätselhafte Wirbel und deswegen spricht man hier auch von *„Thompson Park Vortex“* (= Thompson Park Wirbel), die auch als *„Zeitwirbel“* oder *„interdimensionale Wirbel“* bezeichnet werden. Diese Wirbel teleportieren immer wieder Personen innerhalb des Parks von einer Stelle zu einer anderen. Andere Menschen verschwinden auch schon mal komplett für ein paar Stunden und tauchen dann wieder ebenso plötzlich auf. Danach waren sie einige Zeit desorientiert, hatten Halluzinationen, als wären sie in die Vergangenheit gereist oder ihnen war schwindelig. Gleichwohl sollen hier auch Personen verschwunden und nie wieder zurückgekehrt sein. Aufgrund solcher seltsamen Vorkommnisse wurde das Areal des Parks auch als *„Watertowns Area 51“* bezeichnet. Dazu wurde im Jahr 2013 sogar ein Schild mit der Beschriftung *„Watertowns Area 51 - Thompson Park Vortex“* und mit einem Alien-Kopf versehen aufgestellt. Im Jahr 2007 wurden die *„Shadow Chasers of New York“* (Schattenjäger) beauftragt, die Vortex Phänomene untersuchten, und das Areal zu erkunden. Ihre Untersuchungen ergaben, dass es hier im Park anormale Energiemesswerte gibt, die einem Gittermuster elektromagnetischer Felder (EMF) entsprechen. Viele Augenzeugen solcher übernatürlichen Teleportationen berichten davon, dass sich der Wirbel im Park bewegt hat, sodass man nie ganz sicher ist, wann und wo man hineinstolpern könnte. Inzwischen ist die Rede von 84 bis 89 Wirbel-Standorten.

Das *„Bermuda-Dreieck Europas“*

Der Hoia-Baciu (rumänisch Pădurea Hoia-Baciu) ist ein dichtes Waldgebiet in der Region Siebenbüren (Transsylvanien), südlich der Gemeinde Baciu und westlich von Cluj-Napoca (deutsch Klausenburg), der zweitgrößten Stadt Rumäniens. Offiziell gilt der rund 250 Hektar große Wald als Erholungs- und Wandergebiet. In modernen Subkulturen, Medien und Protowissenschaften ist er jedoch bekannter als ein *„Hotspot paranormaler Phänomene“*. Schon in der Frühzeit war der Wald den Bewohnern der Region Siebenbüren gut bekannt und die Menschen fürchteten sich vor seinem Innern.

Bei den unheimlichen Vorkommnissen im Hoia-Baciu handelt es sich um eine ganze Palette seltsamer Begebenheiten. So berichten die Waldbesucher immer wieder von leuchtenden oder glühenden Augen, von Geistererscheinungen, gespenstischen Stimmen und unheimlichem Gelächter. Auch ist häufig die Rede von merkwürdigen Lichtern und Irrlichtern, die unverhofft auftauchen, und selbst UFO-Sichtungen hat es seit 1968 verstärkt gegeben. So will der Militärtechniker Emil Barnea am 18. August 1968 ein hell leuchtendes UFO über dem Wald gesehen haben. Das belegte er mit mehreren Schwarzweiß-Fotos, die ein ringförmiges Objekt schwebend über dem Wald zeigten. Und in den 1970er Jahren gab es sogar eine ganze UFO-Sichtungswelle. Eine große, fast kreisrunde Lichtung im Wald, gilt inzwischen auch als UFO-Landeplatz. Auch über den Ausfall elektrischer Geräte wird manchmal berichtet. Und dann sind da noch viele Personen, denen im Wald Monster begegnet sein sollen. Zahlreiche Menschen erlitten im Wald auch Verletzungen in Form von Kratzern oder Brandwunden, deren Ursache unbekannt blieb, zudem sie nicht mit wilden Tieren oder mit Feuer in Berührung gekommen waren. Auch unzählige seltsam anmutende und spiralförmig verdrehte Bäume lassen den Wald als Ort böser Kräfte oder Schwarzer Magie erscheinen. Auch die BBC hat sich schon mit dem Mysterium von Hoia-Baciu beschäftigt und versucht das Rätsel um den Wald zu lösen – vergeblich. Und so zählt der Wald für die BBC zu den *„gruseligsten Orten der Welt"*.

Unheimlich ist der Wald allemal. Diejenigen, die ihn betreten haben, berichten über eine unerklärliche beängstigende Beklommenheit, die sie im Wald verspürten und fühlten sich beobachtet. Auch berichten viele Besucher von einem Panikgefühl, von Schwindel und Brechreiz. Von dem *„Geisterwald"* geht nun einmal eine düstere Stimmung aus. Manche Autoren, die über ihn berichteten, warnten sogar vor ihm: *„Wage dich nie allein hinein!"* Manch ein Einheimischer glaubt, dass die Ursachen für all die unheimlichen Geschehnisse Bauern sind, deren Geister heute im Wald hausen und ihren grauenhaften Schabernack treiben.

Unheimlich ist der Wald vor allem aber auch wegen eines weiteren Phänomens, das alle bisher aufgezählten weit in den Schatten stellt: Der Hoia-Baciu ist ein Portal-Ort! In ihm verschwinden immer wieder Menschen. Manche tauchen nach einer gewissen Zeit wieder auf, manche verschwinden für immer. Alles begann, als eines Tages ein Schäfer mit seiner gesamten Herde von rund 200 Schafen in den Wald ging um ihn zu durchqueren und so auf die gegenüberliegende Seite des Waldes zu gelangen. Er verschwand spurlos im Wald und wurde mitsamt seinen 200 Schafen nie wieder gesehen. Seitdem hat der Wald seinen Namen: Hoia-Baciu

Sophie Buchan besuchte einmal den Wald mit einem einheimischen Führer, den sie Alex nannte. Sie kamen schließlich auch an der Lichtung im Wald an, Da erzählte ihr Alex: *„Einmal, als ich hierherkam, habe ich 60 Leute aus Bukarest getroffen, die versuchten, ein Tor in eine andere Dimension zu öffnen.“* Das Vorhandensein eines Portals in diesem Wald ist nicht nur weit verbreitet, sondern findet auch weit über die Grenzen Rumäniens hinaus Beachtung. Und gerade von der Lichtung wird erzählt, dass hier schon Menschen mit oder in einem Lichtblitz spurlos verschwunden sind.

Es gab auch viele Fälle, in denen die Menschen direkt vor den Augen anderer Personen verschwanden, sich buchstäblich in Sekunden in Nichts aufgelöst haben. So auch im Fall einer Frau, die plötzlich verschwand, nicht mehr aufzufinden war und dann, nach einer gewissen Zeit ebenso plötzlich wie aus dem Nichts wieder auftauchte. Die Frau konnte sich weder an den Vorgang selbst, noch daran, was in der Zwischenzeit geschehen war, erinnern. Sie hatte bei ihrer Rückkehr jedoch Münzen bei sich, die aus dem 15. Jahrhundert stammten. Das ließe den Schluss zu, dass sie zwischenzeitlich ins 15. Jahrhundert teleportiert wurde. Ist das Portal von vielleicht ein Zeittor? Gelangt man dadurch in die Vergangenheit und in die Zukunft (wie nachstehender Fall vermuten lässt)?

Ein weiterer spektakulärer Fall in dem eine Person nach längerer Zeit wieder auftauchte ist der eines fünfjährigen Mädchens. Das war zum Spielen in den Wald gegangen und kam nicht mehr zurück. Fünf Jahre später, an einem schönen Sommertag, kam das Mädchen dann doch noch aus dem Wald heraus, ganz so, als sei nichts gewesen. Es hatte sogar noch dieselbe Kleidung an und schien auch keinen Tag gealtert zu sein. Auch dieses Mädchen hatte keinerlei Erinnerung daran, was in der Zwischenzeit passiert ist.

In den 1960er Jahren gab es an einem sonnigen Sommertag im Hoia-Baciu ein Ereignis, das eine Fast-Teleportation gewesen sein könnte. An jenem Tag sah und fotografierte der Diplom-Biologe Alexandru Sift eine grell leuchtende Kugel, die vom Himmel herabfiel. Sift glaubte zunächst einen Meteoriten gesehen zu haben und näherte sich der vermuteten Einschlagstelle, die in der Nähe der Waldlichtung sein musste. Beim Näherkommen stellte er jedoch verwundert fest, dass weder von dem Objekt noch von einem Einschlagkrater etwas zu sehen war. Während Sift weiter nach dem Objekt schaute, wollte er mit einem Stock einen Zweig beiseiteschieben. In genau diesem Augenblick wurden der Stock und ein Teil seiner Hand unsichtbar. Im selben Moment spürte er auch, wie sich seine Fußsohlen deutlich erwärmten. Auf seinem ganzen Körper verspürte er ansonsten allerdings einen unangenehm kalten Druck. Vollkommen erschrocken ergriff Sift augenblicklich panikartig die Flucht und rannte so schnell er konnte davon. Das dürfte sein Glück gewesen sein. Was wäre passiert, wenn er am Ort des Geschehens geblieben wäre? Statt wegzurennen noch einen Schritt weiter nach vorne zu gehen, hätte Sift vielleicht wegteleportiert und verschwinden lassen. Da Teile seiner Hand und der Stock für einen Moment unsichtbar wurden, könnte dies bedeuten, dass sie sich für einen Moment in einer anderen Dimension, an einem anderen Ort oder in einer anderen Zeit befanden. So unglaublich dies auch klingen mag, aus Sicht der Logik scheint dies die einzige Erklärung zu sein.

Interstellare Reisen durch Teleportation?

Von den technischen Möglichkeiten, interstellare Raumfahrt zu betreiben, ist die Menschheit noch weit entfernt. Selbst dann, wenn man den Begriff *„interstellarer Raum“* nur auf das Weltraumgebiet innerhalb unserer eigenen Galaxie, der Milchstraße, bezieht. Die Milchstraße hat einen Durchmesser von geschätzten 170.000 bis 200.000 Lichtjahren und soll mindestens 100 Milliarden Sterne besitzen. Um hier im größeren Stil eine nennenswerte Raumfahrt zu betreiben, bedarf es vollkommen neuartiger Antriebe. Selbst Flüge mit Lichtgeschwindigkeit sind für die Entfernungen zwischen Sonnensystemen kaum geeignet.

Dabei wäre es auch für die Menschheit durchaus von Interesse ferne Sonnensysteme zu bereisen. Immerhin wurden bisher mit Stand vom 25. Juli 2022 bereits 5.120 Exoplaneten in 3.790 Systemen entdeckt. Von denen liegen viele in der sogenannten Habitablen Zone, in der flüssiges Wasser möglich ist. Somit steigt die Wahrscheinlichkeit für außerirdisches Leben. Bisher fand man mindestens 24 Planeten, auf denen Leben wie auf der Erde möglich ist.

Die Forschung geht heute davon aus, dass rund 0,003 Prozent aller Sterne in der Milchstraße potenziell bewohnbare Planeten enthalten. Das wären dann, bei 100 Milliarden Sternen, mindestens 3 Millionen Planeten. Geht man weiter davon aus, dass 100 Milliarden Sterne das Minimum sind und die Milchstraße eventuell sogar bis zu 300 Milliarden Sterne haben könnte, dann käme man auf die Summe von bis zu 9 Millionen bewohnbarer Planeten allein in unserer Galaxie. Hypothetisch gäbe es die Chance, so die Wissenschaftler weiter, dass davon 0,01 Prozent sogar intelligentes Leben hervorgebracht hat. Das wären dann zwischen 300 und 900 intelligente Spezies.

Unabhängig davon, ob wir irgendwann einmal interstellare Raumfahrt betreiben werden oder nicht, taucht dabei auch die Frage auf ob dies fremde Spezies bewerkstelligen können. Glaubt man den Theorien der Prä-Astronautiker, so haben uns in vorgeschichtlicher Zeit bereits solche Außerirdische besucht und einige UFO-Forscher sind überzeugt, dass uns auch heute Außerirdische besuchen, deren Fluggeräte für uns unbekannt und unidentifiziert sind und daher als *„UFO"* bezeichnet werden, was, da es aus dem US-amerikanischen Sprachraum kommt, für *„Unidentified Flying Object"* steht. Dass das Kürzel *„UFO"* auch im Deutschen zutrifft (*„Unidentifiziertes Flug-Objekt"*) ist ein reiner Zufall. Dies kann theoretisch, muss aber nicht zwingend, ein außerirdisches Raumschiff sein. Doch können die Außerirdischen die ungeheuren Entfernungen im All überbrücken? Wenn es sie gibt und wenn sie die Erde besuchen, dann müssen sie zwangsläufig vor dem gleichen Problem gestanden haben wie wir heute. Die alles entscheidende Frage ist: Wie kann man diese Entfernungen überbrücken?

Im wohl größten Science-Fiction-Epos das je verfilmt wurde, *„Star Trek"*, benutzen die fiktiven Raumschiffe (z. B. Enterprise und Voyager) einen sogenannten Warp-Antrieb. Wenn sie mit Warp-Geschwindigkeit fliegen sieht es im Film so aus, als huschen die Sterne so schnell vorbei, dass sie nur noch als Lichtstreifen zu sehen sind. Um diesen Effekt zu erzielen müsste ein Raumschiff ein Vielfaches der Lichtgeschwindigkeit fliegen. Unrealistisch? Auch in der Realität beschäftigen sich Wissenschaftler mit einem *„Warp-Antrieb"*. Allerdings ist dieses Thema wissenschaftlich heiß diskutiert und umstritten. Die freie Internet-Enzyklopädie *„Wikipedia"* beschreibt den Warp-Antrieb nach der realen Hypothese so: *„Unter einem Warp-Antrieb (englisch to warp ‚verzerren', ‚krümmen') versteht man einen hypothetischen Antriebsmechanismus, der Reisen mit Überlichtgeschwindigkeit durch gezieltes Krümmen der Raumzeit ermöglicht.* [...] *Ein funktionsfähiger Warp-Antrieb müsste das Raumzeitgebiet um ein Raumschiff herum derart verändern, dass der Abstand zwischen Start- und Zielpunkt verringert wird. Die Raumzeit müsste in Reiserichtung gestaucht und nach Passage des Schiffs wieder expandiert werden. Diese Veränderungen der Raumzeit durch Gravitationswellen müssten mit Überlichtgeschwindigkeit geschehen, und das Raumschiff würde in dieser ‚Warp-Blase' mitreisen."* (https://de.wikipedia.org/wiki/Warp-Antrieb)

Doch klingt dies nicht zu sehr nach Science-Fiction? Erscheint nicht die Theorie von Wurmlöchern, durch die man reisen könnte, realistischer? *„Wurmlöcher sind theoretische Gebilde, die sich aus speziellen Lösungen (Kruskal-Lösungen) der Feldgleichungen der allgemeinen Relativitätstheorie ergeben. Erstmals wurden sie im Jahre 1916 von Ludwig Flamm sowie erneut im Jahre 1935 von Albert Einstein und Nathan Rosen beschrieben. Sie werden daher auch Einstein-Rosen-Brücke genannt. Der englische Begriff wormhole wurde 1957 von John Archibald Wheeler geprägt. Der Name Wurmloch stammt von der Analogie mit einem Wurm, der sich durch einen Apfel hindurchfrisst. Er verbindet damit zwei Seiten desselben Raumes (der Oberfläche) mit einem Tunnel. Das veranschaulicht das Merkmal der Kruskal-Lösungen, zwei Orte im Universum zu verbinden."* (https://de.wikipedia.org/wiki/Wurmloch)

Auch die Science-Fiction macht sich das Prinzip der Reisen durch Wurmlöcher zu nutze. So beispielsweise auch bei *„Star Trek"* in den Episoden um die Raumbasis *„Deep Space nine"*. Da werden künstliche Wurmlöcher erzeugt, durch die dann die Raumschiffe interstellare Entfernungen bewältigen. Solche Wurmlöcher können dann als Portale gesehen werden, durch die dann gewissermaßen eine Teleportation erfolgt. Besonders anschaulich wird dies in der Science.-Fiction-Serie *„Stargate"*. Diese Stargates (Sternentore) sind künstliche Gebilde, die ein Wurmloch erzeugen, durch das man reisen kann – auch zu fremden Welten. Wenn so etwas entsprechend groß ist, können dadurch (zumindest in der Science-Fiction) auch Raumschiffe fliegen – wie bei *„Stargate Atlantis"* die sogenannten *„Jumper"*. Die Sternentore erinnern wiederum an die sogenannten *„Transmitter"*, wie sie früher bei der Science-Fiction-Romanserie *„Perry Rhodan"* vorkamen. Diese waren im Prinzip nichts anderes als ein technischer Teleporter, wie ihn beispielsweise auch George Langelaan in seiner Horror-Novelle *„Die Fliege"* beschreibt oder wie ihn Nikolas Tesla erfunden haben soll. In all diesen Fällen wird immer ein Gegenstück benötigt, in dem das Objekt oder das Lebewesen ankommt und wieder materialisiert.

Beim Durchqueren von Wurmlöchern *„bewegt sich ein Raumschiff lokal zwar nicht schneller als mit Lichtgeschwindigkeit, es nimmt aber im gekrümmten Raum eine Abkürzung, so dass es am Ende doch schneller als das Licht am Ziel ankommt. Als zweidimensionale Analogie kann man den Weg über ein gefaltetes Blatt Papier betrachten. Statt auf dem Papier zu bleiben, kann ein Reisender auch einfach ein Loch ins Papier bohren und damit die daran gefaltete andere Seite erreichen."*
(https://de.wikipedia.org/wiki/überlichtgeschwindigkeit)

Interessant erscheint uns in diesem Zusammenhang allerdings die Tatsache, dass die Reisen mittels eines Wurmlochs praktisch den Raum falten. Das erinnert uns dann doch sehr stark an den Begriff *„Tay al-Ardh"* aus dem Islam, der ins Deutsche übertragen *„Faltung der Erde"* bedeutet. Wir sind darauf bereits im Kapitel *„Faltung der Erde – Tay al-Ardh"* näher eingegangen. Beide könnten dann gegenseitig belegen, dass die Fortbewegung auf diese Weise möglich ist. Sind wir vielleicht dadurch auch der interstellaren Raumfahrt ein gutes Stück näher gerückt?

Teleportationen ohne Wiederkehr

In jedem Jahr verschwinden weltweit Tausende von Menschen. 1980 waren es allein in Deutschland rund 5.200 Menschen (3.500 Männer und 1.700 Frauen), die länger als einen Monat, oder manche sogar bis heute, vermisst werden. Gegenüber 1970 war dies bereits eine Steigerung von 40 Prozent. Viele von ihnen fielen einem Verbrechen zum Opfer oder haben sich aus verschiedenen Gründen einfach nur abgesetzt. Aber es gibt auch zahlreiche ungeklärte und rätselhafte Fälle. Ein italienischer Wissenschaftler aus Palermo war bereits in den 1980er Jahren der Auffassung, dass sich der Großteil der ungeklärt vermissten Personen innerhalb von Sekundenbruchteilen einfach dematerialisiert und buchstäblich in Luft aufgelöst hat. Ja, mehr noch, er bringt in diesem Zusammenhang sogar auch noch die mythologische Tarnkappe ins Spiel und verweist dazu auf die Parapsychologie (siehe Abschnitt *„Tarnkappe oder Teleportation?"*). Irgendwann, so ist der Wissenschaftler überzeugt, tauchen diese Menschen wieder auf. Sie haben nach Ansicht des Wissenschaftlers in der Zwischenzeit in einer anderen Dimension, in einer Parallelwelt oder gar in einer anderen Zeit gelebt. Vielleicht haben sie aber auch eine gewisse Zeit einfach übersprungen, was aus den Aspekten der Zeitverschiebungslegenden wahrscheinlicher ist.

Unter den nie aufgeklärten Vermisstenfällen sind weltweit auch einige interessante belegte Fälle, in denen Menschen spurlos verschwanden und dabei direkt oder zumindest indirekt beobachtet wurden. Gemeint sind hier Fälle, in denen die betroffenen Menschen bis heute nicht wieder aufgetaucht sind. Was ist mit ihnen geschehen? Sind sie teleportiert und nirgendwo angekommen? Oder teleportierten sie in die Zeit? – Ein Phänomen, das im Abschnitt *„Zeitreisen – Teleportationen in die Zukunft?“* noch ausführlich behandelt wird.

Am frühen Morgen eines Tages im Juli des Jahres 1854 ging Orion Williamson über eine Wiese nahe bei seinem Haus in Selma (US-Bundesstaat Alabama) und winkte seiner Frau zu, die mit dem Kind in den Armen auf der Veranda stand. Williamson wollte sein Pferd holen um es im Schatten einer Scheune auf einem in der Nähe gelegenen Feld grasen zu lassen. Plötzlich verschwand der Mann vor den Augen seiner Frau und seinem Kind, sowie seines Nachbarn Mr. Wren und dessen Sohn. Letztere ritten gerade auf ihren Pferden an dem Feld vorbei und galoppierten nun eiligst zu der Stelle, an der Williamson sich scheinbar in Nichts aufgelöst hatte. Doch der blieb verschwunden. Auch Williams Frau suchte mit dem Kind noch zwei Stunden lang das ganze Feld ab, ebenfalls erfolglos. Die Ehefrau bekam hysterische Anfälle und wurde in eine Klinik gebracht. Der Vorfall hatte sich innerhalb weniger Stunden in ganz Selma verbreitet und es kamen rund 300 Menschen zum Williamson-Feld, um sich an der Suche nach dem Verschwundenen zu beteiligen. Sie gingen in drei Reihen durch das ganze Gebiet und hielten sich dabei an den Händen, um kein Loch oder keinen Graben zu übersehen. Sie suchten rund um die Uhr, in der Nacht mit Fackeln und Laternen. Doch von Orion Williamson fanden sie nicht die geringste Spur. Später kamen auch Geologen, die vermuteten, dass Williamson durch einen Riss im Boden gefallen sein könnte, der sich über ihm wieder geschlossen hat. Sie fingen an das ganze Gebiet, in dem er zuletzt gesehen worden war, mehrere Fuß tief umzugraben. Doch auch dadurch fand sich keine Spur des Verschollenen. Dann war fast ein ganzes Jahr vergangen. Es wurde Frühjahr und der Schnee schmolz, das Gras fing wieder an zu wachsen. Doch an der Stelle, an der Williamson verschwunden war, erschien ein seltsamer Kreis aus getrocknetem Gras vom Vorjahr. Es wuchs hier kein neues Gras. Als Frau Williamson später mit dem Kind in der Nähe des Kreises über das Feld ging, hörte sie deutlich die Stimme ihres Mannes, die um Hilfe rief. Als sie dann auf den Kreis zulief, verstummte die Stimme und war wenige Augenblicke später von der entgegengesetzten Richtung zu hören. Aber nirgendwo war auch nur eine Menschenseele zu sehen. Noch mehrere Wochen lang konnte Frau Williamson die Stimme ihres Mannes rufen hören, die jedoch von Mal zu Mal schwächer wurde bis sie ganz verstummte.

Im Prinzip genau die gleiche Geschichte soll am 23. September 1880 dem Farmer David Lang in Gallatin, US-Bundesstaat Tennessee, passiert sein (dazu weiter unten mehr). Doch in dessen Fall bestehen berechtigte Zweifel, dass er überhaupt stattgefunden hat. Es wird vermutet, dass es sich im Fall von David Lang um eine den vorstehenden Fall nacherfundene Geschichte handelt.

Die 1870er Jahre bis zum Jahr 1880 waren besonders spektakulär in Sachen spurloses Verschwinden. So geschah beispielsweise im Jahr 1873 in England folgendes: Der Schuhmacher James B. Worson hatte mit Freunden eine Wette abgeschlossen, dass er eine bestimmte Wegstrecke in einer bestimmten Zeit zu Fuß zurücklegen könnte. Und dann kam der Tag, an dem die Wanderung stattfinden sollte. Zuerst verlief alles ganz normal. Doch dann, beim Überqueren einer Straße, geschah es ganz plötzlich und wie aus heiterem Himmel. Worsons Freunde beobachteten wie der Schuhmacher auf einmal über etwas zu stolpern schien. Doch die Straße war frei, da war nichts über das man hätte stolpern können. Im selben Moment schien Worson zu fallen und riss dabei seinen Mund zu einem Schrei auf. Aber noch während dieser über seine Lippen kam, war er auch schon nicht mehr zu sehen. Er war einfach weg, hatte sich von einer Sekunde auf die nächste buchstäblich in Nichts aufgelöst. Seine Kameraden waren erst einmal starr vor Schreck und Entsetzen. Dann starteten sie eine großangelegte Suchaktion, die jedoch ohne Erfolg verlief. Der Schuhmacher James B. Worson war und blieb verschwunden – bis heute.

Nur fünf Jahre später, im Jahr 1878, verschwand der 16jährige Charles Ashmore spurlos. Die Familie saß zusammen im Haus beim Abendessen. Charles wollte noch zum Brunnen um Wasser zu holen. Als der 16jährige nach einigen Minuten noch nicht zurück im Haus war, machte sich sein Vater auf um nach ihm zu sehen. Er machte die Haustür auf und sah, dass Neuschnee gefallen war. Die Spur seines Sohnes war im Schnee deutlich zu sehen. Sie führte vom Haus weg, geradezu in Richtung auf den Brunnen. Doch von Charles selbst war nichts zu sehen. So folgte der Vater den Spuren seines Sohnes. Auf halbem Weg zwischen Haus und Brunnen endeten die Spuren abrupt. Es war gerade so, als sei Charles in die Luft entschwebt oder habe sich in Luft aufgelöst. Von Charles Ashmore wollen Zeugen später noch schwache Hilferufe gehört haben – genau so, wie es zuvor im Fall des Orion Williamson aus Selma/Alabama geschildert wurde, der 1854 auf seinem Feld verschwand.

Der US-Schriftsteller und Journalist Ambrose Gwinnett Bierce (* 24.06.1842 – ca. † 1914) hat sich intensiv mit diesem Fall beschäftigt und ihn untersucht. Als er sich 1913 mit einem ähnlichen Fall in Mexiko beschäftigte und diesem vor Ort in Mexiko nachging, verschwand auch er um die Jahreswende 1913/1914 spurlos und wurde nie wieder gesehen.

Am Nachmittag des 23. September 1880 verschwand angeblich der Farmer David Lang aus der Umgebung von Gallatin in Tennessee (USA) am helllichten Tag vor den Augen seiner Familienangehörigen als er über ein Feld auf sie zuging. Neben seiner Frau Emma, seinem achtjährigen Sohn George und seiner elfjährigen Tochter Sarah gab es noch zwei weitere Augenzeugen. Das waren der befreundete Richter August Peck und dessen Schwager, die gerade mit einer Kutsche auf dem Hof ankamen. Die Augenzeugen sagten später aus, dass es so schien, als ob David Lang beim Gehen durch den Boden gefallen wäre und einfach aufgehört habe zu existieren. Sofort wurde die Stelle, an der dies geschah, abgesucht. Es gab nicht den geringsten Hinweis auf das, was da geschehen war. Im Jahr 1881 bemerkten die beiden Kinder von David Lang, dass das Gras an der Stelle, wo ihr Vater verschwunden war, seltsam gelb geworden war und einen Kreis von 15 Fuß im Durchmesser bildete. Tochter Sarah rief nach ihrem Vater und beide Kinder hörten schwache Hilferufe. Es war die Stimme ihres Vaters. Später will auch Emma Lang die Hilferufe noch gehört haben. Nach einer geraumen Zeit wurden sie jedoch immer schwächer und verstummten dann ganz.

Soweit der Fall, wie er in den Medien immer dargestellt wurde. Die Hauptquellen sind die Bücher von Harold T. Wilkins (*„Strange Mysteries of Time and Space“*; 1958) und von Frank Edwards (*„Stranger Than Science“*; 1959). Beide dürften sich dabei auf einen Bericht von Stuart Palmer beziehen, den dieser 1953 im *FATE-Magazin* veröffentlicht hatte. Wilkins hatte zudem behauptet, dass er Zeitungsberichte über den Fall aus dem Jahr 1880 besäße. Wie Garth Haslam auf der Homepage *„Anomalie“* schreibt soll dieser Fall jedoch von Stuart Palmer erfunden sein und Harold T. Wilkins habe mit seiner Behauptung darüber Zeitungsartikel aus dem Jahr 1880 zu besitzen gelogen. Es ist daher anzuzweifeln, dass es diesen Fall tatsächlich gegeben hat.

Bis zum Jahr 1930 gab es in der Nähe des Anjikuni-Sees in Kanada ein Inuit-Dorf. Zahlreiche Trapper hatten schon immer Handel mit dem Dorf getrieben. Doch als der Jäger Joe Labelle eines Tages in das kleine Dorf kam, war auf einmal alles ganz anders. Das komplette Dorf war menschenleer. Aber es befanden sich noch Mahlzeiten auf dem Feuer und mancherorts lag halbfertige Kleidung herum, in der noch die Nadeln steckten. Außerhalb der Häuser fand Labelle noch sieben tote Schlittenhunde und ein geöffnetes Grab. Die großangelegte Suchaktion der Polizei nach den verschwundenen Einwohnern blieb erfolglos.

Das Gleiche geschah zu Beginn des 20. Jahrhunderts in Dahomey (Westafrika). Auch dort verschwanden die Einwohner einer ganzen Siedlung spurlos. Als Besucher das Dorf betraten, fanden sie Kühe und Ziegen vor die wegen ihrer übervollen Euter qualvoll brüllten. In den Häusern brannten noch die Feuer und das Essen war am Kochen. Sämtliche Kleidung und Wertsachen waren noch vorhanden. Doch von den rund 300 Bewohnern des Ortes wurde nie wieder etwas gesehen.

Immer wieder kamen in der Vergangenheit Gerüchte auf, dass in oder um dem berühmten englischen Megalith-Monument Stonehenge Menschen verschwinden. Im August 1971 kam es schließlich zu einem recht mysteriösen und unheimlichen Vorfall in Stonehenge, der von der Polizei bezeugt wurde. Eine kleine Gruppe reisender Hippies hatte beschlossen in Stonehenge zu übernachten. Damals war die Anlage im Gegensatz zu heute noch frei zugänglich. Sie schlugen dafür ihre Zelte mitten im Steinkreis auf und waren nicht gerade leise. Ein Bauer aus der Umgebung regte sich über die Hippies und deren Verhalten auf und rief die Polizei. Daraufhin kam ein Polizist und traf sich mit dem Bauern. Es war bereits zu fortgeschrittener Stunde und recht dunkel. Plötzlich zog ein heftiger Gewittersturm auf. Der Polizist und der Bauer beobachteten, wie sich die Hippies in ihre Zelte zurückzogen, in denen sie Schutz suchten. Auch der Polizist und der Bauer suchten ebenfalls in einiger Entfernung Schutz vor dem Unwetter. Es schien so, als würde sich das Gewitter über dem Steinkreis zu konzentrieren. Viele Blitze schlugen ringsherum in die Bäume und in den Boden ein. Schließlich schlugen auch etliche Blitze in die Steine von Stonehenge ein. Diese leuchteten daraufhin in einem blauen Licht, das sich zu einem kugelförmigen Licht in der Größe eines Basketballs bildete und dann immer größer wurde. Am Ende sah es wie eine Art große blaue Blase aus, die den gesamten Steinkreis einhüllte. In diesem Moment ertönten grässliche Schreie der Hippies. Kurz darauf war es im wahrsten Sinne des Wortes totenstill. Nun näherten sich der Polizist und der Bauer mit äußerster Vorsicht dem Steinkreis. Darin standen die Zelte um das erloschene Lagerfeuer. Gebrauchsgegenstände lagen herum, aber von den Hippies fehlte jede Spur. Sie waren einfach nicht mehr da. Nach einigen Hypothesen soll auch Stonehenge ein Knoten- oder Wirbelpunkt eines vermuteten Energiegitternetzes der Erde sein. Hatte sich hier ein Portal geöffnet und die Hippies wegteleportiert?

In Fort Worth (US-Bundesstaat Texas) gingen 1974 drei junge Frauen im Teenageralter shoppen. Sie kehrten alle drei nie nach Hause zurück und verschwanden spurlos. Ihr Auto mit den Einkäufen wurde auf dem Parkplatz vor dem Einkaufszentrum gefunden. Doch auch hier fand sich kein Hinweis auf den Verbleib der Mädchen. Einen Tag nach dem Verschwinden bekamen die Familien der Mädchen einen mysteriösen Brief, in dem stand, dass sie nach Houston gereist seien und in einer Woche zurück wären. Doch sie kamen nie zurück und eine Untersuchung der Schriftproben von den Briefen ergab, dass keines der Mädchen die Briefe geschrieben hatte.

In der Weihnachtszeit 1975 waren sechs junge Leute mit ihrem VW-Bus in der marokkanischen Wüste unterwegs. Sie hatten sich am zweiten Weihnachtstag von ihren Eltern in Rabat verabschiedet, weil sie den Jahreswechsel in einer Hütte, die ihren Eltern gehörte und die sich rund 1.200 Kilometer weiter südlich in der Wüste an der Atlantikküste befand. Es handelte sich bei den jungen Leuten um die 19jährige Nadine Pascon, ihren 20jährigen Bruder Gilles, die 17jährige Beatrice Guyot, den 19jährigen Jean Guyot, die 19jährige Colette Blanchot und den ebenfalls 19jährigen Fouad el Faiz. Fest steht, dass sie offenbar wohlbehalten an der Hütte angekommen sind. Doch dort verliert sich dann jede Spur von ihnen einschließlich ihres VW-Busses. Das Verschwinden der Kinder französischer Lehrer und Diplomaten ist bis heute nicht geklärt. Das letzte was man fand waren die Reifenspuren des VW-Busses, die neben der Hütte im Nichts endeten. Ein Polizeisprecher sagte zu den Spuren: *„Diese endeten im Wüstensand* *abrupt – genauso, als sei das Fahrzeug durch die Luft weitergefahren."* Die großangelegte Polizeisuchaktion musste Tage später ergebnislos abgebrochen werden. Zuerst war der Verdacht auf Rebellen gefallen, die damals in Marokko stark aktiv waren. Doch die distanzierten sich entschieden von jedem Verdacht über einen Radiosender.

Es ist auch ein Fall bekannt geworden, in dem ein Medium immer behauptete teleportieren zu können. Als es einmal während einer Demonstration aus einem verschlossenen und versiegelten Raum teleportierte, verschwand es spurlos und wurde nie wieder gesehen. Diese Geschichte erinnert an den Zauberer und Entfesselungskünstler Harry Houdini, der dies auch einmal vorführte, dabei aber nicht spurlos verschwand, sondern an einem anderen Ort direkt wieder auftauchte.

Ein ganz spektakulärer Fall, der sogar gefilmt wurde, fand in den 1970er Jahren statt. Das genaue Datum ist uns leider nicht bekannt. Erstmals in Deutschland wurde er in der Zeitschrift *Neue Weltschau* Nr. 37 aus 1979 veröffentlicht. Damals hatte ein dreiköpfiges Kamerateam einer kleinen australischen Sendeanstalt an einem Kulturfilm gearbeitet, der über den Reisanbau in den Bergen von Nordthailand handeln sollte. Der Kameramann Bob Snodgrass sah auf einem Reisfeld, etwas südlich der Stadt Chiang Mai, einen der Reisbauern plötzlich verschwinden. Snodgrass sagte: *„Ich glaubte, meinen Augen nicht zu trauen. Wir hatten den ganzen Tag Landschaftsbilder gedreht und mein Kollege, Kameraassistent Harry Bates, war schon dabei die Ausrüstung zusammen zu packen. Ich sah, dass noch ein paar Meter Filmmaterial in der Kassette waren, die ich nicht verschwenden wollte. Also hielt ich die Kamera auf das Reisfeld gerichtet und filmte weiter."* In einer Entfernung von ca. 30 Metern befand sich ein Mann, nach vorne gebückt, mit einem weißen Hemd und einem Kulihut. *„Plötzlich war dieser Mann von einem seltsamen Flimmern umgeben und dann verschwunden."* Sowohl Kameraassistent Harry, als auch Tontechniker Charly, der dritte im Bund, hatten von dem Vorfall nichts bemerkt. Nachdem Bob Snodgrass die beiden informiert hatte, hielten alle drei die Angelegenheit für eine optische Täuschung. Doch der Mann blieb verschwunden.

Die drei befragten die anderen Reisbauern. Dazu Harry Bates später: *„Irgendwie war das seltsam, die Burschen sprechen ja nie viel, aber auf einmal waren sie total zugeknöpft. Genauso, als hätten sie etwas zu verbergen – oder ganz einfach eine Heidenangst."*

Auf dem Filmstreifen ist das Verschwinden des Reisbauern im Bild dokumentiert. Der Film beweist auch, dass sich tatsächlich alles innerhalb eines Sekundenbruchteils abgespielt hat. Auf dem einen Bild ist der Mann noch deutlich und klar zu erkennen, auf dem nächsten gibt es statt seiner nur einen verwaschenen Fleck und auf dem dritten Bild ist er bereits spurlos verschwunden. Die Stelle, an der er gerade noch stand, war nun menschenleer. Fachleute bestätigten die Echtheit des Filmes. Und 1979 beschäftigte sich auch Experten der US-Navy mit einer Kopie des Filmes, um diese auszuwerten. Die Untersuchungsergebnisse der US-Navy wurden jedoch nicht bekanntgegeben. Was diesen Fall so interessant macht, ist die Tatsache, dass wir es hier wohl erstmals mit einem Fall zu tun haben, bei dem das spurlose Verschwinden eines Menschen gefilmt wurde.

Ab dem Jahr 1965 fuhr in Stockholm ein silberfarbener Zug des Modells C5 aus Aluminium auf dem Schienennetz der Metro. Er wurde als Silverpilen (= Silberpfeil) bekannt. Der ursprünglich für Testzwecke gebaute und deshalb nie lackierte Zug bestand aus acht Waggons und fuhr rund 30 Jahre Jahre lang fast ausschließlich als Reservezug beim Ausfall anderer Züge. Und dieser Zug war im wahrsten Sinne des Wortes einmalig. Er war einmalig, weil er der einzige silberfarbene Metro-Zug in Stockholm war und er war einmalig, weil sich um ihn viele merkwürdige Geschichten ranken. Es gibt mehrere Sichtungen von Zeugen, die den Zug auch auf bereits stillgelegten Gleisen beobachtet haben wollen. Einige davon berichteten auch von Fahrgästen, die dort auf den Zug gewartet haben und dann in ihn eingestiegen sind. Dies könnte dann wieder ein *„Blick in eine andere Realität"* (wie wir es auch im so benannten Kapitel beschrieben haben), vielleicht in die Vergangenheit, gewesen sein. Der schwedische Ethnologe Bengt af Klintberg schreibt zum Silverpilen in seinem Buch *„Die Ratte in der Pizza"* auch, das häufig berichtet wurde, *„dass eine Person, die nur bis zur nächsten Station fahren wollte, eine ganze Woche lang im Silverpilen sitzenblieb.“* Es wird ferner erzählt, dass der Silverpilen öfters einmal Passagiere zum nie fertiggebauten und nie in Betrieb genommenen Bahnhof Kymlinge gebracht hat. Entweder sind die Menschen von dort nie wieder aufgetaucht oder sie kamen erst nach Wochen oder Monaten zurück. Deswegen wurde immer gemunkelt: *„Bara de doda stiger av I Kymlinge“* (Deutsch: *„Nur die Toten steigen in Kymlinge aus“*). Wie Christoffer Sandahl, der Direktor des Spårvägsmuseet, des Schwedischen Straßenbahnmuseums, sagt, lautet die Grundlegende des Silverpilen: *„Wenn Sie an Bord des Silberpfeils stiegen, wurden Sie zu keiner Station gebracht. Du bist einfach gereist und gereist und gereist und bist nie rausgekommen.“* Das hört sich ganz nach Teleportationen an. Manche wurden in die Zukunft teleportiert und andere vielleicht in ganz andere Dimensionen oder aber soweit in die Zukunft, dass ihr Wiedererscheinen erst irgendwann noch stattfindet. Merkwürdig: Auch sechs der acht Waggons des 1996 außer Betrieb gesetzten Zuges sind scheinbar spurlos verschwunden. Jedenfalls kennt anscheinend niemand ihren Verbleib. Nur von zweien der Waggons ist bekannt, wo sie sich heute befinden. Einer der Waggons befindet sich heute zu Trainingszwecken in der Stockholmer Polizeiakademie. Der zweite soll sich am Hauptsitz des Zugherstellers in Haggelunds befinden. Doch der Rest bleibt verschwunden.

In der Nähe des Ortes Comcrief in Schottland gibt es ein Schloss, welches für Wohnzwecke vollkommen ungeeignet ist, aber von dem 54jährigen Robert McDogley aus Liebe zum Exotischen für wenig Geld erworben wurde. Als McDogley einmal bis Mitternacht im Keller des Schlosses war und alte Bücher über schwarze Magie entdeckte, bemerkte er von der großen Halle ausgehend ein seltsames blaues Leuchten. Nachdem er in der Halle angekommen war, sah er, dass dieses Leuchten von einem ca. drei Meter hohen Bild ausging, dessen Farben am Tag so abgenutzt wirkten, dass man die Zeichnung nicht erkennen konnte. Jetzt aber sah er ganz deutlich eine Person in voller Größe mit einer Kleidung, die aus verschiedenen Jahrhunderten, vom

15. bis zum 20. Jahrhundert, zusammengesetzt erschien. McDogley ging näher an das Bild heran. Im gleichen Moment fiel ein schweres Portrait von der Wand auf ihn. Wie durch ein Wunder blieb er, trotz dieses Anschlags (?), am Leben. Bis hierhin könnte man das alles in die Kategorie Parapsychologie und Spukphänomene einordnen. Doch dann geschah etwas völlig Unerwartetes. Nachdem die Geschehnisse um mit dem Bild sich verbreitet hatten, strömten ganze Scharen von Touristen zum Schloss. Eines Tages waren auch zwei ältere Damen unter den Besuchern. Sie kletterten in eine Nische, die nach dem Fall des Portraits hinter dessen ursprünglicher Position sichtbar geworden war. Kaum waren sie in der Nische, verschwanden sie spurlos darin. Die Behörden klopften bei der Suche alle Wände ab und setzten sogar Radargeräte ein, fanden aber keine Spur der beiden Damen. Auch Hellseher kamen und behaupteten, dass sich in der Nische eine Tür zu Parallelwelten geöffnet habe, die seit Jahrhunderten *„versiegelt"* war. Wie berichtet wurde, wagten es weder die Hellseher, noch die Polizei, diese Vermutung zu überprüfen und in die Nische einzutreten.

Am 16. August 1942 startete morgens gegen 06.00 Uhr das Luftschiff L-8 der US-Navy von einem kleinen Flugplatz auf Treasure Island zu einer routinemäßigen Überwachungsmission. Treasure Island ist eine kleine künstlich erschaffene Insel in der San Francisco Bay. Stationiert war die L-8 in Moffett Field im Santa Clara County, Kalifornien. Damals befand sich die USA seit gut acht Monaten im Krieg und setzte Luftschiffe vor der Westküste ein, um nach japanischen U-Booten Ausschau zu halten. An Bord des Zeppelins waren die erfahrenen Luftschiff-Piloten Leutnant Ernest DeWitt Cody (27 Jahre) und Fähnrich Charles Ellis Adams (38 Jahre). Ursprünglich war auch Maschinist James Riley Hill an Bord, der das Luftschiff jedoch kurz vor dem Start wieder verließ. Hill vermutete, dass Cody über das Zusatzgewicht besorgt war und ihm deshalb befohlen hatte die L-8 wieder zu verlassen. Die ersten rund 110 Minuten scheinen ereignislos verlaufen zu sein. Um 07.50 Uhr funkte die Besatzung, dass sie einen Ölteppich im Wasser entdeckt hatten. Das war das letzte Lebenszeichen der Besatzung. Als sich die L-8 nicht mehr meldete, schickte die Marine

Suchflugzeuge los. Eine nahegelegene Marinebasis meldete dann die Landung eines Luftschiffes und zwei Piloten, die es verlassen hätten. Diese Meldung erwies sich jedoch als falsch. Die L-8 war tatsächlich am Strand gelandet, etwa eine Meile entfernt. Passanten bezeugten, dass niemand an Bord gewesen sei und dass das Luftschiff wieder abgehoben habe und auf Daly City zutrieb. Dort stürzte es dann, rund fünf Stunden nach dem Start, gegen 11.00 Uhr am 16. August 1942 in einer Vorstadtstraße ab. Kurz darauf erhielt die L-8 von den Medien den Spitznamen *„Ghost Blimp"*. Die spätere Untersuchung ergab, dass die L-8 vor dem Absturz vollkommen intakt gewesen ist: Keine Anzeichen von Feuer in der Steuergondel, einwandfrei funktionierendes Funkgerät und auch die beiden Fallschirme der Piloten waren unangetastet. Auch das Rettungsfloß, die Waffen der Besatzung, geheime Unterlagen, die im Notfall zu vernichten waren, befanden sich an ihrem Platz in der Kabine und die Tanks waren noch gut gefüllt. Die Suche nach den beiden Männern blieb erfolglos. Sie sind seitdem spurlos verschwunden. Die Wikipedia bezeichnet dieses Ereignis als *„ein in der Luftfahrt einmaliger kurioser Vorfall"*
(https://de.wikipedia.org/wiki/L-8).

Die Geschichte vom Hanging Rock

Eigentlich würde die Geschichte vom Hanging Rock genau hier ins Thema passen – wenn sie sich tatsächlich ereignet hat. Bekannt wurde sie bei uns unter dem Titel *„Picknick am Valentinstag"*. Die Story darum verbreitete sich weltweit, wie aus der nachstehenden chronologischen Zusammenfassung ersichtlich ist.

Im Jahr 1967 veröffentlichte die australische Malerin und Schriftstellerin Joan Lindsay (* 16.11.1896 bis † 23.12.1984) ihren Roman *„Picnic at Hanging Rock"* (Deutsch: *„Picknick am Valentinstag"*). Dieser wurde dann im Jahr 1975 von Peter Weir (* 21.08.1944) verfilmt. Die Melbourner Lektorin und Kurzgeschichtenautorin Yvonne Rousseau schrieb 1980 ein ziemlich erfolgreiches Sachbuch unter dem Titel *„The Murders At Hanging Rock"*. Das handelte über mögliche Theorien zum

Geheimnis von Hanging Rock. Die Amerikanerin Laura Annawyn Shamas verarbeitete 1987 den Roman zu einem gleichnamigen Theaterstück. Am Valentinstag des gleichen Jahres erschien das 58seitige Büchlein „The secret of Hanging Rock: Joan Lindsay's final chapter". Dabei handelte es sich um das zuvor nicht mitveröffentlichte 18. Kapitel des Romans, das nach dem Tod der Autorin posthum veröffentlicht wurde. 1994 erschien die deutsche Erstausgabe des Romans im Paul Zsolnay Verlag. Im Jahr 2017 wurde der Roman in Form einer sechsteiligen TV-Miniserie erneut verfilmt und 2018 erstmals ausgestrahlt.

In der Handlung geht es um den Ausflug eines Mädchenpensionats zu einem Picknick am Hanging Rock am Valentinstag im Jahr 1900. Die absolut realistisch dargestellte Geschichte, die teilweise durchaus Bezug zu realen Orten und Personen zu haben scheint, handelt von den drei 17jährigen Schülerinnen Miranda, Marion und Irma sowie der schottischen Mathematiklehrerin Miss McCraw, die bei diesem Ausflug spurlos im Felsmassiv des Hanging Rock verschwanden. Die 14jährige Edith, die ihnen gefolgt war, kam später hysterisch schreiend aus dem Gebüsch bei den Felsen heraus. Sie konnte keinerlei Angaben über das machen, was geschehen war. Später erinnerte sie sich aber eine *„rosa Wolke"* gesehen zu haben. Eine umfangreiche, tagelange Suche mit Spürhunden und Fährtenlesern beginnt. Nach einer Woche wird eines der drei Mädchen, Irma, völlig entkräftet aber nahezu unversehrt aufgefunden. Sie kann ebenfalls keinerlei Erklärung dafür geben, was an jenem verhängnisvollen Valentinstag im Jahre 1900 passiert ist oder wo die anderen beiden Mädchen und ihre Lehrerin abgeblieben sind. Wie in Trance waren die vier immer weiter in die Felsen hineingeklettert.

Roman und Verfilmung geben keinerlei Aufklärung über die Ereignisse des Verschwindens. Für viele war die geschilderte Handlung des Buches das, was sie vermutlich wirklich war – eine erfundene Romanhandlung. Aber es gab auch eine große Anzahl von Personen, die nicht an eine erfundene Geschichte glaubten und den Roman für bare

Münze nahmen. Und so wurde fleißig drauflos spekuliert. Wurden die beiden vermissten Mädchen und die Lehrerin ermordet? Fielen sie Kannibalen zum Opfer? Sind sie in ein Zeitloch gefallen oder wurden sie gar von Außerirdischen entführt? Und in der grenzwissenschaftlichen Literatur wird das Picknick am Valentinstag immer wieder als tatsächliches Ereignis hingestellt.

Ursprünglich hatte Joan Lindsay ihren Roman mit einem 18., einem aufklärenden, Kapitel versehen, das der Verlag jedoch nicht mitdrucken wollte. So trug er zur Mystifizierung der Geschichte entscheidend bei. Die Autorin selbst gab nie Auskunft darüber, was in jenem, zirka 2.000 Wörter umfassenden, 18. Kapitel beschrieben ist. In ihrem Vorwort hatte sie es dem Leser überlassen selber zu entscheiden ob es sich um Tatsachen (Tatsachenroman) oder Fiktion handelt. Joan Lindsay starb einen Tag vor Heiligabend im Jahr 1984 im Alter von 88 Jahren. Zuvor hatte sie testamentarisch zugestimmt, dass ihr letztes, noch unveröffentlichtes Kapitel, posthum erscheinen dürfe, was 20 Jahre nach der Romanveröffentlichung, am Valentinstag des Jahres 1987, mit einem Vorwort von Yvonne Rousseau geschah.

Im letzten Kapitel wird dann beschrieben, wie die Mädchen wie in Trance immer weiter in die Felsen hineinsteigen. Sie entledigten sich, genau wie Miss McCraw, ihrer Korsetts, die in der windstillen Luft zu schweben begannen. Es bildet sich sodann ein *„Loch im Weltraum […] so stabil wie eine Kugel, so transparent wie eine Luftblase. Eine Öffnung, leicht zu durchschreiten, und dennoch überhaupt nicht konkav"* (https://de.wikipedia.org/wiki/Joan_Lindsay#cite_note-Quinn-16).

Miss McCraw macht dann den Vorschlag, sich in kleine Lebewesen zu verwandeln und nacheinander einzeln die Bruchstelle im Felsen zu durchschreiten. Marion und Miranda folgen ihr und als Irma an der Reihe ist, löst sich ein Felsbrocken und versperrt ihr den Zugang. Weinend schlägt sie auf das Hindernis ein und zieht sich dabei leichte Verletzungen an den Händen zu.

Es ist nur eine Geschichte – oder nicht? Es ist aber auf jeden Fall eine Geschichte, die genauso stattgefunden haben könnte. Eine Geschichte, in der im posthum veröffentlichten, aufklärenden letzten Kapitel die Aufklärung des mysteriösen spurlosen Verschwindens der beiden Mädchen und ihrer Lehrerin gegeben wird, wie sie durch ein Portal in eine andere Welt gelangt sind. Um mit den Worten von Joan Lindsay aus ihrem Vorwort zu sprechen: Entscheiden Sie selbst, ob die Geschichte vom Hanging Rock Tatsache oder Fiktion ist ...

Das JOTT-Phänomen – Wenn Gegenstände spurlos verschwinden

Kann es sein, dass irgendwelche, x-beliebige Gegenstände plötzlich aus unserer Welt, unserer Dimension, verschwinden, um in der Regel einige Zeit später wieder aufzutauchen? Was steckt dahinter, wenn Menschen kurzfristig *„mit Blindheit beschlagen“* werden, weil der Gegenstand, den sie gerade auf den Tisch gestellt hatten, plötzlich verschwunden ist, obwohl ihn niemand weggenommen hat? Kurz danach ist dieser Gegenstand dann wieder da, so, als wäre er nie fortgewesen.

Solche Vorkommnisse werden auch als JOTT-Phänomen bezeichnet. JOTT ist das Kürzel der englischen Bezeichnung von *„Just One of Those Things“*. Ins Deutsche übersetzt heißt dies soviel wie *„nur eines dieser Dinge“* (oder auch *„einfach eines dieser Dinge“*, *„nur so eine Sache“* oder *„nur eine dieser Sachen“*). Der Song gleichen Titels hat jedoch mit dem Phänomen nichts gemeinsam. Die bekanntesten Interpreten des Songs sind Frank Sinatra oder Cole Porter.

Das JOTT-Phänomen wird in sechs unterschiedliche Kategorien eingeteilt:

1. Walkabout: Ein Gegenstand, von dem man genau weiß, wo er sich befindet, verschwindet plötzlich auf unerklärliche Weise und taucht später an einem ungewöhnlichen Ort wieder auf, wo man zumindest meint, ihn nicht abgelegt zu haben.

2. Comeback: Ein Gegenstand verschwindet von seinem Standort und taucht an derselben Stelle wieder auf. Zwischen Verschwinden und Wiederauftauchen kann eine unterschiedlich lange Zeit vergehen.
3. Flyaway: Ein Gegenstand verschwindet von seinem Standort ohne jemals wieder aufzutauchen.
4. Turn-up: Ein Gegenstand taucht plötzlich aus dem Nichts an einem Ort auf, wo er zuvor ganz sicher nicht gewesen ist.
5. Windfall: Ein Gegenstand, der völlig unbekannt ist und den man nie besessen hat, taucht plötzlich auf.
6. Trade-in: Ein Gegenstand verschwindet und ein anderer, ähnlicher Gegenstand taucht stattdessen auf.

Axel Ertelt erinnert sich noch gut an manche Begebenheit, bei der seine Großmutter immer ihr Schlüsselbund vermisste und dies vergeblich suchte. Hier sein Bericht dazu: *„Die Oma wohnte mit bei uns im Haus. Sie hatte ihre eigene Wohnung im Dachgeschoss, während meine Eltern eine Etage tiefer wohnten. Ich selbst hatte meinen Wohnbereich ebenfalls im Dachgeschoss eines Gebäudeanbaus. Jedes Mal, wenn die Oma dann ihren Schlüsselbund vermisste, suchten meine Eltern ihre ganze Wohnung ab und waren mit der Oma am Schimpfen, da sie glaubten, sie hätte ihn irgendwo hingelegt und wüsste jetzt nicht mehr wohin. Wegen der Lautstärke der Diskussionen, die dann immer entstanden, wurde ich so manches Mal auf die Situation aufmerksam. Ich half dann bei der Suche und suchte auch an den unmöglichsten Stellen. Oft genug haben wir dabei die ganze Wohnung mehrmals gründlich abgesucht. Das Schlüsselbund blieb verschwunden – vorerst wenigstens. Doch nach einer gewissen Weile war meistens ich es, der das Schlüsselbund schließlich doch noch fand. Erstaunlicherweise lag es dann immer an einer Stelle wo ich zuvor schon mehrmals nachgesehen hatte. Das war für mich immer der Beweis, dass es zwischenzeitlich nicht im Raum gewesen ist und definitiv zeitweise verschwunden war.“*

Heute gibt es kaum noch die klassische Methode mittels Zelluloid Fotos und Filme zu erstellen, da alles digital geschieht. In den 1980er

Jahren erschien in der Wochenzeitschrift *Das Neue Zeitalter* ein Artikel, wonach eine Gruppe Wissenschaftler über einen Zeitraum von vielen Stunden einen menschenleeren, aber vollständig eingerichteten Raum filmten. In diesem Raum befand sich auch ein Klavier. Bei der Auswertung des Filmmaterials stieß man auf etwas schier Unglaubliches. Mitten im Film gab es eine Sequenz von wenigen Einzelbildern, auf denen das Klavier nicht vorhanden war. Die Stelle, wo das Klavier stand, war leer. Der hinter dem Klavier befindliche Teil des Raumes war an seiner Stelle deutlich erkennbar. Es war, als habe das Klavier für ein paar Sekundenbruchteile nicht mehr existiert – als habe es sich an einem anderen Ort, in einer anderen Dimension, befunden.

Mitten in der Dortmunder Stadtverwaltung spielte sich in den 1980er Jahren folgender Fall ab, der uns von dem Betroffenen Zeugen selbst erzählt wurde: Der städtische Angestellte, dessen Namen wir nicht nennen sollen, der uns aber persönlich bekannt ist, saß mit einer Kollegin in einem der zahlreichen Büros. Ihre beiden Schreibtische standen gegeneinander. In der Mitte der zusammengestellten Schreibtische befanden sich die Dinge, die sie gemeinsam benutzten. Dazu gehörte der große schwere Locher zum Lochen der Dokumente genauso wie der Ständer mit den ganzen Stempeln und Siegeln. Die Kollegin unseres Informanten benötigte einmal einen Stempel und da sie den Stempelständer nicht sehen konnte, dachte sie, dass ihr Kollege ihn hätte. *„Nanu“*, meinte sie, *„wo ist denn der Stempelständer abgeblieben?“* Und zu ihrem Kollegen direkt sagte sie: *„Kannst du mir mal den Stempelständer rüberschieben?“* Der sah etwas irritiert zu seiner Kollegin. *„Der muss doch hier…“* – Mitten im Satz stockt er, denn auch er kann den Stempelständer nirgend sehen. Nun beginnt eine fieberhafte Suche der beiden nach dem Stempelständer, die auch vor den Kollegen in den Nachbarbüros keinen Halt macht. Doch der Stempelständer mitsamt den daran hängenden Stempeln und Siegeln blieb verschwunden und unauffindbar. Die beiden arbeiteten zuerst einmal weiter. Irgendwann müsste sich das Verschwinden ja aufklären. Nach einer geraumen Zeit wollte der Kollege einige Dokumentenblätter abheften und griff nach dem schweren Locher, der sich ebenfalls in der Mitte der beiden Schreibtische befand. Er zog den Locher dann zu sich herüber. Nach der Benutzung des Lochers wollte er diesen auf demselben Weg an seinen Platz zurückschieben. Doch das geht nicht mehr, denn der vermisste Stempelständer stand plötzlich im Weg. Seine Kollegin hatte, genau wie er, die ganze Zeit an ihrem Platz gearbeitet, ohne auch nur in die Nähe der Schreibtischmitte zu kommen. Und auch ansonsten hatte zwischenzeitlich niemand den Raum betreten.

Der Düsseldorfer Herbert M. hatte die Angewohnheit nach dem Abendessen ein Enzian-Schnäpschen zu sich zu nehmen. Dies tat er meistens in seinem Arbeitszimmer an seinem Schreibtisch. Damals, es war in den 1980er Jahren, wohnte er noch bei den Eltern und seine Mutter brachte ihm meistens das Glas mit dem Enzian-Schnaps ins Zimmer. An einem Abend saß er wieder einmal an seiner Schreibmaschine, als seine Mutter ins Zimmer kam und ihm das Enzianglas neben die Schreibmaschine auf den Schreibtisch stellte. Zwischen seiner Arbeit genehmigte er sich dann das Schnäpschen und stellte das leere Glas an die gleiche Stelle zurück. Nach einer geraumen Zeit kam seine Mutter wieder ins Zimmer und wollte das Glas zum Spülen holen. Doch das Glas war vom Schreibtisch verschwunden. Gemeinsam suchten Herbert M. und seine Mutter den Schreibtisch ab und dann den Fußboden, da es ja vielleicht unbemerkt heruntergefallen sein konnte. Doch das Glas war im ganzen Zimmer unauffindbar. Schließlich gab man die Suche erfolglos auf. Am nächsten Abend, fast auf die Sekunde genau 24 Stunden nach dem Verschwinden des Enzian-Glases, stand es plötzlich wieder auf dem Schreibtisch – genau an jener Stelle, an der es am Abend zuvor verschwunden war.

Wir haben es hier mit einem besonders ungewöhnlichen Fall zu tun, da der Gegenstand, das Enzian-Glas, über einen Zeitraum von 24 Stunden verschwunden war. Doch gibt es ähnliche Fälle, die noch viel spektakulärer sind. Wir verweisen hier auf das Kampfflugzeug, das 1982 in Weißrussland für 24 Stunden verschwand. Oder das Flugzeug, das im Bermuda-Dreieck für 10 Minuten aufhörte zu existieren und danach an der gleichen Stelle weiterflog, wo es zuvor verschwunden war. Spektakulär ist aber auch das Verschwinden einer Rakete im Startvorgang, die erst nach drei Tagen wieder auftauchte und ihren Startvorgang an jener Position fortsetzte, an der sie die drei Tage zuvor verschwunden war. Diese und weitere ähnlicher Vorfälle, die Personen betreffen, die manchmal erst nach Jahrhunderten wieder auftauchten, haben wir im Abschnitt *„Zeitreisen – Teleportationen in die Zeit?“* geschildert.

Anfang der 1970er Jahre trug sich in Kanada ein interessanter Fall zu, bei dem ein verschwundener Gegenstand nach erst fünf Jahren plötzlich wieder auftauchte. Eine Frau aus Toronto wickelte eines Tages ihren einjährigen Sohn auf dem Wohnzimmertisch. Dieser spielte währenddessen mit einer Kinder-Schallplatte aus Plastik, in die er liebend gerne hineinbiss und die schon etliche Zahnabdrücke von ihm enthielt. Das recht lebhafte Kind warf die Kinderplatte unvermittelt in die Luft. Die Mutter blickte zu der Platte auf und sah, wie sie sich in der Luft plötzlich buchstäblich vor ihren Augen in Nichts auflöste. Die Frau zweifelte an dem, was sie da gerade gesehen hatte und suchte den ganzen Raum nach der Platte ab. Dabei wurden sogar die Möbel verrückt und der Teppich angehoben. Doch die Platte war nirgends aufzufinden.

Fünf Jahre später war das Wohnzimmer umgestaltet und mit neuen Möbeln versehen. Von der Platte hatte man bislang nie wieder etwas gesehen. Dann wartete die Frau eines Abends auf einige Gäste zum Abendessen und ging dabei zum Plattenspieler um etwas Musik aufzulegen. Als sie die Abdeckung des Gerätes öffnete, sah sie voller Erstaunen auf dem Plattenteller die seit fünf Jahren vermisste Kinderplatte mit den Abdrücken der Milchzähne ihres inzwischen sechsjährigen Sohnes. Niemand konnte sich erklären, wie sie jetzt so plötzlich dorthin gekommen war.

Es gibt aber auch Gegenstände, die spurlos verschwanden und nie wieder aufgetaucht sind. Ein solcher Fall ereignete sich im Sommer

1980 in einer Kleinstadt im Märkischen Kreis. Ein Mann kam am späteren Nachmittag von der Arbeit und wollte sich frisch machen und duschen. Er war Raucher, nahm die Zigarettenschachtel aus seiner Hemdtasche und legte sie auf den Tisch. Sein Feuerzeug legte er dann oben auf die Schachtel. Zu diesem Zeitpunkt war im ganzen Haus außer ihm selbst keine andere Person. Nachdem er geduscht und sich neu eingekleidet hatte, wollte er eine Zigarette rauchen und ging zu dem Tisch, auf den er die Zigarettenschachtel und das Feuerzeug gelegt hatte. Doch beides war verschwunden und beides ist in diesem Fall nie wieder aufgetaucht. Noch anzumerken ist, dass der Mann immer noch allein im Haus war und in der Zwischenzeit niemand anderes das Haus betreten hatte.

Ähnliche Fälle gibt es haufenweise und bei vielen Menschen gehört es fast schon zur Tagesordnung, das Dinge verschwinden, also unauffindbar sind, und später wieder an ihrem Platz liegen – als ob sie nie fortgewesen wären. Hand aufs Herz. Haben Sie, verehrte Leserin oder Sie, verehrter Leser, noch nie solch eine Situation erlebt, in der Sie etwas vermisst haben, dass dann etwas später wieder da war? Vielleicht haben Sie Sonntagmorgens beim Frühstückstisch schon einmal die Kaffeesahne oder den Zucker gesucht, den sie doch kurz zuvor selbst auf den Tisch gestellt hatten und dann nicht mehr da war. Doch kurz darauf steht das Vermisste plötzlich wieder auf dem Tisch. Hatte man da wirklich nur die sprichwörtlichen *„Tomaten auf den Augen“*? Oder war der Gegenstand tatsächlich zwischendurch verschwunden?

Es war so Ende der 1970er oder Anfang der 1980er Jahre, da verschwand wieder einmal ein großes Schiff im Bermuda-Dreieck. Axel Ertelt bekam einen Zeitungsartikel darüber, den er archivierte. Über den Fall diskutierte er mehrmals mit verschiedenen Kollegen. Dann legte er den Fall zu den Akten und beschäftigte sich erst einmal wieder mit anderen Dingen. Monate später sprach er einen der Kollegen wieder auf diesen Fall an. Der Kollege war ganz erstaunt und meinte er habe davon noch nie etwas gehört. Axel war perplex, wusste er doch ganz genau, dass sie darüber mehrmals am Telefon gesprochen hatten. Zum Beweis, dass dieser Fall existierte wollte er dem Kollegen den Zeitungsartikel in Kopie zusenden. Deshalb holte er die entsprechende Akte *„Bermuda-Dreieck"* aus dem Schrank und suchte den Artikel – vergeblich. Sooft er die Akte durchblätterte, der Artikel blieb verschwunden. Merkwürdigerweise konnten sich auch die anderen beiden Kollegen, mit denen er über den Fall gesprochen hatte, nicht mehr an die Gespräche und den Fall erinnern. Es war, als habe es diesen Fall nie gegeben, zumal sich der Bericht auch nicht mehr im Archiv der Zeitung finden ließ.

Das erinnert in einer frappierenden und erschreckenden Art und Weise an die Handlung der Bestseller-Novelle *„1984"* von George Orwell, Dort wird von einem diktatorischen und totalitären Staat Geschichte immer wieder so gefälscht, wie es den Machthabern gerade passt und gefällt. Dazu werden Presseberichte in den Archiven und sogar ganze Geschichtsbücher neu oder umgeschrieben bzw. auch Geschehnisse gelöscht. Stattdessen stehen an deren Stelle nun andere Dinge, die vorher niemand gekannt hat.

Wie eingangs zu diesem Themenabschnitt dargelegt, bedeutet der Begriff *„Turn-up"*, dass ein Gegenstand plötzlich an einem Ort auftaucht, wo er zuvor definitiv nicht gewesen ist. Dies unter Umständen auch deshalb, weil es vermeintlich gar nicht möglich ist. Ein solcher Vorfall ereignete sich Anfang der 1970er Jahre in einer Schreinerei in Lüdenscheid. Die recht große Schreinerei ging über zwei Etagen. In der unteren Etage war der Maschinenraum und ein kleinerer Bankraum mit zwei Arbeitsplätzen, wo zwei Gesellen arbeiteten, die auch beide zum Zeitpunkt des Vorfalls anwesend waren. Ein Anbau auf dieser Ebene beherbergte das Holzlager. In der oberen Etage befand sich ein weiterer Bankraum, der in zwei Bereiche, räumlich durch eine mehrfach unterbrochene Zwischenwand, unterteilt war. Im vorderen, größeren Bereich befand sich an der Hinterseite ein Arbeitsplatz neben dem Treppenaufgang und an der Vorderseite (zur Straße hin) befanden sich zwei Arbeitsplätze von denen einer der des Seniorchefs war. Im angrenzenden kleineren Bereich befanden sich zwei weitere

Arbeitsplätze, je einer an der Vorder- und einer an der Hinterseite. An letzterem Arbeitsplatz arbeitete unser Zeuge, ein 17jähriger Auszubildender. Von seinem Arbeitsplatz aus betrachtet führte in seinem Rücken eine Treppe nach oben zum Dachboden. Der Treppenaufgang war im Bereich des Dachbodens vollkommen durch eine Holzkonstruktion mit einer Tür verschlossen. Darin gab es keinerlei Öffnungen. Die Tür war immer abgeschlossen und der dazugehörige Schlüssel hing, für alle frei zugänglich, im Werkzeugschrank des Seniorchefs. Auf dem Dachboden befanden sich lediglich ältere Dinge, die als Ersatzteil alle Jubeljahre mal gebraucht werden könnten.

Eines Nachmittags bemerkte unser Zeuge, der sich gerade im zweiten Lehrjahr befand und sich zu diesem Zeitpunkt alleine in der oberen Etage aufhielt, aus den Augenwinkeln heraus eine Bewegung in seinem Rücken. Instinktiv sprang er zur Seite und konnte so gerade noch verhindern, dass er von einem breiten und langen Brett getroffen wurde, dass eben aus jenem oberen Bereich des Treppenaufgang zum Dachboden herunterfiel. Unter großem, lautem Gepolter krachte es auf den Boden. Noch halbwegs unter Schock stehend stand er stocksteif an seine Werkbank gelehnt und starrte auf das Brett und den Treppenaufgang. Durch das Gepolter aufmerksam geworden kam einer der beiden Gesellen aus der unteren Etage die Treppe hoch gerannt und fragte: *„Was ist passiert?“* Der 17jährige Lehrling zeigte auf das Brett und antwortete: *„Das ist gerade von dort oben heruntergefallen.“* Der Geselle starrte abwechselnd auf das Brett und auf den Treppenaufgang. Dann tippte er sich an die Stirn und meinte nur noch: *„Willst du mich verarschen?“* Danach ging wieder nach unten.

„Die Reaktion des Gesellen war völlig verständlich“, sagte der Lehrling später. *„Das Brett war so lang, dass es gar nicht in den Treppenaufgang hineinpasste. Es hätte niemals dort oben sein können. Ich habe es selber ausprobiert. Es gab nicht die geringste Chance es irgendwie dort oben zu platzieren.“* Aber wo war es dann hergekommen? *„Nachdem ich mich vom ersten Schock erholt hatte, wollte ich der Sache auf den Grund gehen. War vielleicht mein Kollege, ein Azubi im ersten Lehrjahr, schon*

zurück und hatte sich auf den Dachboden geschlichen und mir diesen Streich gespielt? Also ging ich nach oben und wollte auf dem Dachboden nachsehen. Doch die Tür war verschlossen. Also ging ich wieder die Treppe herunter und zum Werkzeugschrank des Chefs. Siehe da, der einzige Schlüssel zur Dachbodentür hing dort im Schrank an seinem Platz. Ich nahm ihn an mich und ging auf den stockdunklen Dachboden und machte erst einmal das Licht an. Dann schaute ich mich gründlich um. Doch ich war mutterseelenallein auf dem Dachboden. Niemand war hier. Bis heute habe ich keine Erklärung dafür, wo dieses Brett hergekommen ist."

Zum Turn-up-Phänomen meinte der deutsche Psychologe und Parapsychologe Hans Bender (* 05.02.1907 bis † 07.05.1991), der ehemalige Direktor des Instituts für Grenzgebiete der Psychologie und Psychohygiene: *„Steine zum Beispiel können während eines Poltergeist-Angriffs von außerhalb des Hauses in einen geschlossenen Raum geraten. Zeugen beschreiben, dass die Steine von etwa 12 oder 15 Zentimeter unterhalb der Decke herabfallen. Sie springen nicht wieder vom Boden auf, und wenn man sie anfasst, sind sie gewöhnlich warm."*

Ist Turn-up demnach ein parapsychologisches Phänomen, hervorgerufen durch Poltergeister? War dann auch im zuvor geschilderten Fall in der Lüdenscheider Schreinerei ein Poltergeist am Werk? Aber was sind Poltergeister überhaupt? Im Gegensatz zu herkömmlichen Geistern kann man einen Poltergeist nicht sehen.

Geisterjäger, die Spukerscheinungen nachjagen, haben dafür diverse elektronische Geräte, mit denen sie an den Spukorten Anomalien nachweisen wollen und in der Regel häufig auch können. Zu den häufigsten nachgewiesenen Anomalien gehören elektromagnetische Veränderungen im Umfeld. Und genau solche Anomalien treten in der Regel auch an den Portal-Orten auf. Sind vielleicht Poltergeist-Erscheinungen gar kein parapsychologisches, sondern vielmehr ein physikalisches Phänomen, hinter dem überhaupt keine Geister stecken?

Zeitreisen – Teleportationen in die Zeit?

Im Jahr 1969 wurde der Radarstützpunkt der US Air Force, *Montauk Air Force Station*, heute auch bekannt als *Camp Hero*, an der Ostspitze von Long Island bei Montauk (New York) geschlossen. Das oberirdische Gelände wurde der Stadt New York übergeben und ist heute ein Naturschutzgebiet mit dem Namen *Camp Hero State Park*. Unter der Bezeichnung Montauk-Projekt kursieren heute verschiedene, phantastische Gerüchte über diese Anlage, die bisher weder bewiesen noch widerlegt werden konnten. Eine Recherche dazu wird nahezu unmöglich gemacht, weil die unterirdischen Bereiche nach wie vor Staatseigentum sind, das nicht betreten werden darf und deren ehemaligen Eingänge mit schweren Betonblöcken verschlossen sind. Das Air Defense Command (ADC) wurde seinerzeit angewiesen zu Beginn des Kalten Krieges um 1948 Radargeräte für den Einsatz im Nordosten der Vereinigten Staaten aufzubauen. Auch am Lashup-Standort L-10 in Montauk wurde ein AN/TPS-1B-Search-Radar als Langstrecken-Such-Radar errichtet. Heute ist es das einzige seiner Art, das noch existiert.

Es gibt einige Berichte von Personen, die behaupten früher in der Anlage als Versuchskaninchen an diversen Menschenversuchen des US-Militärs teilgenommen zu haben. Dabei sei es unter anderem um Zeitreisen und Teleportationen gegangen. Rund 300.000 Personen soll das US-Militär damals zu den diversen Versuchen missbraucht haben. Nur weniger als ein Prozent davon hätten die Versuche überlebt. Und die meisten von ihnen, die mit dem Leben davonkamen, seien seitdem schwer angeschlagen, krank, behindert und litten an Depressionen. So ganz abwegig ist dieses Gerücht nicht. Ähnliches passierte nachweislich in den 1950er Jahren, als man Angehörige des US-Militärs bewusst und ungeschützt der Strahlungen von Atombombenexplosionen ausgesetzt hat um die gesundheitlichen Folgen für den menschlichen Organismus zu *„erforschen“*. Skrupel hat das US-Militär in dieser Hinsicht also nachweislich nie gehabt. Und daran hat sich auch bis heute nichts geändert.

In einer Fakten-Analyse kommt der TV-Sender N24 in einer Dokumentation über die Möglichkeiten von Zeitreisen zu dem Schluss, dass, auch nach Albert Einstein (* 14.03.1879 – † 18.04.1955), Zeitreisen möglich sind. Ebenfalls kommt die Dokumentation anhand von Expertenmeinungen zu dem Schluss, dass eine Zeitreise gleichzeitig auch immer eine räumliche Teleportation ist. Warum dies so sein soll, wird anhand der Erddrehung und der Umlaufbahn der Erde um die Sonne erläutert. Die Erde bewegt sich mit einer Geschwindigkeit von 30 Kilometern in der Sekunde um die Sonne. Das sind pro Minute ca. 1.800 Kilometer. Wenn nun ein Zeitreisender 10 Minuten in die Vergangenheit reisen würde, dann käme er mitten im All, rund 18.000 Kilometer von der Erde entfernt, an, weil die Erde ja weitergeflogen ist. Deshalb müsste eine Zeitmaschine nach der neuesten theoretischen Erkenntnis immer gleichzeitig auch ein Raumschiff sein.

Diese Überlegungen bestätigen eine Aussage zu den geheimen Menschenexperimenten in Bezug auf Zeitreisen in dem Militärstützpunkt in Montauk. Überlebenden Augenzeigen nach soll dort die Radaranlage für ungeheure Mengen an Energie gesorgt haben, die auch dem sogenannten *Montauk-Stuhl* zugeführt wurden. Auf diesem mussten die Probanden während der Versuche und Experimente sitzen. Nach Ansicht einiger Experten können extrem hohe elektrische Entladungen unter Umständen sogenannte Wurmlöcher erzeugen. Sind also in Montauk Menschen durch Zeit und Raum geschickt worden? Beweisbar ist dies derzeit nicht. Aber es gibt mindestens einen Augenzeugen, der behauptet, dass bei diesen Experimenten Ähnliches geschah, wie es sich auch beim Philadelphia-Experiment zugetragen hat. Er sagte: *„Manche kamen im All wieder raus, andere in Backsteinmauern oder Steinen."*

Auch der bekannte und renommierte britische Astrophysiker Stephen William Hawking (* 08.01.1942 - † 14.03.2018) hat sich mit dem Thema *„Zeitreisen"* beschäftigt. Dabei kam er zu dem Schluss, dass in Zukunft Reisen in die Zukunft möglich sind. Diese allerdings auf Basis der Zeitdilatation. Danach vergeht in der Zeitmaschine viel weniger Zeit als auf der Erde. Wenn man die Zeitmaschine nach einiger Zeit wieder verlässt, ist auf der Erde viel mehr Zeit vergangen als für den Zeitreisenden. Er kommt also in der Zukunft an. Dies ist das bekannte Phänomen, dass auch bei Reisen mit extrem hoher Geschwindigkeit eintritt. Je schneller ein Raumschiff durchs All fliegt, je größer wird der Zeitunterschied zwischen der Bordzeit und der Erdzeit. Kommen die Raumfahrer zur Erde zurück, können dort ganze Zeitalter vergangen sein.

Eine Reise in die Vergangenheit hält Hawking hingegen für eher unwahrscheinlich und argumentiert, dass man dann ja bereits auf Zeitreisende hätte stoßen müssen. Eine Party, die Hawking einmal für Zeitreisende aus der Zukunft veranstaltete, indem er die Einladung erst nach der Party veröffentlichte, blieb ohne Partygäste. Das muss allerdings nicht unbedingt ein Beweis dafür sein, dass es keine Zeitreise in die Vergangenheit gibt oder einmal geben wird.

Es gibt zahlreiche Berichte von Personen, die eine Zeitlang verschwunden waren und später, oft nach Jahrzehnten oder gar Jahrhunderten, wieder auftauchten. Was steckt dahinter? Sind diese Personen in die Zeit teleportiert? Haben sie eine Zeitreise in die Zukunft gemacht?

In Weißrussland verschwand 1982 ein Kampfflugzeug während eines Trainingsfluges vom Radar. Eine Suchaktion lief an, verlief aber erfolglos. Genau einen Tag später war das Flugzeug wieder da und landete. Die Aufregung war riesengroß und der Pilot konnte das nicht verstehen. Nach seinem Empfinden und seiner Uhr war er gerade einmal 12 Minuten in der Luft gewesen. Wo aber war er während der 24 Stunden seines Verschwindens?

Ähnlich erging es einem Flugzeug, dass sich bereits im Landeanflug auf Florida befand und plötzlich vom Radarschirm verschwand. Genau 10 Minuten später war es genauso plötzlich wieder da, und zwar exakt an derselben Stelle, an der es zuvor verschwunden war. Nach der Landung stellte man fest, dass sämtliche Uhren, die bei diesem Flug an Bord des Flugzeugs gewesen waren, um genau diese zehn

Minuten nachgingen. Es war so, als habe es diese zehn Minuten an Bord des Flugzeugs nie gegeben und keiner der Betroffenen konnte sich auch nur an die kleinste Unregelmäßigkeit erinnern.

Am 4. Januar 1974 wurde in den USA eine Rakete vom Typ Minuteman gestartet. Mitten in der scheinbar reibungslos verlaufenden Startphase verschwindet die Rakete spurlos und ist nirgends mehr auszumachen. Drei Tage später taucht sie unvermittelt an der gleichen Stelle wieder auf und fliegt weiter als sei nichts geschehen. Zeitgleich hat eine Atomuhr einen Sprung um eine Mikrosekunde gemacht und ist die drei Tage, in der die Rakete verschwunden war, um diesen Betrag falsch gegangen. In dem Augenblick, als die Rakete wieder auftauchte, hat sich dieser Fehler wieder korrigiert.

In den 1980er und 1990er Jahren schrieb die Weekly World News, ein Boulevardblatt aus Florida aus dem Verlag American Media mit einer Millionenauflage, unter dem Slogan *„die einzig verlässlichen Nachrichten der Welt"* Pressegeschichte wegen ihrer offenbar vollkommen absurden Schlagzeilen. Keine andere Zeitung traute sich offensichtlich über die Fälle zu berichten, denn die Weekly World News, auch als Anarcho-Revolverblatt bezeichnet, war die einzige Zeitung, die beispielsweise über die beiden nachfolgend geschilderten Ereignisse berichtete. Dabei geht es um zwei Flugzeuge, die verschwanden und nach mehr als 30 Jahren unter mysteriösen Umständen plötzlich wieder auftauchten. Generell scheint so etwas möglich zu sein, was die beiden zuvor geschilderten und belegten Fälle beweisen. Dennoch klingt das Ganze so unglaublich und stammt zudem aus einer der umstrittensten Quellen, dass hier doch eine gewisse Skepsis angebracht ist. Neben den beiden Geschichten über die Flugzeuge berichtete Weekly World News beispielsweise auch über vermeintliche Vorfälle wie *„Priester explodiert bei Exorzismus!"*, *„Wildweststadt auf Venus entdeckt!"* oder *„Hillary Clinton adoptiert Alien-Baby"*. Danny Kringiel schrieb dazu in seinem Artikel *„Die unglaubliche Geschichte"* am 13.07.2011: *„... wo auch immer etwas geschah, das zu unglaublich schien, um wahr zu sein, berichtete die ‚Weekly World News' von vorders-*

ter Front. Und schuf mit ihrem Münchhausen-Journalismus einen Medienkult, der bis heute anhält.“
(https://www.spiegel.de/geschichte/kult-boulevardzeitung-weekly-world-news-a-947260.html)

Das erste von zwei schier unglaublich klingenden Ereignissen geschah laut Weekly World News vom 14. November 1989 gut einen Monat vor der Veröffentlichung, nämlich am 12. Oktober 1989 im brasilianischen Porto Alegre. Unter der Bezeichnung *„Santiago Flight 513“* startete im Jahr 1954 ein Verkehrsflugzeug vom Typ Super Constellation der heute bereits 1956 Bankrott gegangenen Santiago Airlines mit 88 Passagieren und vier Besatzungsmitgliedern von einem Flughafen in (oder bei) Aachen. Der Bericht in der Weekly World News wurde von dem Zeitungsreporter Irwin Fisher verfasst. Nach Fisher ergibt sich nachfolgender Sachbestand. Laut der brasilianischen Luftfahrtbehörden startete *„Santiago Flight 513“* am 4. September 1954 und verschwand irgendwo über dem Atlantik spurlos. Eine großangelegte Suchaktion blieb erfolglos. Schließlich kam man zu dem Schluss, dass das Flugzeug abgestürzt ist und es keine Überlebenden gibt. Gut 35 Jahre später, am 12. Oktober 1989, soll das Flugzeug unvermittelt aus dem Nichts wieder aufgetaucht sein. Es kreiste dabei über dem Flughafen von Porto Alegre in Brasilien. Nach Angaben der Behörden konnte der Kontrollturm keinerlei Kommunikation mit dem Flugzeug aufbauen. Schließlich setzte das Flugzeug zur Landung an und landete auf dem Flughafen. Da sich an Bord der Maschine nichts tat, überprüften Sicherheitskräfte die Maschine und öffneten schließlich die Türen. Auf den Sitzen befanden sich nur noch 92 menschliche skelettierte Körper. Dazu gehörte auch der Pilot, Flugkapitän Miguel Victor Cury, der immer noch die Kontrollen umklammerte. Die Maschinen des Flugzeuges befanden sich noch im Leerlauf. Alle involvierten Beamten weigerten sich zu dem Vorfall Stellung zu nehmen und sich über das mysteriöse Wiederauftauchen des Flugzeugs zu äußern. 1989 noch lebende Führungskräfte der Santiago Airlines konnten nicht mehr viele Angaben über den Flug machen. Regierungsagenten, die dieses seltsame Ereignis eingehend untersucht hatten, weigerten sich etwas zu dem Flugzeug oder zu ihren Ermittlungsergebnissen zu sagen. Ein Dr. Celso Atello, der ein paranormaler Forscher sein soll, spekulierte in diesem Zusammenhang über einen Zeitsprung. Ein Zeitsprung scheint in der Tat die logischste und vernünftigste Erklärung zu sein – immer vorausgesetzt, dass sich dies alles tatsächlich so ereignet hat. Das würde auch erklären, dass nach 35 Jahren noch genügend Kerosin zur Landung im Tank war. Und wenn wir uns die zahlreichen Berichte über Teleportationen durch die Zeit betrachten, wird häufig berichtet, dass die *„Zeitreisenden“* unmittelbar nach ihrem Wiederauftauchen innerhalb von wenigen Minuten extrem schnell alterten und starben. Somit könnten die Passagiere und die Besatzung vor der Landung vielleicht doch noch gelebt haben. Das würde dann auch erklären, dass einer der Fluglotsen den Piloten im Cockpit noch (zumindest schemenhaft) erkannt haben will. Natürlich klingt dies alles ebenso absurd wie der ganze Fall selbst. Aber muss es deshalb unmöglich sein?

Bereits 1985 war Weekly World News wieder die erste und offenbar auch wieder die einzige Zeitung, die über die nachfolgende Geschichte berichtete. Am 2. Juli 1955 startete Pan American Flug 914 planmäßig und ohne Probleme in New York. Zielort war Miami in Florida. An Bord waren 57 Passagiere und draußen herrschte sonniges Wetter. Eigentlich sollte es drei Stunden später in Miami angekommen sein. Doch das Flugzeug kam nie an. Irgendwo auf der Strecke zwischen New York und Miami ging es spurlos verloren. Wie vom Tower in New York gemeldet wurde, verschwand das Flugzeug mitten in der Luft plötzlich vom Radar. Die Flugsicherung konnte zudem keinerlei Funkkontakt zu dem Flugzeug mehr bekommen. Die offizielle Erklärung besagte später, dass das Flugzeug abgestürzt sei und es keine Überlebenden gebe. Doch rund 37 Jahre später, am 21. Mai 1992, soll das Flugzeug wieder aufgetaucht sein – am Airport von Caracas in Venezuela. Der Fluglotse Juan De la Corte berichtete angeblich am 9. September 1992 darüber. Wie aus dem Nichts erschien plötzlich ein neuer Punkt auf dem Radar. In nicht einmal 10 Minuten tauchte das Flugzeug auch für das Auge sichtbar am Himmel auf. Zuerst schien nichts ungewöhnlich zu sein. Doch dann bemerkte man im Tower, dass es sich um ein ungewöhnlich altes Flugzeug handelte. Dann kontaktete der Pilot den Tower und fragte auf Englisch: *„Wo sind wir?“* Außerdem informierte er den Tower, dass sie am 2. Juli 1955 um 9.55 Uhr auf dem Airport von Miami landen sollten. Die diensthabenden Personen im Tower waren sprachlos und wussten nicht so recht, wie sie reagieren sollten. Doch dann wurden Bodeneinheiten zur Unterstützung gerufen. Das Flugzeug landete scheinbar ohne Probleme. Der Fluglotse Juan De la Corte fragte schließlich den Piloten über Funk: *„Wissen Sie, dass heute der 21. Mai 1992 ist?“* Plötzlich war aus dem Cockpit die panische Stimme des Flugkapitäns zu hören: *„Nein! Haltet euch fern! Wir gehen jetzt!“* Die Motoren des Flugzeugs wurden wieder angelassen und es rollte zur Landebahn und startete ohne die Freigabe abzuwarten. Angeblich wurde danach ein Taschenkalender aus dem Jahr 1955 auf der Landebahn gefunden, der dieses Ereignis belegen soll.

Mitte der 80er Jahre ist ein junger Mann aus Halver mit seinem Auto aus dem Nachbarort Schalksmühle über eine kleine Nebenstraße nach Halver unterwegs. Es ist eine Strecke, für die man in gemütlicher Fahrt etwa 10 bis 15 Minuten benötigt. Zum Zeitpunkt der Abfahrt war es ca. 12.00 Uhr mittags. Er hätte also gegen ca. 12.15 Uhr in Halver ankommen müssen. – Hätte, denn dort kam er erst an als die Zeiger der Uhr schon fast auf 13.30 Uhr standen. Der Betroffene gab an etwa auf halber Strecke ein Flugzeug am Himmel gesehen zu haben, das scheinbar von *„irgendetwas“* verfolgt wurde. Was dies war, daran konnte er sich nicht erinnern. Das nächste, an das er sich wieder erinnern konnte war, wie er zu Hause aus seinem Auto ausstieg und auf die Uhr schaute. Mit großem Unbehagen stellte er dabei fest, dass seit seiner Abfahrt fast eineinhalb Stunden vergangen waren – für eine Strecke, die man normalerweise in maximal 15 Minuten bewältigt. Das ergab einen Zeitverlust von gut einer Stunde, der bis heute ungeklärt ist.

Die Lübecker Chronik berichtet, dass ein Mann sieben Jahre lang in einer Lücke oder Luke auf dem Turm im Dom zu Lübeck geschlafen habe. Niemand wusste davon und niemand hat ihn in dieser Zeit dort bemerkt. Dann ist er wieder wohl und munter zum Vorschein gekommen.

Am 25. April 1977 hatte eine achtköpfige chilenische Militärpatrouille auf einer Kontrollfahrt entlang der bolivianischen Grenze ein spektakuläres Erlebnis. Dieses fand in der Nähe von Arica bei Putre in der Pampa Lluscuma, rund 3.600 Meter über dem Meeresspiegel, statt. Die Soldaten sahen plötzlich ein grelles Licht. Der Feldwebel Armando Valdes Garrido ging auf das Licht zu. Seine Kameraden warteten unterdessen in sicherem Abstand beim Fahrzeug. Plötzlich verschwindet das Licht und mit ihm der Feldwebel. Dieser taucht 15 Minuten später plötzlich inmitten seiner verdutzten Kameraden wieder auf. Die Uhr des Feldwebels ist ebenfalls bei den Uhrzeigern um 15 Minuten weitergewandert. Die Datumsanzeige jedoch zeigt fünf Tage später an. Nach der Uhr des Feldwebels ist es bereits der 30. April. Dass dies nicht nur eine Manipulation an der Uhr gewesen sein kann, bewies der Mehrtagebart, den der Feldwebel plötzlich hatte. Alles deutet also darauf hin, dass in den 15 Minuten, in denen der Feldwebel verschwunden war, dieser an einem Ort war, an dem zusätzlich zu den 15 Minuten eine Zeit von fünf Tagen verstrich. Als der Feldwebel wieder auftauchte, waren seine Augen weit aufgerissen und er zitterte am ganzen Leib. Drei Wochen später wurde das Ereignis erstmals in der Lokalzeitung *„La Estrella de Arica"* veröffentlicht, bevor es dann auch in anderen chilenischen Zeitungen veröffentlicht wurde. Danach ging dieser Vorfall als *„UFO-Entführung"* um die Welt. 25 Jahre später sagt Armando Valdes Garrido, dass er nie von einem UFO entführt wurde. Die Wahrheit über diese Geschichte soll viel unglaublicher sein. Deswegen habe er damals die UFO-Geschichte erfunden. Nach wie vor bezeugt er aber, in den betreffenden 15 Minuten tatsächlich um fünf Tage gealtert zu sein. Aber es habe sich dabei um ein irdisches Phänomen gehandelt, nicht um eine Entführung durch Außerirdische. Egal, ob eine UFO-Entführung oder ein irdisches (Zeitanomalie-?) Phänomen für den Zwischenfall verantwortlich war, es ändert offenbar nichts an der Tatsache, dass in den betreffenden 15 Minuten für den

Feldwebel mehr als fünf Tage vergingen. Das beweist allein sein Mehrtagebart, den er bei seiner Rückkehr hatte.

Der junge Bootsmacher Daniel aus Sligo in Irland hatte eine kräftige Stimme und konnte tüchtig was Trinken. Er hatte sich in die Dienstmagd Aileen aus Ballingtogher verliebt. Und so wanderte er eines Mittwochabends aus der Stadt hinaus um seine Aileen im Nachbardorf zu besuchen. Es war bereits ziemlich dunkel und Daniel kam vom Wege ab. Schließlich stürzte er in einen See. Doch plötzlich stand er wieder auf festem Boden. Erstaunt bemerkte er, dass er sich in einer unbekannten Gegend mit grünen Feldern, blühenden Hecken und Bäumen befand. Dort angekommen kam ein kleiner alter Mann zu ihm und fragte nach seiner Herkunft. Ihm erzählte Daniel von seinem Missgeschick. Der Fremde hieß Daniel *„Herzlich willkommen"* und führte ihn in ein Haus, in dem eine ausgelassene Gesellschaft zusammensaß. Die Leute sangen, erzählten und tranken ganz ausgelassen und hatten gar nichts dagegen, dass sich der Bootsmacher zu ihnen setzte. Da auch Daniel so manche Geschichte zu erzählen wusste und man ihm reichlich Bier anbot, verbrachte man gemeinsam die Zeit in bestem Einvernehmen. Nach ein oder zwei Stunden wandte sich Daniel an den alten Mann und sagte: *„Wäret Ihr wohl so freundlich, mir den Weg nach Ballingtogher zu zeigen. Ich bin ohnehin schon spät dran gewesen. Ich fürchte, meine Aileen wird zu Bett gehen, wenn ich mich nicht bald bei ihr sehen lasse."* Die Gesellschaft versuchte ihn zu überreden noch ein Weilchen zu bleiben, ließ ihn schließlich aber doch ziehen. Und so führte ihn der alte Mann über einen ebenen Pfad, auf dem er plötzlich nach oben griff und einen Stein hochhielt. Dieser entpuppte sich plötzlich als der Herdstein in der Küche des Hauses, in dem seine Aileen in Diensten stand. Die saß am Feuer und weinte bitterlich. Als sie ihren Daniel so plötzlich vor sich sah, erschrak Sie sehr. Daniel hatte große Mühe ihr zu erklären, dass er kein Geist wäre, nachdem ihm klar geworden war, dass seit seinem Verschwinden nicht nur ein bis zwei Stunden vergangen waren, sondern ein ganzer Monat.

Als der römische Kaiser Decius im Jahre 251 nach Ephesus kommt, will er persönlich die Opferungen für die heidnischen Götter und die Christenverfolgung überwachen. Sieben christliche Jünglinge weigerten sich den heidnischen Göttern zu opfern und fassen den Entschluss sich in einer Höhle des Berges Anchilus vor dem Kaiser zu verstecken. Nachdem sie ihre Vorräte verzehrt haben schlafen sie schließlich ein. Kaiser Decius lässt nach den Jünglingen suchen, die jedoch nicht gefunden werden. Unter Androhung von Folter werden sie von ihren Vätern verraten. Daraufhin lässt der Kaiser die Höhle mit großen Steinen verschließen, damit die sieben Jünglinge in ihrem Kerker sterben. Die beiden Diener des Kaisers, Theodorus und Rufinus, schreiben die Geschehnisse heimlich auf bleierne Tafeln, die sie dann in einer Schatulle unter den Steinen am Höhleneingang verstecken. Die sieben Jünglinge in der Höhle gerieten in Vergessenheit. Rund 200 Jahre später, im 38. Regierungsjahr von Kaiser Theodosius II. wachen sie wieder auf und glauben es sei nur eine einzige Nacht vergangen. In Ephesus lebt inzwischen Adolius, der von seinen Arbeitern mit den Verschlusssteinen des Höhleneingangs einen Viehstall bauen lässt. Der jüngste der Schläfer geht in die Stadt um etwas zu Essen zu besorgen. Die Stadt sieht vollkommen verändert und kaum wieder erkennbar aus. Der Händler, bei dem der Jüngling Brote kaufen will, betrachtet misstrauisch die alten Münzen mit dem Konterfei des Kaisers Decius. Schließlich überwältigt man den Jüngling und führt ihn zum Bischof und Stadthalter, wo er verhört wird. Danach führt er den Bischof zur Höhle, wo der die bleiernen Tafeln mit der niedergeschriebenen Geschichte der sieben Jünglinge findet. Als sie die Höhle betreten beginnen die Antlitze der Jünglinge zu glühen und leuchten. Kaiser Theodosius wird herbeigerufen und die Jünglinge bezeugen auch ihm ihre Geschichte. Dann sinken sie nieder um endgültig zu entschlafen. Die Legende ist in der hier geschilderten Version eine christliche Geschichte. Sie gilt zudem als Heiligenlegende und existiert in ähnlicher Form auch im Islam. Im Koran ist in der 18. Sure *„Al Kahf“* – *„Die Höhle“* in den Versen 9 bis 26 über die *„Gefährten der Höhle“* zu lesen. Damit ist es die einzige christliche Legende, die im Koran steht, aber weder in der Bibel noch in apokryphen Schriften vorkommt. Im Katholischen wird der sieben Schläfer am 27. Juni gedacht. Das ist der Siebenschläfertag, der mit seinem Wetter nach einer Bauernregel das Wetter der kommenden sieben Wochen prophezeit.

Epimenides gehört zu jenen Griechen, die heute weltberühmt sind. Wann Epimenides gelebt hat ist nicht so ganz klar. Verschiedene Quellen legen sein Leben ins 5., 6. oder 7. vorchristliche Jahrhundert. Dieser enorme Unterschied könnte aber auch daraus resultieren, dass sein tatsächliches Alter beim Tode unbestimmt war und zwischen 150 Jahren und 299 Jahren variiert. Von seinem vermeintlich hohen Alter soll er allerdings rund 56 oder 57 Jahre an einem Stück verschlafen haben. Als er eines Tages die Herden seines Vaters beaufsichtigte verlor er ein Tier. Nach langer Suche ermüdet ging er für eine Pause in eine Höhle, in der ihn dann der Schlaf übermannte. Nach kurzer Zeit, wie er meinte, erwachte er wieder und ging aus der Höhle um seine Suche nach dem vermissten Tier fortzusetzen. Er wunderte sich dabei, dass die ganze Umgebung so anders aussah und ihm völlig unbekannt erschien. Am Hause seines Vaters angekommen erkannte er niemanden und keiner erkannte ihn. Schließlich musste er feststellen, dass er rund 56 Jahre in der Höhle geschlafen hatte, denn so viel Zeit war hier draußen inzwischen vergangen. Sein Vater war gestorben und die Herden hatten sich in 15 Generationen fortgepflanzt. Nur sein jüngerer Bruder, der ein alter Greis geworden war, lebte noch.

Eine interessante Überlieferung über eine Zeitverschiebungssage befindet sich auch im Talmud (Talm. Tr. Taanith f. 23a), der aus dem 4./5. Jahrhundert n. Chr. niedergeschrieben wurde. Chone Hamagel soll sich oft über Psalm 126, Vers 1, gewundert haben, wo da geschrieben steht: *„Wenn der Herr die Gefangenen Zions erlösen wird, so werden wir sein wie die Träumenden."* Dann rief er: *„Schläft denn jemand siebzig Jahre träumend?"* Als Hamagel einmal eine Reise machte, sah er einen Mann, der gerade einen Johannisbrotbaum pflanzte. Das verwunderte ihn und so fragte er den Mann: *„Es ist bekannt, dass ein solcher Baum erst nach 70 Jahren Früchte trägt; nun weißt du auch, dass du noch 70*

Jahre lebst?" Der Mann entgegnete ihm daraufhin: *„Ich habe Johannisbrotbäume vorgefunden, und so wie meine Vorfahren für mich gepflanzt haben, will ich für meine Nachkommen pflanzen."* Chone Hamagel setzte sich kurz darauf in der Nähe des neu gepflanzten Baumes nieder und aß etwas. Dann schlief er an der Stelle, wo er gegessen hatte, ein. Die Legende besagt, dass sich daraufhin ein Felsen um ihn herumzog, der ihn vor den Blicken der Menschen in der Umgebung verbarg. So schlief er 70 Jahre lang vollkommen unbeobachtet und unbeachtet seiner Umwelt. Als er wieder erwachte sah er, dass der gepflanzte Baum groß geworden war und Früchte trug. Ein ihm unbekannter Mann pflückte gerade davon. Neugierig fragte er den Pflücker, wer denn diesen Baum gepflanzt habe. Der Mann antwortete ihm, dass sei sein Großvater gewesen. Daraufhin wurde Chone Hamagel bewusst, dass er 70 Jahre geschlafen hatte.

Im 15. Jahrhundert machte in Portugals Hauptstadt Lissabon die Geschichte von einer sagenumwobenen Insel die Runde. Sie wurde als Insel der sieben Städte genannt, die zufällig gefunden sich in der Nähe der Karibischen Inseln befinden sollte. Doch niemand kannte ihre genaue Lage. Ein junger Mann, der auch ein Günstling am Hofe des Königs war, beschloss diese Insel zu suchen und zu finden. Er war auch mit einer der schönsten Frauen im Land verlobt. Nun war der Vater seiner Braut aber nicht bereit ihm seine Tochter zur Frau zu geben. Erst, wenn er erfolgreich von seiner Inselsuche zurückgekehrt sei, solle er die Tochter zur Frau bekommen. Als Günstling am Königshofe hatte er die Mittel für seine Suche schnell beisammen. Mit der Erlaubnis sich Herrscher der besagten Insel nennen zu dürfen stach er in See. Völlig unverhofft geriet er in einen Sturm, der ihn an die Küste der geheimnisvollen Insel verschlug. Dort wurde er tatsächlich als ein großer Herrscher empfangen und feierte die ganze Nacht lang mit den Inselbewohnern. Am nächsten Morgen wurde er vollkommen betrunken zu seinem Schiff gebracht. Dort verabschiedete er sich von den Inselbewohnern und fiel bald darauf in einen tiefen Schlaf. Als er daraus wieder erwachte wusste er weder wo er war, noch wie lange er geschlafen hatte. Die Seeleute um ihn herum erzählten ihm dann, dass er sich auf einem portugiesischen Handelsschiff befände und sie ihn schlafend auf einem Schiffswrack entdeckt und geborgen hätten. Daraufhin erzählte er ihnen seine Geschichte, die aber von den Seeleuten des Handelsschiffes nicht geglaubt wurde. Wieder zurück in der Heimat suchte er als erstes seine Verlobte auf. Doch die junge Frau wandte sich von ihm ab. Erst später erfuhr er dann, dass es sich bei der Frau nicht um seine Verlobte gehandelt hatte, sondern bereits um deren Urenkelin. Mit Schrecken musste er nun bemerken, dass er rund 150 Jahre weg gewesen war.

Die Tochter eines Kommandanten in Großwardein in Ungarn (nach dem Ersten Weltkrieg Oradea Rumänien) weihte sich schon in frühen Jahren Christus. Doch ihre Eltern wünschten, dass sie einen angesehenen Mann und Kavalier heiraten würde. Die Hochzeit wurde vorbereitet. Am Hochzeitsmorgen geht die junge Frau in den Garten und ruft in ihrer Verzweiflung Christus an. Dieser erscheint ihr dann in der Gestalt eines herrlichen Jünglings und führt sie in den Garten seines Vaters. Nachdem ihr Christus die ganze Pracht und Herrlichkeit des Gartens gezeigt hatte, geleitete er sie wieder zurück in ihre Heimat. Doch dort erschien ihr plötzlich alles so fremdartig und sie musste erkennen, dass inzwischen 120 Jahre verstrichen waren, während sie glaubte nur zwei Stunden fort gewesen zu sein.

Ein Herzogssohn in den italienischen Alpen steht kurz vor seiner Hochzeit. Während alles dafür vorbereitet wird reitet er zu einer Kirche; die an einem Berghang steht. Dor verrichtet er ein inbrünstiges Gebet. Bei seiner Rückkehr trifft er unterwegs auf einen alten Mann, der auf einem Maultier reitet. Spontan lädt er ihn zum Fest ein, woraufhin der Greis zusagt. Wie versprochen erscheint der alte Mann zum Fest. Als er geht, lädt er den Herzogssohn ein nach drei Tagen seinen Besuch zu erwidern. Dieser folgt nun seinerseits der Einladung und findet an einer zuvor vereinbarten Stelle das Maultier des Greises vor. Es geleitet ihn über raue Bergpfade bis zu einem lieblichen Gefilde, in dem ihn Vögel mit lieblichem Gesang begrüßen und ihn zur Wohnung der Seligen geleiten. Sein Gastgeber nimmt ihn freundlich in Empfang. Nach drei Stunden, so glaubt er, macht er sich auf den Heimweg und als er wieder zu Hause ankommt, sind in Wahrheit 300 Jahre verstrichen. Der Herzogssohn klopft an die Pforte des ehemaligen Schlosses, das inzwischen zu einem Cluniacenser-Kloster umfunktioniert worden ist. Der Abt des Klosters empfängt ihn mit Freude und lässt ein Gastmahl herrichten. Als jedoch der Herzogssohn das Brot berührt, verfällt er innerhalb kürzester Zeit zum Greis und stirbt eines sanften Todes.

In Mühlhausen im Elsass sollte einst ein junges Paar getraut werden. Als man die Schwelle des Gotteshauses erreicht, wird plötzlich der Bräutigam vermisst. Nirgends ist er zu finden und er bleibt vermisst. Alle intensive Suche bleibt vergebens. Einhundert Jahre später kommt ein junger Wandersmann in altertümlicher Kleidung in die Stadt. Wie sich herausstellt, ist es der verschwundene Bräutigam, der die letzten 100 Jahre vermisst war. Er erzählte nun, dass ihm beim Überschreiten der Kirchenschwelle und beim Eintritt in das Gotteshaus der Gedanke in ihm aufgestiegen sei: *„Wie wird es wohl in 100 Jahren hier aussehen und wer wird das erleben?"* Kaum habe er dies gedacht, da habe ihn das Bewusstsein verlassen. Was danach geschehen sei, dass wisse er nicht beteuerte er. Nun führte man ihn zum Grabe seiner Braut, wo er vor Aller Augen zu Staub und Asche wurde.

In Sardinien gibt es die *„Neunschläfer"*. Das sollen nach Alexander von Aphrodisias neun Heroen sein, Söhne des Herakles und der Töchter des Thestius (auch: Thespius). Andere Quellen sprechen auch nur von Hirten. Sie wurden in unterirdische Höhlen entrückt, in denen sie einen langen Schlaf (einige Quellen sprechen von neun Jahren) schlafen, bevor sie wieder aufwachen und aus den Höhlen heraussteigen. Erwin Rohde geht offensichtlich nur von einem sehr kurzen Schlaf von zwei Tagen, genauer gesagt: *„zwei Nächte und den zwischen diesen liegenden Tag"*, aus. Dabei beruft er sich auf Philoponus als Quelle. Somit hätte der Schlaf nur ca. 36 Stunden gedauert, was Rohde wiederum auf ein Narkotikum zurückführt. Diese Neunschläfer-Sage, die kaum Verbreitung gefunden hat, wurde schon öfters mit der Siebenschläfer-Legende in Zusammenhang gebracht (u.a. John Koch, 1883).

Die Wettenburg ist eine Anhöhe in der Mainschleife bei Urphar (Landkreis Main-Spessart, Bayern). Diese Flussschleife ist bereits seit Jahrtausenden besiedelt. Hier oben stand einst eine Burg, von der heute jedoch nichts mehr zu sehen ist. Der Sage nach war die letzte Gräfin auf der Burg geizig und hartherzig. Sie beutete die Bauern aus und hasste insbesondere die Bettler und Armen, die für eine milde Gabe ans Burgtor klopften. Deshalb beschloss sie, den Main auch um die vierte Seite der Burg zu leiten, um so den Weg für diese Leute zu versperren. Der Burgvogt äußerte dagegen Bedenken, doch die Gräfin sagte: *„Es mag Gott lieb oder leid sein; mein Vorhaben wird ausgeführt! So wenig ich diesen Ring wieder sehe, so wenig unterbleibt es!"* Gesagt zog sie einen Ring von ihrem Finger und warf ihn in den Fluss. Bereits am selben Abend fand der Koch in einem Karpfen den Ring wieder und brachte ihn der Gräfin. Die erbleichte und im gleichen Augenblick kam ein Blitz vom Himmel herab und mit einem gewaltigen Donnerschlag versank die ganze Burg im Berg. Alle sieben Jahre, so wird nun erzählt, soll man die Burg auf dem Grund des Mains sehen können. Und auch alle sieben Jahre soll sich an der Stelle, wo die Burg einst gestanden hat, eine Höhle öffnen. Auch von einem Schacht wird erzählt, in den einmal eine Gruppe Burschen aus Kreuzwertheim den Mutigsten von ihnen an einem Seil hinabließen. Danach konnte er lange nicht sprechen und als er endlich die Sprache wieder gefunden hatte, berichtete er von langen Tafeln, an denen Menschen in altertümlichen Trachten schweigend gegessen hätten. Auch will er viel Gold, Silber und Edelsteine gesehen haben. Doch dieses Erlebnis hatte den Jungen so sehr erschreckt, dass er kurz darauf verstarb. Als einmal ein Unwetter aufzog, war es genau die Zeit, in der sich auch die Höhle wieder geöffnet hatte. Ein Schäfer suchte darin Schutz vor dem Unwetter und schlief ein. Erst nach 7 x 7 (= 49) Jahren tauchte er aus der Höhle wieder auf. Doch es gab niemanden mehr, der ihn noch gekannt hätte.

Ein Fuhrmann fand einst im thüringischen Singerberge ein Nachtquartier. Er war der Ansicht in einen großen Gasthof am Wege zu fahren, fuhr in Wahrheit aber in den Berg hinein. Er fand einen herrlichen Stall vor und wurde glänzend bewirtet. Am folgenden Morgen spannte er wohlgemut ein und wandte sich noch einmal um, um ins Wirtshaus zu gehen und die Zeche zu bezahlen. Doch dies ist nicht mehr da. Weg sind Haus und Stallungen, weg sind auch die Wirtsleute und ihr Gesinde. Kaltes Grauen ergreift den Fuhrmann und er fährt ganz schnell davon. Im nächsten Wirtshaus kehrt er ein und sieht dort einen Kalender an der Wand hängen. Er staunt nicht schlecht, als er feststellen muss, dass er sieben Jahre, sieben Monate und sieben Tage im Singerberge verbracht hat. Ein Hirte, so heißt es auch, blieb gar hundert Jahre im Singerberg verschollen. John Koch erwähnt diese Legende in seinem Buch zur Siebenschläfer-Sage in zwei Sätzen, schmeißt hier aber offensichtlich beide Geschichten in einen Topf, wenn er dazu schreibt: *„Ein Kornfuhrmann wird im thüringischen Singerberge von einem eisgrauen Männchen bewirtet und über Nacht beherbergt. Als er nach seinem Heim zurückkehrt, stellt es sich heraus, dass er dort 100 Jahre verschlafen habe.“*

Am Ufer des Flusses Eger, zwischen dem Hof Wildenau und dem Schloss Aicha bei Aich in Tschechien, ragen ungeheuer gewaltige Felsen gen Himmel, die man früher den Heilingsfelsen nannte. Am Fuße dieser Felsformation, die nach der Sage eine versteinerte Hochzeitsgesellschaft ist, befindet sich eine inwendig gewölbte Höhle, deren Eingang jedoch nur in tief gebückter Haltung durchkrochen werden kann. Diese Höhle, so heißt es, wurde von kleinen Zwergen bewohnt, über die ein alter Mann namens Heiling als Fürst herrschte. Als einmal eine Frau aus Taschwitz am Vorabend von Peter und Paul (ein kath. Hochfest, das am 29. Juni gefeiert wird) in den Wald ging um Beeren zu suchen, wurde es Nacht. Neben den Heilingsfelsen sah sie ein schönes Haus stehen, ging darauf zu und trat ein. Am Tisch saß ein alter Mann, der emsig und eifrig am Schreiben war. Sie bat den Alten, der alleine im Hause war, um Herberge, die ihr gewährt wurde. Es rumorte ganz heftig aus allen Ecken und der Frau ward angst und bange. Sie fragte den alten Mann wo sie denn hier sei. Darauf antwortete der Mann, dass er Heiling heiße und bald abreisen werde, weil *„zwei Drittel meiner Zwerge sind schon fort und entflohen"*. Diese geheimnisvolle Antwort sorgte nur noch mehr für Unruhe bei der Frau. Sie wollte mehr wissen, doch der Alte gebot ihr zu schweigen. Ganz nebenbei bemerkte er aber noch: *„Wäret Ihr nicht gerade in dieser merkwürdigen Stunde gekommen, solltet Ihr nimmer Herberge gefunden haben."* Die ängstliche Frau verzog sich demütig in einen hintersten Winkel und schlief sanft ein. Als sie am folgenden Morgen erwachte lag sie mitten unter dem ganzen Felsgestein und glaubte bei sich alles nur geträumt zu haben. Nirgends war das Haus zu sehen und nichts deutete auf den alten Mann hin. So eilte sie, froh darüber, dass ihr kein Leid widerfahren war, in ihr Dorf zurück. Doch da war alles so seltsam anders. Es gab neue, völlig anders gestaltete Häuser und von den Leuten, die ihr begegneten, kannte sie niemanden. Auch sie selbst wurde von keinem erkannt. Mit Mühe fand sie schließlich ihr altes Haus, das ebenfalls verändert war. Nur dieselbe alte Eiche stand noch davor, die einst ihr Großvater gepflanzt hatte. Doch als sie in die Stube eintreten wollte, da wurde sie von den ihr unbekannten Bewohnern als Fremde fort gewiesen. Klagend und weinend rannte sie in ihrer Verzweiflung im Dorf umher. Die Bewohner hielten sie für wahnsinnig und brachten Sie zur Obrigkeit, wo sie verhört wurde. In den alten Gedenk- und Kirchenbüchern fand sich schließlich der Hinweis, dass einhundert Jahre zuvor, am gleichen Tage, eine Frau mit demselben Namen, die in den Wald gegangen war um dort Beeren zu suchen, nicht wieder heimgekehrt war. Auch eine intensive Suche der Dorfbewohner hatte damals keine Resultate gebracht. Es war also ersichtlich, dass sie volle hundert Jahre im Felsen geschlafen hatte. Und die ganze Zeit über war sie nicht älter geworden. Von diesem Augenblick an lebte sie nun ihre übrigen Jahre ruhig und sorgenlos und wurde von der ganzen Gemeinde anständig verpflegt. Das war der Lohn für die Zauberei, die sie hatte erdulden müssen.

Der junge Paul war von Jugend an mit der See vertraut und wollte eines Tages an Bord eines Schiffes gehen, das nach Indien fahren sollte. Doch zuvor wollte er sich von dem Mädchen verabschieden, das er unendlich liebte. So ging er zu seiner Gladies und ihrer Mutter Frau Jantzen, bei der sie lebte. Gladies Mutter mochte Paul nicht besonders und wollte ihre Tochter mit dem Hafenmeister Mynheer Vanbeest verkuppeln. Das war ein unsympathischer Bursche und *„ein Teufel in Menschengestalt"* wie es allgemein hieß. Vanbeest drangsalierte Paul immerzu und dann, am Abend, eskalierte der Streit zwischen den beiden Männern. Im Verlauf der Rangelei fiel Vanbeest von der Hafenmauer. Da kam ein Fremder vorbei und Paul heuerte auf dessen Fregatte an. Als Vanbeest kurz darauf verstarb, ging Paul schließlich zusammen mit seiner Gladies an Bord der Fregatte des Fremden. Ein Ruderer brachte sie zum Schiff. Als Paul diesen fragte, wie das Schiff eigentlich heiße sagte der Ruderer *„Der Teufel und seine Großmutter"* und lachte lauthals. Am nächsten Morgen bemerkte Paul, dass sie sich bereits auf hoher See befanden. Zudem wurde ihm jetzt unmissverständlich klar, dass sie sich an Bord eines Seeräuberschiffs befanden. Plötzlich kam ein Sturm auf und wurde immer schlimmer, so dass das Schiff schließlich zu sinken drohte. Einer der Seeräuber hatte an Land eine Kirche ausgeraubt und Silberschätze und Hostien gestohlen. Diese verteilte er nun unter den Seeräubern, um dadurch die See wieder milde zu stimmen. Und tatsächlich, als sie diese zu sich genommen hatten, beruhigte sich die See wieder. Die Seeräuber aber sanken allesamt zu Boden und waren tot. Hundert Jahre später lief das Seeräuberschiff wieder in den Hafen von Rotterdam ein. Nachdem sich nichts an Bord regte, gingen schließlich ein paar mutige Männer an Bord und fanden die Gebeine der Seeräuber. Sie entdeckten auch Paul und Gladies, die lediglich zu schlafen schienen und plötzlich auch wieder aufwachten, nachdem sie Hundert Jahre geschlafen hatten, wie später auch anhand der Chroniken festgestellt werden konnte. Als sie später in der Kirche an einem Gottesdienst teilnahmen, sanken sie plötzlich mit den Worten *„Vater im Himmel, in deine Hände befehle ich meinen Geist"* zu Boden und starben.

Am Todestag der Apostel Simon Petrus und Paulus von Tarsus (heute bekannt durch den christlichen Gedenktag *„Peter und Paul"* am

29. Juni), der um das Jahr 64 bis 67 nach Christus gewesen sein soll, verkaufte ein Bauer ein Kalb. Auf dem Heimweg überkam ihn eine große Müdigkeit und er fiel in einen tiefen Schlaf. Als der Bauer wieder erwachte eilte er heimwärts ohne zu bemerken, dass inzwischen 500 Jahre vergangen waren. In einer nahen Wirtschaft wollte er sich noch etwas stärken, bevor er weiter heimwärts ging. Nach dem Mahl will er dafür von seinem Erlös für das Kalb bezahlen und legt dazu echte Ledermünzen auf den Tisch. Der Wirt reagiert daraufhin mit einer schallenden Ohrfeige für den armen Bauern, der gar nicht weiß, wie ihm geschieht. Man schleppt ihn vor den Khadi des Ortes. Dort erzählt er seine Geschichte. Da ihm niemand glaubt muss er zum Beweis die Leichname der heiligen Apostel zeigen. So führt der Bauer die Obrigkeit zu einer Grube. In der finden sie alles so vor, wie es vom Bauern geschildert worden war. Und so wird der Schläfer freigesprochen.

Im Jahr 1933 klopfte es eines Tages um Mitternacht an die Kirchenpforte von Pfarrer Litwinow im sibirischen Mischawen. Als der Pfarrer die Pforte öffnete, stand ein etwa 20jähriger Mann davor, der eine recht altertümliche Kleidung angezogen hatte. Auf des Pfarrers Frage, wer er denn sei, antwortete der Fremde mit einem sonderbaren Dialekt, dass er Dimitri Girschkow wäre und doch heute heiraten wolle. Äußerst verwundert ließ der Pfarrer den jungen Mann herein. Dieser blickte ihn im Lampenschein dann verwundert an und meinte, dass er nicht der richtige Pfarrer sei. Dem aber wurde die Sache immer unheimlicher, denn schließlich war er bereits seit 15 Jahren hier als Pfarrer tätig. Dann schilderte Dimitri Girschkow seine Geschichte: *„Als unsere Kutsche, die mich zusammen mit meinen Eltern und Verwandten zur Kirche bringen sollte, am Friedhof vorbeifuhr, überkamen mich Depressionen. Auf dem Friedhof liegt nämlich mein guter Freund Alexej begraben. Wir hatten gemeinsam eine tolle Kindheit und versprachen uns gegenseitig, dass wir am selben Tage heiraten würden. Ich ließ die Kutsche anhalten und ging über eine Abkürzung zum Grab meines Freundes. Als ich näher kam veränderte sich plötzlich die Landschaft und wurde in eine unnatürliche Lichtflut getaucht. Ich konnte die Grabsteine nicht mehr* *sehen, nur noch den Nebel, der über dem nahen Fluss wallte. Dann erblickte ich am anderen Flussufer plötzlich meinen verstorbenen Freund. Dieser begann zu winken und rief über die Brücke zu nach ihm zu kommen, damit wir über die alten Zeiten sprechen könnten."* Girschkow wusste nicht, wie ihm geschah und hatte Bedenken die Brücke über den Fluss zu betreten. Doch da stand sein Freund und lebte anscheinend wieder. Er kämpfte hart mit sich um nicht diesem Zwang zu unterliegen, der von seinem Freund ausging. Und dann wollte er nur noch so schnell wie möglich dort weg. Plötzlich wurde um ihn herum alles dunkel. Dann konnte er auf einmal die Bäume und die Grabsteine wieder sehen und rannte in die gleiche Richtung zurück, aus der er gekommen war. Doch der Weg zur Kirche war auf einmal so anders. Und das Dorf erst. Die Gebäude sahen auf einmal so fremdartig aus und die ihm bekannten Holzhäuser waren alle verschwunden. Selbst die Kirche hatte sich deutlich verändert. Und dann fragte er den Pfarrer: *„Wo ist Vater Barnichew, der uns trauen sollte – und wo ist meine Braut?"* Nach diesen Worten stürmte der junge Mann verzweifelt aus der Kirche und lief zurück zum Friedhof. Pfarrer Litwinow eilte ihm zwar direkt hinterher, konnte den jungen Mann allerdings nicht mehr finden. Er war in einer sonderbaren Nebelbank verschwunden, die vom Fluss heraufstieg und von einem seltsamen Leuchten begleitet wurde. Dimitri Girschkow war verschwunden ohne auch nur eine einzige Fußspur zu hinterlassen. Dieses Erlebnis ließ dem Pfarrer keine Ruhe und so sprach er mit seinem Bischof über den Vorfall. Dieser ermunterte ihn dann in den Kirchenchroniken zu recherchieren. Dies machte Pfarrer Litwinow dann und wurde im Jahr 1746 fündig: Damals hatte ein Dimitri Girschkow auf dem Weg zu seiner Hochzeit an dem Friedhof angehalten und war dabei spurlos verschwunden. Das war vor 187 Jahren gewesen. Und dann kamen weitere Details zu Tage, die dieses Ereignis von anderen geschilderten Ereignissen über die verlorene Zeit deutlich abweichen lässt: Dimitri Girschkow war bereits zwei anderen Pfarrern der Gemeinde – und einem Lehrer – vor ihm erschienen. Das erweckt den Anschein, als ob er zwischen den Zeiten gefangen ist, immer hin und her teleportiert und nicht zurückkehren kann.

Clemens I., auch unter den Namen Clemens Romanus bzw. Clemens von Rom bekannt, war einer der bedeutendsten Männer des Christentums seiner Zeit. Er verstarb vermutlich im Jahre 97 nach Christus in Rom. Einst *„verlor"* am Grab des Hl. Clemens am Meer eine Mutter ihr kleines Kind. Ein ganzes Jahr suchte sie vergeblich danach. Dann, ein Jahr nach dem Verschwinden tauchte das Kind genau an der Stelle wieder auf, an der es verschwunden war. Als die Mutter ihr Kind fragte, wo es denn das ganze Jahr über gewesen sei, bekam sie von dem erstaunten Kind die Antwort, dass es doch nur eine einzige Nacht geschlafen habe. Einer weit verbreiteten Legende nach wurde der Hl. Clemens an einem Anker im Meer versenkt. Auf dem Meeresboden soll dann ein Tempel entstanden sein, der seinen Gebeinen als Grabmal diente. Einmal im Jahr soll sich dann das Meer geteilt und den Pilgern einen Weg zum Grabtempel ermöglicht haben. Nach dieser Legende soll die Mutter ihr Kind in dem Tempel vergessen haben, so dass dieses in dem Tempel blieb als der wieder im Meer versank. Erst als der Tempel im folgenden Jahr wieder auftauchte kam das Kind unversehrt aus ihm hinaus.

Einst ging ein kräftiger junger Mann mit dem Namen Wang Chih immer in die Berge um ein besonderes Holz zu finden, welches er für seine Äxte verwenden konnte. Als er eines Tages viel weiter in die Berge ging als sonst, verirrte er sich. So wanderte er eine ganze Weile ziellos umher als er plötzlich auf zwei merkwürdig anzusehende alte Männer traf, die Go spielten. Ihr Spielbrett hatten sie zwischen sich auf einem Felsen liegen. Wang Chih war von dem Spiel der Fremden so sehr fasziniert, dass er seine Axt neben dem Spielbrett niederlegte und sich dazusetzte. Aufmerksam schaute er dem Spiel zu. Einer der beiden alten Go-Spieler gab ihm schließlich eine Frucht, die ähnlich wie eine Dattel ausgesehen haben soll. Während er darauf herumkaute verspürte er weder Hunger noch Durst. Und er beobachtete immer noch das Spiel dabei. Doch dann verfiel er in eine Art Trance. Als er aus dieser Trance erwachte erschien es ihm gerade so, als wären nur ein bis zwei Stunden vergangen. Die alten Männer, die sich hier gerade noch mit ihrem Go-Spiel beschäftig hatten, waren verschwunden.

Jetzt bemerkte Wang Chih auch, dass ihm ein überaus langer Bart gewachsen war. Und als er nach seiner Axt griff, da war der Stil derselben bereits zu Staub zerfallen. Schließlich fand er den Weg zurück in sein Dorf. Doch er konnte nirgendwo seine Familie finden und überall waren nur Fremde, die er noch nie zuvor gesehen hatte. Nun fragte er die Leute nach seiner Familie. Doch niemand konnte ihm etwas dazu sagen und niemand erinnerte sich auch nur den Namen der Familie schon einmal gehört zu haben.

Anfang des Jahres 1995 griff die Polizei in der chinesischen Stadt Xiuan-He einen elfjährigen Teenager auf, der eine recht antike Kleidung trug und einen alten, fast vergessenen chinesischen Dialekt sprach. Der Name des Teenagers war Khon-Khen. Er gab an in einem Kloster in der Nähe des Dorfes Chen-Jo zu leben. Der Junge war sehr verängstigt und konnte nicht verstehen, wo er sich jetzt befand. Aus diesem Grund wurde er kurzerhand in eine psychiatrische Klinik gebracht. Die Klinikärzte kamen allerdings zu der Schlussfolgerung, dass Khon-Khen geistig völlig gesund sei. Im Gespräch mit anderen Wissenschaftlern wurde der Junge auch gefragt, welches Jahr gerade wäre. Ohne zu zögern antwortete er, dass es 1695 wäre. Der Dialekt, den der Junge sprach, war derjenige, der im 17. Jahrhundert gesprochen wurde. Das war ein Indiz dafür, dass er tatsächlich aus dem Jahr 1695 stammen könnte – so unglaublich dies auch sein mochte. Der Junge musste in der Klinik bleiben und verbrachte dort ein ganzes Jahr. Dann verschwand er, wie er gekommen war, völlig unerwartet und spurlos. Dr. Li, der Arzt, der den Jungen behandelt hatte, ging daraufhin zu dem Kloster, das der Teenager genannt hatte. Im Archiv des Klosters wurde eine Aufzeichnung gefunden, die über einen gewissen elfjährigen Teenager namens Hon-Hen berichtete, der ein örtlicher Diener war. Dieser war Anfang des Jahres 1695 plötzlich verschwunden und dann ein Jahr später wieder aufgetaucht. Der Aufzeichnung nach war er da *„von Dämonen besessen“*, da er behauptete ein Jahr im 20. Jahrhundert gewesen zu sein und von Menschen berichtete, die dort *„Karren ohne Pferde reiten“* und dass da auch *„eiserne Vögel“* über den Himmel fliegen.

Teleportierende Mönche auf Zeitreise

Interessant ist, dass es vor allem auch Mönche sind, die häufig solche Teleportationen in die Zukunft machen. Hierzu haben wir einige interessante Beispiele in den Chroniken gefunden, die wir hier ergänzend darstellen wollen:

Im buddhistischen Lamayuru-Kloster, das sich auf einer Höhe von 3.510 m im nordindischen Bundesstaat Jammu und Kashmir befindet, hat sich um das Jahr 1915 eine seltsame Geschichte ereignet. An einem warmen Frühlingsmorgen arbeiteten die Mönche des Klosters draußen. Nach einigen Stunden gingen sie ins Kloster zurück um zu beten. Dann begaben sich die jungen Mönche in die Küche um dort das Essen vorzubereiten. Doch kaum dort angekommen liefen sie aufgeregt wieder zurück und berichteten dem Abt, dass in der Küche ein Gang Mi (= Gletschermann) schlafe und voller Eis sei. Unter großer Angst, dass es vielleicht auch ein Chumung (= Berggeist) sein könnte, betraten die mutigsten Mönche mit Sensen bewaffnet die Küche. Sie fanden einen in Fell gehüllten Körper, von dem Eistropfen herunterfielen. Das Merkwürdige war, dass es keinerlei nasse Spuren gab. Deshalb konnte es auch kein Gletschermann sein, der sich dem Volksglauben nach immer durch eine nasse Fußspur ankündigte. Plötzlich bewegte sich die unheimliche Gestalt und fing an zu zittern. Der ganze Boden wurde vom schmelzenden Eis immer nasser und der Abt zog nun das Fell zur Seite. Darunter war ein ganz gewöhnlicher Mensch in Mönchsgewändern. Heißer Tee und warme Decken sollten den Fremden etwas aufwärmen, der gerade wieder zu sich kam. Wie war er in die verschlossene Küche gekommen? Eine Frage, die ungeklärt blieb. Weder der Abt noch die anderen Mönche hatten den Fremden jemals in ihrem Kloster gesehen. Doch auf die Frage des Abtes, wer er denn sei, antwortete der Fremde, dass er der Mönch Rawati sei und hier in der Küche arbeite. Und dann erzählte er seine Geschichte: *„Als ich neues Holz für den Winter hereinholen wollte, erschien in der Küche plötzlich dieses Schneelicht und ich wurde aus dem Gebäude geworfen. Dann war das Kloster verschwunden und ein gewaltiger Schneesturm tobte. In* *einer kleinen Höhle fand ich etwas Schutz und wartete den nächsten Morgen ab. Dann suchte ich das Kloster und fand meine Axt wieder, als mich plötzlich ein Wirbel erfasste und ich in Ohnmacht fiel. Erst durch eure Stimmen kam ich wieder zu mir.“* Dem Abt kam die Geschichte seltsam und unglaublich vor, was er dann auch dem Mönch Rawati zu verstehen gab. Doch der wies entrüstet alle Anschuldigungen zurück und gab dem Abt drei Münzen für das Wohl des Klosters, die er auf den Boden legte. Der Abt sagte zu Rawati, dass er erst einmal als Gast bleiben könne und zog sich mit den anderen Mönchen zurück um über das weitere Vorgehen zu beratschlagen. Plötzlich hörten sie einen Schrei aus der Küche. Als sie wieder dort ankamen war Rawati wieder spurlos verschwunden und auch jetzt waren keinerlei Fußspuren zu entdecken. Nur die Tasse, in der der Tee gewesen war, die Decke, eine Wasserpfütze und die drei Münzen waren noch auf dem Boden vorhanden, wo kurz zuvor noch der Mönch Rawati gesessen hatte. Der Abt schaute sich nun die drei Münzen genauer an. Es waren alte Qian Long Silbermünzen, die zwischen 1790 und 1795 geprägt worden waren. Davon ausgehend, dass der Mönch Rawati ebenfalls aus dieser Zeit stammte, musste er einen Zeitsprung von rund 125 Jahren gemacht haben. Dieser seltsame Vorfall, wird seitdem von Mönchsgeneration zu Mönchsgeneration weitererzählt. Als Bestätigung gelten drei spätere Ereignisse, bei denen plötzlich schmelzendes Eis auf dem Boden der Küche gefunden wurde und niemand wusste, woher es gekommen war – zumal dies auch nie im Winter geschah.

Drei Mönche aus dem Kloster San Salvador am Berge Gihon bei Jerusalem waren einst zum Fluss gegangen um sich zu waschen. Da kam im Fluss ein wundersamer Ast herangeschwommen. Und als die Mönche diesen nun näher betrachteten, entstand in ihren Herzen ein brennendes Verlangen. Sie wollten das Land kennen lernen, in dem Bäume mit solchen Ästen wachsen und die Früchte sehen, die an diesen Bäumen sprießen. Sie verließen das Kloster und suchten nun nach diesem Land. Schließlich gelangten sie in ein *„Irdisches Paradies“* und trafen dort auf die Propheten Henoch und Elias, mit denen sie Zwiesprache hielten. Nach drei (andere Quellen sprechen auch schon mal von sieben) Tagen kehrten sie in ihre Klöster zurück. Dort mussten sie feststellen, dass hier inzwischen 300 (bzw. nach einigen Quellen sogar 700) Jahre verstrichen waren. Die neuen Mönche im Kloster waren ihnen genauso unbekannt wie sie denen. Nur anhand der alten Chroniken des Klosters, die von ihrem Weggang berichteten, konnten sie von den neuen Mönchen identifiziert werden. 40 Tage nach ihrer Wiederkehr fielen die drei Mönche plötzlich zu einem Häufchen Asche zusammen.

Rund sechs Kilometer nördlich von Eberswalde im brandenburgischen Kreis Barnim befindet sich das Zisterzienserkloster Chorin. Es wurde ursprünglich im Jahre 1258 vom Markgrafen Johann I. und von Otto III. als Stiftung auf einer Insel im Parsteiner See unter dem Namen Kloster Mariensee gegründet. Doch die Lage dort war so ungünstig, dass man bereits 1266 entschied das Kloster von der Insel weg nach Chorin zu verlegen. 1273 war das Kloster fertig und wurde im Folgejahr von Papst Gregor X. bestätigt. Der Zisterziensermönch Benedikt lebte bereits in der Gründerzeit des Klosters Mariensee auf der Insel im Parsteiner See. Neben der Heiligen Schrift studierte Benedikt auch zahlreiche Werke der Wissenschaften. Schließlich geriet er in einen Zwiespalt zwischen der Heiligen Schrift und den Werken der Wissenschaft. So fragte er sich beispielsweise, wie Gott all seine Werke und Schöpfung in so kurzer Zeit vollbringen konnte. Eines Tages trafen ihn erneut die Zweifel und er betete inständig zu Gott, dass der ihm helfen möge wieder auf den rechten Weg zu gelangen und ihm in Demut zu dienen. Danach legte Benedikt die Heilige Schrift, die er in seinen Händen gehalten hatte, zurück auf den Tisch. Plötzlich fiel die Heilige Schrift wie von Geisterhand bewegt zusammen mit der Lesekerze vom Tisch auf den Fußboden. Der Mönch hob sie auf und wollte sie schließen, als er bemerkte, dass einige Tropfen vom Kerzenwachs auf eine Seite der Heiligen Schrift getropft waren und dort einige Worte verdeckten. Vorsichtig kratzte er die vom Wachs bedeckte Stelle frei. Es war 2. Petrus 3,8. Dort stand geschrieben: *„Eines aber sei euch nicht verborgen, ihr Lieben, dass ein Tag vor dem Herrn ist wie tausend Jahre und tausend Jahre wie ein Tag.“* Am nächsten Tag nahm Benedikt wieder am allgemeinen Klosterleben teil und verrichtete seine Arbeit. Schließlich bekam er am sechsten Tag des Monats die Aufgabe am Seeufer Schilfrohr zu schneiden. Das wurde am Kloster als Deckmaterial am Dach verwendet. Nach der Mette um 3.00 Uhr in der Früh ging der Zisterziensermönch mit einer Laterne zum Ufer, um mit der Arbeit zu beginnen. Gegen 5.00 Uhr, als die ersten Sonnenstrahlen das Ufer des Sees erhellten, hörte er einen wunderschönen Vogelgesang. Am gegenüberliegenden Ufer sah er einen seltsamen Vogel auf einem Ast sitzen und er glaubte, dass der Gesang von diesem stammte. So ruderte er mit einem kleinen Boot über den See zum anderen Ufer. Das Rudern fiel ihm dabei sehr schwer und oftmals hatte er den Eindruck gar nicht von der Stelle fort zu kommen. Schließlich erreichte er das andere Ufer doch noch. Dort suchte er jedoch vergebens nach dem merkwürdigen Vogel. Wie er so umherlief und suchte befiel ihn eine solche Müdigkeit, dass er schließlich unter einem Baum einschlief. Als Benedikt schließlich wieder erwachte dachte er verschlafen zu haben und wollte schnell zurück ins Kloster um dort noch am Morgengebet teilzunehmen. Als er jedoch wieder an der Insel angelangt war, bemerkte er, dass das Kloster nur noch eine Ruine war. Nirgends war einer seiner Mönchskollegen zu sehen. Nur noch ein einsamer Eremit am Rand der Insel war zugegen. Und ihn fragte der Mönch nun nach dem Kloster und seinen Brüdern. Der Eremit antwortete verwundert, dass das Kloster doch bereits vor mehr als 300 Jahren nach Chorin verlegt worden wäre. Kurz darauf kamen ein paar Fischer auf die Insel, die Benedikt nun auch befragte. Doch auch sie sagten ihm genau dasselbe wie der alte Eremit. Da erkannte der Mönch plötzlich, dass ihm Gott eine schwere Lehre erteilt hatte, denn jetzt begriff er plötzlich die Bibelworte, dass vor dem Herrn ein Tag wie tausend Jahre und tausend Jahre wie ein Tag sind. In Demut kniete Benedikt nieder und starb im gleichen Augenblick.

Für die tibetischen Buddhisten ist er heilig, der 7.326 Meter hohe Berg Chomolhari im Himalaya im Grenzgebiet zu Bhutan. Übersetzt bedeutet der Name so viel wie *„Berg der Göttin"*. Hier soll die Göttin Tashi Tseringma ihren Wohnsitz haben, die die älteste Schwester von fünf Schutzgöttinnen ist. Sie wurde der Legende nach einst zum Buddhismus bekehrt und gilt seitdem als Schutzpatronin der Pilgermönche. Eines Tages entschlossen sich sieben junge Mönche vom Kloster Kyichu Lhakhang in Bhutan den rund 50 Kilometer entfernten heiligen Berg aufzusuchen und der Göttin zu huldigen. Geplant hatten sie für die Reise etwa eine Woche. Ein ortskundiger Führer sollte sie zum Berg bringen und für die Verpflegung und andere Utensilien zuständig sein. Für die Reise standen ausreichend Packtiere zur Verfügung. Der Abt des Klosters ermahnte die jungen Mönche zu größter Vorsicht. Schon mancher war nicht vom Berg zurückgekommen und einmal kam ein Mönch völlig verwirrt vom Berg zurück und stammelte immer: *„Hört nicht auf die Stimme des Berges und geht nicht hinein. Er täuscht euch nur.“* Auch von seltsamen Trugbildern hatte der Verwirrte erzählt. Und besonders schlimm soll es bei Unwettern am Berg zugehen. Zum Abschied gab der Abt jedem der sieben Mönche eine silberne Mönchskette als Zeichen ihrer Zugehörigkeit zum Kloster. Die Ketten hatten einen grünen Türkis in Form eines Dharmachakra (Rad des Gesetzes). Auf der Rückseite stand die Zahl 1111. Sie symbolisierte das Todesjahr Buddhas, der 1.111 Jahre zuvor gestorben war. Da Buddha im Jahr 483 v. Chr. gestorben war, muss sich die Pilgerreise der sieben jungen Mönche im Jahr 628 n. Chr. ereignet haben. Als sie am Berg angekommen waren, kam ein Schneesturm auf und ein Zwerg erschien ihnen. Der hatte eine Lampe dabei und sagte zu den jungen Mönchen. *„Tashi Tseringma erwartet euch. Sie meditiert schon seit Tagen und wenn ihr sie sehen wollt, dann eilt geschwind, denn nur wenigen ist es vergönnt sie zu sehen.“* Der Zwerg öffnete eine Höhle, die zuvor nicht zu sehen gewesen war. Dann ging er hinein und die Mönche liefen hinterher. Kaum im Berg, da schloss sich der Höhleneingang wieder. Dann betraten sie durch eine große eiserne Tür eine große Halle mit vielen Säulen. Die Wände schienen wie aus Silber und überall funkelten Kristalle, die das Licht reflektierten. In der Mitte der Halle sahen sie in blaues Licht gehüllt die meditierende Göttin. Der Zwerg sagte, sie sollten unter keinen Umständen etwas anfassen oder noch sprechen, bis er zurück sei. Er wolle ein spezielles Getränk für sie holen. Doch die Mönche waren so fasziniert von der Göttin, dass sie alle Warnungen Ihres Abtes und des Zwerges in den Wind schlugen. Das gipfelte schließlich darin, dass der jüngste der Mönche die Göttin mit der Hand berührte um zu sehen, ob sie körperlich oder nur geisterhaft vorhanden ist. Just in diesem Moment öffnete die Göttin ihre Augen. Dann wurden die Mönche plötzlich von dem blauen Licht umhüllt und sie sanken tief schlafend zu Boden. Als der Zwerg mit dem Getränk für die Mönche zurückkam sah er diese auf dem Boden liegend schlafen und sprach: *„Diese jugendliche Ungeduld. Warum hörten sie nicht, nicht wissend, dass nur ein Augenblick der Göttin länger als ein Menschenleben dauert? Und nicht wissend, dass der Trank den Augenblick einfängt.“* Danach verbeugte er sich vor der Göttin und sagte zu ihr: *„Wie weise Ihr seid. Noch niemand hat die Prüfung verstanden. So habt Ihr es immer wieder vorausgesagt.“* Keiner der Mönche wusste wie lange sie geschlafen hatten, als einer nach dem anderen wieder erwachte. Sie waren allein in der blauen Halle, die sich offensichtlich nicht verändert hatte. Nur die Göttin und der Zwerg waren nicht mehr da. So beschlossen sie die Höhle schnell zu verlassen. Zum Glück war die große und schwere Eisentür geöffnet. Sie rannten los und hinter ihnen schloss sich die Eisentür wie von Geisterhand wieder. Noch war der Ausgang nicht zu sehen und mit einiger Panik beteten sie zur Göttin und baten sie um Verzeihung. Sie gelobten ihr sich von allem weltlichen loszusagen und ihr jedes Jahr Opfergaben zu bringen. Und tatsächlich, plötzlich konnten sie den Ausgang sehen und liefen aus der Höhle heraus in die schneebedeckte Landschaft. An der Stelle angekommen, an der ihr Bergführer mit den Packtieren und dem Proviant zurückgeblieben war, fanden sie den Bereich verlassen vor. Nun bemerkte auch einer der Mönche, dass ihr Barthaar bereits ziemlich lang gewachsen war, obwohl sich doch alle sieben erst am Morgen rasiert hatten. Anschließend machten sie sich wieder auf den Weg zu dem Gasthaus, dass etwa drei Stunden entfernt war. Dort hofften sie auch den Bergführer wieder zu treffen, der sie zurück ins Kloster bringen sollte. Auf dem Weg wurden sie immer matter und müder. Ihre Rücken taten weh und sie gingen schon gebeugt. Die Hände schmerzten und immer mehr Wehwehchen stellten sich ein. Geradeso, als wären sie alt geworden. Schließlich kamen sie an dem Gasthof an und traten ein. Als sie ihre Kapuzen zurückschlugen sahen die Gäste des Gasthauses sie entsetzt an und schrien auf. Verwundert sahen sich die Mönche an und dann stand auch in ihren Gesichtern das blanke Entsetzen geschrieben. Sie alle waren vom hohen Alter gezeichnet, ihre Wangen und Augen tief eingefallen, ihre Haut dunkel und schrumpelig und ihre Hände nur noch Knochen mit einer dünnen Haut. Ihre Mönchskutten waren nur noch Lumpen. Noch bevor sich die Aufregung wieder legen konnte, fielen die Mönche nacheinander um und starben. Vom Gasthaus wurde daraufhin eine Nachricht an das Kloster geschickt, von dem am nächsten Morgen der Abt und zwei Mönche mit einer Karre kamen um die Leichname abzuholen. Als der Abt die Verstorbenen begutachtete fand er auch deren silberne Halsketten, die bereits schwarz angelaufen waren. Dann wurden die toten Mönche auf den Karren gelegt und zugedeckt. Im Kloster angekommen musste man feststellen, dass die Leichen bereits zu Staub verfallen waren. Die Silberketten wurden gereinigt und nun zeigte sich auch die Zahl 1111 wieder. Daraufhin sagte der Abt zu seinen Mönchen: *„Es gibt eine Legende, die von sieben Mönchen erzählt, die den Augenblick einer Göttin nicht einfangen konnten und deshalb in diesem gefangen wurden. Jeder der Sieben würde ein Zeichen des Tausendsten Todestages unseres großen Lehrers bei sich tragen. Und dies soll sich vor 600 Jahren zugetragen haben…“*

Im Heisterbachtal, zwischen Oberdollendorf und Heisterbacherrott, unweit von Bonn und in unmittelbarer Nähe von Königswinter am Rhein, befindet sich die Klosterruine Heisterbach. Es handelt sich dabei um eine ehemalige Zisterzienserabtei im Siebengebirge, die im Jahre 1192 gegründet wurde. Der Umzug der Mönche nach hier dauerte noch bis ins Jahr 1202, in dem dann auch endlich der Grundstein der neuen Klosteranlage gelegt werden konnte. Das Kloster bestand bis zum Anfang des 19. Jahrhunderts und wurde in den Jahren ab ca. 1804 abgerissen. Steine der Klosterbauten wurden unter anderem zum Bau des Nordkanals zwischen Venlo und Neuss sowie für die Festung

Ehrenbreitstein bei Koblenz verwandt. Erst 1818 wurde der weitere Abriss durch Verbot weiterer Sprengungen vom Oberpräsidenten der Rheinprovinz unterbunden. So konnte die Chorruine erhalten bleiben. Sie ist bis heute eines der wenigen Relikte, die vom ehemaligen Kloster Heisterbach übriggeblieben sind. Im Kloster Heisterbach, so wird erzählt, lebte einst der große, gelehrte Mönch Ivo, der die Bibel so gut kannte wie kaum ein anderer. Er war zu der Zeit ins Kloster eingetreten, als Engelbert von Berg der Erzbischof von Köln war (29.02.1216 – 07.11.1225). Diese Zeitangabe ist die vermutlich genaueste Angabe für den Zeitpunkt, an dem sich die nachfolgende Geschichte ereignet hat. Seine intensive Beschäftigung mit der Bibel und den Wissenschaften ließ schließlich immer größere Zweifel an Gottes Wort in Ivo aufkommen. So grübelte er eines Tages auch über Vers 4 in Psalm 90 nach, wo da geschrieben steht: *„Denn tausend Jahre sind vor dir wie der Tag, der gestern vergangen ist, und wie eine Nachtwache.“*

Tief in seine Gedanken versunken ging er aus dem Kloster hinaus tief in den Wald hinein, wo er sich schließlich niedersetzte und über sein Grübeln einschlief. Als er wieder aufwachte sah er sich verwirrt um und versuchte seine Gedanken zu ordnen. Was war geschehen? Es war schon spät und es wurde Zeit ins Kloster zurückzukehren. An der Klosterpforte angekommen öffnete ihm ein Mönch, den Ivo noch nie zuvor gesehen hatte. Und auch der Klostergarten sah ganz anders aus als er ihn kannte. Als er sich schließlich zum Abendessen an den Tisch setzten wollte war sein Platz von einem anderen Mönch belegt, den er genau so wenig kannte wie all die anderen Brüder, die ihn ebenso verwundert ansahen. Die anderen Mönche fragten nun nach seinem Namen und schauten noch verwunderter drein als zuvor. Als Ivo dann noch sagte, dass er doch hier im Kloster lebte, war die Verwirrung perfekt. Nun schaute man in den Klosterchroniken nach und fand wirklich dort einen Mönch namens Ivo, der zu Zeiten des Erzbischofs Engelbert von Köln hier gelebt hatte. Doch dieser war damals in den Wald gegangen und nicht mehr zurückgekommen. Das Ganze war vor 300 Jahren geschehen. Als Ivo dies hörte erschrak er und sein Haar wurde grau. Zusehends alterte er und starb wenige Minuten später als alter Mann.

Bei Ermsleben im Harz gibt es die Konradsburg, die einst von dem Rittergeschlecht der Grafen von Konradsburg bewohnt war. Nachdem diese jedoch um das Jahr 1133 ins Selketal gezogen und die Burg Falkenstein erbaut hatten, wurde aus der Konradsburg ein Benediktinerkloster. Dies hatte ein paar Jahrhunderte Bestand bevor die Benediktiner wieder gingen und Kathäusermönche das Kloster Konradsburg übernahmen. Im 16. Jahrhundert erreichte der sogenannte Bauernkrieg schließlich das Kloster. Die Bauern waren aufgebracht und jagten die Mönche fort. Aber einer von ihnen war nicht weggelaufen und hatte sich in den Weinkeller geflüchtet und dort in einem versteckten Winkel verkrochen. Nachdem er reichlich Wein genossen hatte war er berauscht eingeschlafen. Als er wieder aufgewacht war, trieb ihn der Durst zurück zum Weinfass. Er glaubte nur wenige Stunden geschlafen zu haben. Doch er fand das Weinfass im stockdunklen Kellergewölbe nicht mehr. Stattdessen stolperte er permanent über irgendwelche Dinge, die mitten im Weg lagen. Endlich bekam er die Tür zu fassen und machte sich auf zur Kammer des Abtes, um sich bei dem über die Zustände im Weinkeller zu beschweren. Als er aber dessen Stubentür öffnete, da grunzte ihn eine Herde stinkender Säue an. Irritiert und entsetzt rannte er in die Kirche. Doch dort gab es keinen Altar mehr und stattdessen klapperten da Dreschflegel herum. Einer von den Dreschern meinte, dass er sich wohl verirrt habe. *„Guter Gott“* rief der Mönch, *„das hier ist aber doch eine Kirche!“* Dann schnappte er sich eine Lampe und rannte zurück zum Weinkeller. Anstelle von vollen Weinfässern fand er dort allerlei Gemüse und Feldfrüchte vor, die den Kellerraum füllten. Darüber war er gestolpert. Plötzlich rief eine Stimme zu ihm: *„Du Tor, das ist schon seit hundert Jahren kein Kloster mehr! Geh und erzähle deinen Brüdern in der Unterwelt, dass einer eurer Kollegen mit Namen Martin Luther dem Mönchswesen den Todesstoß versetzt hat!“* Als die Worte verklungen waren sank der Mönch nieder und fiel in einen tiefen Schlaf, aus dem er nicht mehr erwachte.

Einst, vor mehr als 1.000 Jahren, lebte der Abt San Virila im Kloster San Salvador de Leyre. Das liegt in der nordspanischen Region Navarra, rund 50 Kilometer südlich von Pamplona, am Fuße der Pyrenäen. Der Abt grübelte viel über die Ewigkeit nach und versuchte den Sinn der nie endenden Zeit zu erfassen. In seinen Gebeten flehte er immer wieder zu Gott ihn darüber aufzuklären. An einem schönen Frühlingsnachmittag ging er, wie es seine Gewohnheit war, hinter dem Kloster unter den Bäumen der Sierra de Leire spazieren. Bei einer Quelle lauschte er verzückt dem Gesang einer Nachtigall und vergaß darüber ganz die Zeit. Als er wieder aufwachte und ganz zu sich gekommen war, kam ihm diese Episode wie einige Stunden vor. Er kehrte ins Kloster zurück, hatte dabei aber Mühe den Weg dorthin zu finden. Alles kam ihm vollkommen verändert, fast unbekannt, vor. Und auch das Kloster war stark verändert und sogar größer geworden. Es waren auch viel mehr Mönche darin, von denen der Abt San Virila allerdings keinen kannte. Und auch die Mönche im Kloster erkannten Virila nicht und hatten auch noch nie seinen Namen gehört. Der Abt erzählte seine Geschichte und dann machten sie sich gemeinsam in die Klosterbibliothek auf, um in der Klosterchronik nachzuforschen. Und tatsächlich konnten sie dort einen Eintrag zu einem Abt namens San Virila finden. In der Chronik war vermerkt, dass vor 300 Jahren ein Abt mit diesem Namen in den Wald gegangen und nie zurückgekehrt war. Trotz Suche seiner Brüder hatte man ihn nie gefunden und geglaubt, dass er von den wilden Tieren zerfleischt und gefressen worden war. Dann, so die Legende, sagte Gott zu dem Abt San Virila: *„Siehe, mein Sohn, es ist unendlich besser, das Angesicht Gottes zu schauen als sich am Gesang eines Vogels zu ergötzen.“* Kurz darauf verstarb San Virila, der in den letzten Stunden im Kloster zusehends immer älter geworden war.

Projekt Pegasus und der Chronovisor – Fakt oder Science-Fiction?

Der US-Anwalt Andrew D. Basiago (* 18.09.1961) hat seine Anwaltskanzlei in der Stadt Vancouver, die am Nordufer des Columbia River im US-Bundesstaat Washington liegt. Nach eigenen Aussagen wurde mit ihm im Auftrag der DARPA 1968 ein fantastisches Projekt namens Pegasus begonnen, das nicht nur umstritten ist, sondern nahezu auch unglaublich klingt. Aber was wäre, wenn es keine Fiktion, sondern Fakt ist?

Die DARPA (Defense Advanced Research Projects Agency) ist eine Bundesbehörde des Verteidigungsministeriums der USA, die Forschungsprojekte für die US-Streitkräfte durchführt. Dazu gehören unter anderem auch Weltraumprojekte. Sie wurde am 7. Februar 1958 von Dwight D. Eisenhower gegründet. Der Hauptsitz der DARPA ist in Arlington County, Virginia. 2021 betrug der Haushalt 3,5 Milliarden US-Dollar. Den Direktoren Steven H. Walker und Victoria Coleman unterstehen 240 Mitarbeiter.

Basiago war noch ein Kind, als er 1968 ins Projekt Pegasus kam wo er von 1969 bis 1978 aktiv tätig war. Er bezeichnet das Projekt als US-Zeit-Raum-Explorationsprogramm und sich selbst als *„das erste amerikanische Kind, das sich teleportieren konnte“*. So will er in dieser Zeit als eines der Kinder des Projekts Pegasus zwischen New Jersey und New Mexico hin und her teleportiert sein. Dabei befand er sich nach seinen Aussagen in Wirbeltunneln, die in der Zeit-Raum-Periode geöffnet wurden. In seinem Buchmanuskript *„Once Upon a Time in Time's Stream: My Adventures“* bezeichnet er sich zudem als *„einer von Amerikas frühen Zeit-Raum-Erforschern“* und will später sogar eine Zeitlang auch als Teamleiter beim Projekt Pegasus tätig gewesen sein. In einem Interview mit der TV-Moderatorin Regina Meredith, das ursprünglich am 3. Dezember 2013 im Internet übertragen wurde, wird Andrew D. Basiago als eine prominente Figur der Wahrheitsbewegung dargestellt, die eine Lobbykampagne gegen die US-Regierung anführt, ihre Geheimnisse über Zeitreisen, Teleportation und die US-Präsenz auf dem Mars preiszugeben, damit diese lebensfördernden Technologien von der gesamten Menschheit genutzt werden können, um so eine planetare Nachhaltigkeit zu erreichen. Im Zusammenhang mit dem Interview wird Basiago auch als *„einer der frühen Marsforscher der Menschheit“* dargestellt.

Bereits am 18. Oktober 2009 hatte Andrew D. Basiago in einer dreistündigen Diskussion über seine Aktivitäten berichtet. Dabei ging es vor allem auch über den Mars und das Leben dort, die menschlichen Aktivitäten auf dem Mars und seine Teleportation dorthin. Basiago will also bereits auf unserem Nachbarplaneten gewesen sein, was erklärt, warum er auch bereits als *„einer der frühen Marsforscher der Menschheit“* bezeichnet wurde. Die Themendetails, die hier nur bruchstückhaft dargestellt werden, sind so phantastisch, dass die ganze Beschäftigung damit fast sinnlos, weil unwahrscheinlich, erscheint. Wir geben dieses Kapitel damit ohne eigene Beurteilung wieder und überlassen es dem Leser, was er hiervon glauben möchte. In der Diskussion kamen neben vielen anderen Aspekten vor allem spektakuläre (oder spekulative?) Details über den Mars bzw. über das angebliche Leben auf dem Mars, zur Sprache.

Das Leben auf dem Mars will Basiago 2008 erstmals selbst entdeckt haben. *„Die US-Geheimdienste“*, so Basiago, *„wussten dies bereits seit 1968.“* Er berichtete von marsianischen Humanoiden und kleinen Grauen, wie wir sie heute aus der UFO-Thematik kennen. Auch über die angeblichen unterirdischen Basen von der Erde auf dem Mars war die Rede. Bei nüchterner und neutraler Betrachtung wäre Basiagos Geschichte ohne die Marsianer deutlich glaubwürdiger. So erinnert das Ganze dann doch ein wenig an die umstrittenen, sogenannten UFO-Kontaktler der 1950er bis 1960er Jahre (z. B. Cedric Allingham: *„Fliegende Untertasse vom Mars“*; Ventla Verlag, Wiesbaden 1960 und 1969). Auf seinen Vorträgen sagt Basiago auch immer, dass die Vereinigten Staaten bereits seit Jahrzehnten Menschen zum Mars teleportieren. Auch von seinen beiden eigenen Reisen im Jahr 1981 zum Mars erzählt er immer wieder. Beide Reisen wurden über einen *„Jump Room"*, der sich in einer CIA-Einrichtung in El Segundo, Kalifornien, befand, durchgeführt. Es gibt etliche sogenannte Whistleblower, die von geheimen US-Militärgruppen rekrutiert und auf Basen auf dem Mond oder dem Mars eingesetzt worden sein wollen (vgl. hierzu: Axel Ertelt & Wilfried Stevens: *„Rätsel und Geheimnisse des Mondes"*; Blaue Dokumente Bd. 22, Selbstverlag Axel Ertelt, Halver im August 2022 und Roland M. Horn: *„Freimaurer im Weltraum – Von geheimen Weltraumflügen und mehr"*; Ancient Mail Verlag Juni 2019). Sind diese Whistleblower vielleicht sogar Zeugen, die den Wahrheitsgehalt der Aussagen von Andrew D. Basiago bestätigen?

Einer dieser Whistleblower ist Arthur Neumann (Pseudonym Henry Deacon). Auf dem European Exopolitics Congress in Barcelona sagte Neumann am 25. Juli 2009: *„Es gibt Leben auf dem Mars. Es gibt Basen auf dem Mars. Ich bin dort gewesen."* Einen Tag später nahm er am sogenannten *„Futuretalk"* teil. Dabei erzählte er auch Einzelheiten über seine Teleportationen zu einer Mars-Basis, wo er an einem einstündigen Projekttreffen teilnahm, bei dem auch Vertreter einer intelligenten Marszivilisation teilnahmen, die in Städten unter der Marsoberfläche lebt. Bei dem Talk kam zur Sprache, dass ein permanenter Teleportations-Mechanismus existiert, der Erde und Mars verbindet.

Andrew D. Basiago hat auch ausgesagt, dass er im Jahr 1970 in Begleitung seines inzwischen verstorbenen Vaters Raymond F. Basiago, der als Ingenieur bei der Ralph M. Parsons Company an geheimen Luft- und Raumfahrtprojekten arbeitete, drei „Mars-Astronauten" getroffen hat. Dies geschah bei der Curtiss-Wright Aeronautical Company in Wood Ridge, New Jersey, während die Marsmenschen auf einer Verbindungsmission zur Erde waren und sich mit Personal von der US-Verteidigung trafen.

In einem Interview mit der Reporterin Daria Okuneva von TVC-Moskau im russischen Fernsehen erzählte Andrew D. Basiago ebenfalls, dass er zwei Arten intelligenter Wesen auf dem Mars gesehen habe – die eine ähnelte den Menschen auf der Erde und die andere den Grauen, wie sie von den UFO-Zeugen der Gegenwart beschrieben werden. Ferner will er Tiere, Gebäude und Aquädukte und humanoide Leichen auf der Marsoberfläche gesehen haben. *„Zu guter Letzt, und am faszinierendsten, habe ich Beweise für sowohl große Monumente als auch kleine Felszeichnungen gefunden, die eine Verbindung zwischen dem alten Ägypten und dem alten Mars herstellen."* Nach Basiago war der Mars in der Antike bewohnt und ist es auch heute noch.

Neben der Teleportation standen und stehen noch die Zeitreisen (Chronovision) auf der Tagesordnung des geheimen Forschungsprogramms der USA. Auch dafür wurde das Projekt Pegasus der DARPA gegründet. Seit 1967/68 soll die US-Regierung über eine voll funktionsfähige Teleportationsfähigkeit verfügen und seit 1969/70 bereits einen Kader begabter und talentierter Schulkinder im Projekt Pegasus ausgebildet haben, um Amerikas erste Generation von *„Chrononauten"* (Zeit-Raum-Entdecker) zu werden. Basiago beschreibt seine Erfahrungen im Projekt Pegasus in der Zeit von 1969 bis 1972 und spricht von Aufnahmen vergangener und zukünftiger Ereignisse, die er damals per Teleportation und Chronovision aufgenommen hat. So wie für die Teleportation ein Teleporter benötigt wird, so ist es nach Basiago bei der Zeitreise ein sogenannter Chronovisor.

Der Futurist Alfred Lambremont Webre bestätigt in seinem Buch *„Time Screen"* die Aussagen von Basiago zumindest insofern, dass er ebenfalls von einem Treffen im Jahre 1971 mit der geheimen Zeitreiseeinheit der DARPA berichtet. Seine Bücher aus dem Jahr 2005 hatte die Einheit gerade unter der Verwendung klassifizierter Quantenzugriffstechnologien (zurück) ins Jahr 1971 geholt, wie er schreibt.

Auch in einem sechsstündigen Interview mit Jessica Schab vom 31. August 2009 enthüllte Basiago die Existenz des geheimen US-Zeitreiseprogramms Project Pegasus. Ferner erklärte er, dass die *„Quantum Access"*-Fähigkeit der US-Regierung vor gut 50 Jahren so weit fortgeschritten war, dass er im Jahr 1971 gebeten wurde, eine Kopie seines Artikels *„The Discovery of Life on Mars"* zu lesen, die per Chronovision aus der Zukunft zurückgeholt worden war. Den Artikel hatte er im Jahr 2008 geschrieben. Die Begründung dafür war, dass der Artikel so viele Daten über den Mars wie möglich enthalten würde. Quasi eine Beeinflussung aus der Zukunft heraus. Basiago enthüllt zudem, dass er während seiner Teilnahme am Projekt Pegasus sowohl vergangene als auch zukünftige Ereignisse durch einen Chronovisor betrachtete.

Die Begründung, dass für das Projekt Pegasus ausschließlich amerikanische Schulkinder in diese damals neuen, gefährlichen und experimentellen Aktivitäten einbezogen wurden, liegt nach Andrew D. Basiago darin, dass unter anderem das Verteidigungsministerium die geistigen und körperlichen Auswirkungen von Teleportationen auf Kinder testen wollte. Dass das US-Verteidigungsministerium und das US-Militär skrupellos mit der Gesundheit ihrer Mitbürger umgehen und experimentieren ist ja allgemein bekannt und braucht hier wohl nicht weiter erläutert zu werden.

Außerdem brachen die von den Chronovisoren erstellten Hologramme immer wieder zusammen, wenn Erwachsene in ihnen standen. Zudem konnten Kinder während der Chronovision Dinge sehen, die Erwachsenen kaum oder nicht sichtbar waren. Erwachsene Zeitreisende wurden nach dem Wechsel zwischen den Zeitlinien auch oft wahnsinnig. Zudem betrachtete man bei der DARPA die Kinder auch als Auszubildende, die im Erwachsenenalter in einem verdeckten Zeit-Raum-Programm unter der DARPA dienen würden. Dieses läuft parallel zum offenen Weltraumprogramm der NASA. Durch die Arbeit mit begabten und talentierten Kindern von Kindheit an hoffte man so einen erwachsenen Kader von *„Chrononauten"* schaffen zu können, der in der Lage ist, den Umgang mit den psychologischen Auswirkungen von Zeitreisen zu verkraften.

In einem Bericht zum Thema heißt es auch: *„Im Gegensatz zu den Chronovisor-Sonden, bei denen eine Form der virtuellen Zeitreise erreicht wird, ermöglichen die von Project Pegasus entwickelten Teleporter die physische Teleportation zu entfernten Orten, manchmal mit einer Anpassung vorwärts oder rückwärts in der Zeit von Tagen, Wochen, Monaten* *oder Jahren.“* Dazu benutzte die US-Regierung bis 1972 eine *„Quantenverschiebung“*, um Menschen mehrere Jahre in der Zeit vorwärts zu schicken. Das geschah, um sensible Militärgeheimnisse in der Zukunft zu speichern, oder mehrere Jahre in der Zeit zurückzugehen, um der Regierung aktuelle Informationen über zukünftige Ereignisse zu liefern. Heute wird die Teleportation auch verwandt, um Personen von der Erde zu strategischen US-Stützpunkten auf dem Mars zu schicken, sagt Basiago.

Hatte der Vatikan einen Chronovisor?

In den 1950er Jahren will der italienische Benediktinermönch und Wissenschaftler Pater Pellegrino Maria Ernetti (* 1925 – † 1994) im Vatikan mit einem Team von zwölf Wissenschaftlern unter seiner Leitung einen Chronovisor, eine Art Zeitmaschine in Form eines Röhrenfernsehers, entwickelt und gebaut haben. Zu den Wissenschaftlern sollen unter anderen auch Enrico Fermi und Wernher von Braun gehört haben. Der Chronovisor stand auf einer Vitrine und war mit allerlei Schaltern, Knöpfen und elektronischen Teilen versehen. Mehrere Antennen aus verschiedenen, teils unbekannten Legierungen, sollen die Bilder aus der Vergangenheit empfangen haben. Es war nach Ernettis Aussagen möglich den Ort und die Zeit zu bestimmen, in die man blicken wollte. Auch die Geräusche aus der Vergangenheit seien zu empfangen.

Der beschriebene Chronovisor erinnert an eine Überlegung Albert Einsteins, dass ein Gerät, von ihm als *„Antitelefon“* bezeichnet, in der Lage wäre Signale in die eigene Vergangenheit zu senden. Auch wenn Einsteins *„Antitelefon“* bislang nur ein hypothetisches Gerät ist, wenn es aber möglich wäre, was Einstein offenbar nicht ausschloss, dann müsste es auch umgekehrt funktionieren. – In Form eines Chronovisors?

Die ganze Geschichte um den Chronovisor im Vatikan ist sehr umstritten, da Ernetti behauptet hatte, bei seinen Besuchen in der Vergangenheit Bilder vom gekreuzigten Jesus gemacht zu haben und ein verschollenes Dokument gefunden zu haben. Beides stellte sich jedoch als Fälschung heraus, was Ernetti auch auf dem Sterbebett bestätigte. Doch auch im Sterben beteuerte er noch, dass der Chronovisor Realität sei! Zuvor hatte Ernetti die Namen der Wissenschaftler preisgegeben. Diese konnten jedoch nicht befragt werden, da sie bis auf Wernher von Braun bereits alle gestorben waren. An Wernher von Braun kam man nicht heran, da er vom CIA vollkommen abgeschirmt wurde.

Aber was ist aus dem Chronovisor geworden, wenn er dann existiert hat? Einige Quellen berichten, dass er aus Sicherheitsgründen auseinandergenommen und in den Geheimarchiven des Vatikans eingelagert worden sei. Andere Quellen sprechen davon, dass der Papst selbst angeordnet hat den Chronovisor wegzuschaffen. Damit soll der Jesuiten-Orden beauftragt worden sein. Es heißt dann auch, dass der Chronovisor dem CIA übergeben wurde. Der Vatikan selbst hat zu der ganzen Sache keinerlei Stellungnahme abgegeben.

Aber jetzt könnte man weiterspekulieren. Sollte der Chronovisor aus dem Vatikan tatsächlich an den CIA übergeben worden sein, passt dies wiederum genau zum Projekt Pegasus, bei dem auch der CIA seine Finger im Spiel hatte und dass in der zweiten Hälfte der 1960er Jahre mit Teleportation begann und später mit einem Chronovisor ergänzt wurde.

Die Siddhis und die Teleportation

Es gibt zahlreiche Erzählungen und Legenden über besondere geistige und körperliche Fähigkeiten von heiligen Männern und Mönchen. Buddhistische Mönche können beispielsweise in eine tiefe Meditation versinken, in der sie auf keine äußeren Einflüsse mehr reagieren. Es ist dann so, als wären sie im ewigen Schlaf. Seit Jahrtausenden wird in Tibet und Indien von magischen Texten in den Veden erzählt. Vor rund 12.000 Jahren haben Götter den Menschen die ersten Veden gelehrt. Es waren die Rishis, mythische Weise, die zu den ersten Schülern gehörten. Der Begriff Veden oder Veda stammt aus dem Sanskrit und wird mit *„Wissen und heilige Lehre"* übersetzt. Hier wurde das gesamte Wissen der Brahmanen, der Priester der vedischen Zeit, zusammengefasst. Die Textsammlungen haben eine hohe Verehrung im Hinduismus.

Das rätselhafteste und älteste aller Veden sind die heiligen Textsammlungen der Atharvaveda, die auch zahlreiche magische Zauberformeln enthalten sollen. Das *„Zauberbuch der Götter"* wird der Atharvaveda auch genannt. Es besteht aus 20 Büchern, die sich unter anderem mit Magie beschäftigen. Auch das Geheimnis der Teleportation soll es beinhalten. Diese können aber nur die wirklichen Meister erlangen, die Siddhis genannt werden.

Die alte vedische Wissenschaft hatte schon vor Jahrtausenden die Erkenntnis, dass Materie und Energie ineinander wandelbar sind. So verglich man die Teleportation mit energiereichen Schallwellen, mit denen ein Objekt oder Lebewesen, das in Energie aufgelöst wird, schnell wie ein Blitzschlag fortgetragen werden kann. Am Zielort wird es dann wieder zusammengefügt. Die Start- und Zielorte nannte man Daseinsbereiche. Wer diese Gabe besitzt, hat unbegrenzten Zugang zu allen Orten.

Ein wenig erinnert die Beschreibung mit dem *„Blitzschlag"* an eine Episode mit dem legendären Grafen von Saint Germain. Dessen Lebensgeschichte soll über mehrere Jahrhunderte gereicht haben, was wiederum den Schluss zulässt, dass es ein Zeitreisender war. Teleportierte er durch Raum und Zeit? Ein Handlungsreisender berichtete einmal von seinem Zusammentreffen mit dem Grafen. Sie hatten sich eine Zeit lang unterhielten. Nachdem sie ihr Gespräch beendet hatten, verabschiedeten sie sich voneinander. Der Handlungsreisende schaute dem Grafen noch hinterher. Der drehte sich um und winkte noch kurz. Plötzlich erschien ein Blitz und der Graf war verschwunden. Obwohl der Handlungsreisende seine Geschichte oft in den Tavernen und Gasthäusern erzählte wollte ihm die Geschichte niemand so recht glauben.

In der grenzwissenschaftlichen Literatur wurde schon viel spekuliert über die Person des Grafen von Saint Germain. So berichten u. a. Johannes von Buttlar (*„Reisen in die Ewigkeit“*), Andrew Tomas (*„Wir sind nicht die ersten“*) und Peter Krassa (*„Phantome des Schreckens“*) ausführlicher über ihn. Während sein Geburtsjahr definitiv unbekannt ist, legt es die freie Internet-Enzyklopädie Wikipedia auf *„ca. 1710“* fest. Es gibt allerdings Quellen, die ihn bereits 1701 in Erscheinung treten lassen und die berichten, dass er damals bereits um die 50 Jahre alt gewesen sei. Das würde sein Geburtsjahr auf das Jahr um ca. 1650 zurückverlegen.

Wie Johannes Fiebag (*„Die Gesandten des Alls“*) berichtet, lässt sich sein Leben von 1701 an chronologisch bis zum Jahr 1896 verfolgen (obwohl er doch angeblich am 27.02.1784 in Eckernförde verstorben sein soll). Das ergäbe ein stolzes Alter von ca. 250 Jahren. Da dies aber sehr unwahrscheinlich erscheint, wurde bereits öfters spekuliert ob es sich beim Grafen von Saint Germain um einen Zeitreisenden gehandelt hat.

In einem Brief an Friedrich den Großen, datierend vom 15.04.1760, schreibt Voltaire das der Graf von Saint Germain *„ein Mann der niemals stirbt und alles weiß“* sei. So hat er auch die Erfindungen der Dampfmaschine und der Eisenbahn vorhergesagt. Johannes Fiebag (*„Die Gesandten des Alls“*) zitiert ihn aus einem seiner Manuskripte wie folgt:

„Wir bewegen uns mit einer Geschwindigkeit durch den Raum, die durch nichts als sich selbst ihre Deutung findet. Im Bruchteil eines Augenblicks waren die Ebenen drunten außer Sicht, und die Erde wurde zu einer verschwommenen Wolke. Sie hoben mich empor, und in unendlichen Höhen zog ich für geraume Zeit durch das Weltall. Himmelskörper drehten sich und Welten versanken unter mir.“

Sollte der Graf von Saint Germain tatsächlich einen oder gar mehrere kurze Raumflüge mit extremen Geschwindigkeiten gemacht bzw. an solchen teilgenommen haben, dass könnte sich sein Auftreten durch mehrere Jahrhunderte dadurch (Zeitdilatation; oder sogar Teleportation?) erklären. Insofern wäre er dann tatsächlich ein Zeitreisender.

Blick in eine andere Realität

Ein Blick oder gar ein Besuch in eine andere Realität? Ist das möglich? Wie geht so etwas und was ist das dann für eine andere Realität? Es gibt vielleicht unendlich viele Möglichkeiten. Ein Blick in eine andere Zeit, vielleicht die Vergangenheit. Mehrere Vorfälle könnten darauf hindeuten, dass dies die Antwort ist. Aber es wäre auch ein Blick in die Zukunft, eine andere Dimension oder eine Parallelwelt möglich – theoretisch zumindest. Nachstehend einige Fälle, in denen Menschen in eine andere Realität geschaut haben. Ein solches Ereignis wird man zeit seines Lebens nicht mehr vergessen.

Der Forscher, Autor und Verleger Werner Betz berichtete von einem Erlebnis ganz besonderer Art, welches er und seine Begleiterin während einer Autofahrt auf der Autobahn *Route des Estuaires* hatte, die von Belgien nach Spanien führt. Die Fahrt, die zuerst recht eintönig verlief wurde plötzlich interessant. In Richtung nach Calais sahen sie plötzlich rechterhand eine richtige kleine Idylle. Die Häuser dort sahen ganz anders aus als die, die sie zuvor gesehen hatten. Sie blieben an der Abzweigung stehen und schauten aus einer Entfernung von etwa 50 Metern auf die idyllischen Häuser. Kinder, deren Kleidung recht ärmlich aussah und von denen viele nicht einmal Schuhe anhatten, spielten in dem Ort. Die Straße war nicht asphaltiert und nicht einmal gepflastert. Werner Betz fotografierte die Szenen. Später musste er feststellen, dass die Fotos nichts geworden waren und nichts darauf zu sehen war. Ein Jahr später fuhr er die gleiche Strecke noch einmal. Das idyllische Dorf allerdings war wie vom Erdboden verschluckt und nirgendwo mehr zu entdecken. Hatten Werner Betz und seine Begleiterin durch ein Zeitfenster einen Blick in die Vergangenheit getan, als sie das idyllische Dorf sahen?

In der Mitte des 19. Jahrhunderts gerieten Richter Wei und Colonel McArdle in ein Gewitter. Sie beschlossen in einer kleinen Waldhütte Unterschlupf zu suchen. Nachdem sie in die Holzhütte eingetreten waren herrschte absolute Stille und völlige Finsternis. Nach einer gewissen Orientierungslosigkeit fanden sie eine schmiedeeiserne Tür, die sie aufmachten. Durch die Tür konnten sie in einen anderen Raum sehen, der von einem schwachen grünlichen Schein erfüllt war. Richter Wei ging in den Raum, der dort eigentlich gar nicht existieren konnte, hinein und war augenblicklich verschwunden. Panikartig knallte McArdle daraufhin die schwere Eisentür zu, fiel zu Boden und wurde bewusstlos. Später wurde der Colonel weit von der Holzhütte entfernt mitten auf der Straße gefunden und kam wieder zu sich. Sofort erzählte er über sein Erlebnis, das ihm jedoch niemand glaubte. Bis zu seinem Tod hielten ihn alle für verrückt.

Im Jahr 1974 kam Mr. Martin, ein Angestellter in einem Verwaltungsgebäude in Washington, nach Feierabend aus dem Gebäude auf die Straße. Er wollte zu seinem schon recht alten Auto um nach Hause zu fahren. Doch sein Auto stand nicht mehr auf dem Parkplatz, auf den er es am Morgen abgestellt hatte. Es stand jetzt auf der gegenüberliegenden Straßenseite. So ging er mit gemischten Gefühlen auf das Auto zu um dann feststellen zu müssen, dass der Schlüssel nicht ins Zündschloss passte. Langsam kam Panik in ihm auf und er eilte zum Gebäude zurück. Von der Lobby aus wollte er die Polizei zu rufen. Doch im Gebäude hatte sich alles verändert: Die Wände hatten eine andere Farbe, das Telefon war aus der Lobby verschwunden, und auf der Etage, auf der er arbeitete, gab es kein Büro, in dem ein Mr. Martin arbeitete. Völlig verwirrt rannte er wieder nach draußen. Plötzlich stand sein Auto wieder an jenem Platz, an dem er es am Morgen abgestellt hatte. Auch alles andere war auf einmal wieder wie gewohnt.

Valery Ivanovich Dyachenko diente 1979 in Gremikha auf der Kola-Halbinsel in Russland. Er ging eines Tages mit Kollegen in die Tundra um Steinpilze und Espenpilze zu sammeln. In einer Entfernung von ungefähr 100 Metern bemerkte er eine merkwürdige Struktur. Während sich die Kameraden müde auf den Heimweg begaben, ging Dyachenko auf das etwa 1,5 Meter hohe Objekt zu. Es hatte ca. 15 Meter im Durchmesser und es ging ein gelbes Leuchten von ihm aus. Beim Betreten dieser gebäudeartigen Struktur sah er im Innern eine gewaltige Menge an Pilzen und schnitt so viele, wie in seine Taschen hineinpassten. Dann kletterte er auf einen Stein um seine Kameraden zu rufen. Doch er sah niemanden, die Tundra war menschenleer. Sofort verließ er das Objekt und das gelbe Leuchten und konnte dann auch seine Kameraden wieder sehen, die sich von ihm wegbewegten. Dyachenko ging zurück in die seltsame Struktur und konnte prompt seine Kameraden wieder nicht mehr sehen. Dann verließ er die Struktur erneut und eilte seinen Kammeraden hinterher. Als er sie eingeholt hatte überzeugte er sie durch die mit Pilzen prall gefüllten Taschen mit ihm zurückzukehren. Als sie sich der Struktur näherten, gab es weder dieses gelbe Leuchten noch einen einzigen Pilz.

Zwischen den U-Bahn-Stationen Izmailovsky Park und Pervomaiskaya verläuft die Moskauer Metro teilweise überirdisch am Park vorbei. Auch gegen 21.00 Uhr am 14. Mai 1999 verließ einer der Züge den Tunnel. Das oberirdische Teilstück führt teilweise am Rande des Parks und Waldes vorbei. Der Izmailovsky Park ist einer der größten Parks und Stadtwälder der russischen Hauptstadt. Schlagartig wurde es draußen stockfinster. Doch die Dunkelheit dauerte nur wenige Augenblicke und die Sonne schien auf einmal. Wie aus dem Nichts waren am Rand und im Park viele Menschen in Soldatenmänteln zu sehen, die wild herumrannten. Gewehrschüsse, Explosionen und das Knattern von Maschinengewehren waren zu hören. Zwischen dem Wald und dem Zug ritten sowohl einzelne als auch ganze Gruppen von Kavalleristen mit Säbeln umher. Dann fuhr die Metro wieder in den Tunnel ein m kurz darauf am Bahnhof Pervomaiskaya zu halten. Und alles war auf einmal wieder so, wie es sein sollte. Die Szenerie, welche die Fahrgäste auf dieser Fahrt beobachten konnten, erinnerte sie an eine Schlacht während des Bürgerkriegs. Aber es gab zu diesem Zeitpunkt am Ort keinerlei Shows oder Dreharbeiten für einen Film. Und die Fahrgäste meinten übereinstimmend: *„Die Qual der Sterbenden sah echt aus, genauso wie die Explosionen und das Blut echt waren."* Haben die Fahrgäste hier einen Blick in eine ferne Vergangenheit gemacht? Hatte sich vielleicht ein Portal geöffnet, das einen Blick in die Vergangenheit ermöglichte?

Einmal berichtete eine Frau, die mit Freunden über einen schmalen Pfad am Untersberg wanderte, über eine sehr denkwürdige Begegnung am Untersberg. Fünf Männer waren ihnen auf dem schmalen Pfad entgegengekommen. Sie trugen allesamt eine altertümliche Bergkleidung und sahen wie frühere Bergsteiger aus. Jetzt würde es ein Problem geben, denn der Pfad war viel zu schmal als dass die beiden Gruppen hier aneinander hätten vorbeilaufen können. Aber die seltsam gekleideten Männer kamen unbeirrt immer näher und machten gar keine Anstalten stehen zu bleiben. Doch dann, ganz plötzlich von einem Augenblick zum anderen waren sie einfach verschwunden. Hatte sich hier ein Portal aufgetan und einen Blick in eine vergangene Zeit zugelassen? Genauso hört sich die Schilderung dieses Ereignisses an.

Ein angesehener, erfahrener Gentleman und Politiker vom Land mit dem Namen Hinfort ritt von seinem Haus aus in Richtung einer benachbarten Stadt, die mehrere Meilen entfernt war. Als er unterwegs im New Forest an eine grasbewachsene Lichtung kam, bemerkte er auf der gegenüberliegenden Seite des Gebüsches eine vorbeifahrende altmodische Familienkutsche durch eine Lücke in den Büschen. Deren Seitenwände bestanden aus einem Imitat von Weidengeflecht auf einer grünen Platte, so, wie es früher allgemein üblich war. Die Kutsche wurde von zwei Pferden gezogen und der Kutscher war gekleidet wie es früher die Familienknechte waren. In der Kutsche saßen zwei ältere Damen, von denen die eine einen Hut und die andere eine Haube trug. Nachdem die Kutsche seinen Blicken wieder entschwunden war, ritt Hinfort durch die Lücke in den Büschen auf die andere Seite um den Kutscher nach dem Weg zu fragen. Doch erstaunt stellte er fest, dass von der Kutsche nicht das Geringste zu sehen war. Der

Weg, auf dem sie gefahren war, endete in einem dichten, undurchdringlichen Gestrüpp. Auch das Gras, über das die Kutsche gefahren sein musste, enthielt weder Hufabdrücke noch eine Spur der Kutschenräder.

Nachstehend haben wir ein besonders gut dokumentiertes Ereignis über einen Blick in die Vergangenheit ausfindig gemacht. Besonders gut dokumentiert und besonders interessant ist die Sache, weil dieser Blick in die Vergangenheit immer wieder und von ganz verschiedenen Personen in teilweise weit auseinanderliegenden Jahren gemacht wurde. In der kleinen, ca. 2.700 Einwohner großen Ortschaft Rougham in Großbritannien, um die herum nur flaches Land und Felder sind, wird von vielen verschiedenen Personen immer wieder ein geheimnisvolles Ziegelhaus hinter einer hohen Ziegelmauer gesehen. Das Problem ist allerdings, dass dieses Haus gar nicht existiert – wenigstens in unserer Zeit nicht. Der nachstehend zuerst genannte Fall ist der bekannteste und am meisten zitierte Fall über dieses Phänomen. Dies liegt wohl daran, dass die beiden Zeuginnen des Falles die ersten waren, die mit ihrem Erlebnis an die Öffentlichkeit gingen. Im Oktober 1926 unterrichtete die Privatlehrerin Rust Winni eine junge Frau namens Evelyn Ellington. Nachdem der Unterricht beendet war, beschlossen die beiden Frauen einen gemeinsamen Spaziergang zu unternehmen. Sie wollten dabei zu der in der Nähe gelegenen Kirche St. George gehen. Also machten sie sich auf den Weg dorthin. Nach der Lehrerin Rust Winni gab es folgenden Ablauf des Spaziergangs: Es war ein grauer Herbsttag als die beiden losgingen. Keiner von ihnen war den eingeschlagenen Weg zuvor schon einmal gegangen und keiner der beiden war jemals bei der Kirche St. George gewesen. Um jetzt dorthin zu gelangen mussten sie das Grundstück eines Bauernhofs überqueren. Dort gelangten sie dann an eine kleine Straße. Auf der gegenüberliegenden Straßenseite sahen die beiden eine Mauer aus grünlich gelben Ziegeln. Sie gingen daraufhin an dieser Mauer entlang, die nach einigen Metern einen Bogen nach links machte. Sie folgten dieser Biegung und standen plötzlich vor einem großen schmiedeeisernen Tor. Durch dieses konnten sie auf das hinter der

Mauer liegende Grundstück blicken und sahen am Ende der Auffahrt ein Haus im gregorianischen Stil, welches von hohen Bäumen umsäumt war. Es musste das größte Haus der Gegend sein. Sie wunderten sich darüber, dass sie noch nie etwas von diesem Haus gehört hatten. Schließlich gingen die beiden Frauen weiter und besichtigten die Kirche St. George. Anschließend an die Besichtigung gingen sie über einen anderen Weg zurück nach Hause. Zu Hause erzählte Evelyn Ellington ihren Eltern über dieses schöne Anwesen, dass sie gesehen hatten. Aber auch die Eltern wussten nicht, um was für ein Anwesen es sich gehandelt haben könnte. Ein paar Monate später, im Frühjahr 1927, beschlossen Rust Winni und Evelyn Ellington den gleichen Spaziergang noch einmal zu machen. Wieder überquerten sie das Gelände des Bauernhofs und wieder kamen sie an die Straße. Beide hatten dort auf der anderen Straßenseite die grüngelbliche Ziegelmauer erwartet. Doch davon war nicht das Geringste zu sehen. Es gab hier nur ein mit Büschen und Bäumen bewachsenes Feld. An der Stelle, an der das schmiedeeiserne Tor gewesen war und der Weg zum Haus hinaufführte, war ebenfalls nichts zu sehen – weder vom Tor, noch von der Auffahrt oder vom Haus. Es gab nur ein paar Teiche, die schon seit Ewigkeiten dort zu sein schienen. Es war so, als habe es dieses Haus niemals gegeben. Die beiden Frauen wandten sich schließlich an einen Radiosender, der ihren Fall dann im Rundfunk sendete.

Später fand man heraus, dass in alten Unterlagen und Notizen der Dorfhistoriker von Rougham weitere Berichte über dieses Haus existierten und dass es vorher und später auch nachher immer wieder gesehen wurde. Bis heute gibt es mehr als 20 Sichtungen dieses seltsamen Hauses, das einmal da und dann wieder weg ist. Ein Mann namens Robert Palfrey. 1860 war der Mann dort Landwirt und auf seinem Feld damit beschäftigt das Heu zu wenden. Der Bauer hatte sein ganzes Leben in der Gegend verbracht und kannte sich dort bestens aus. Doch am Mittag dieses sehr warmen Tages sollte etwas Merkwürdiges passieren. Plötzlich wurde er von einem kalten eisigen Wind erfasst. Verwundert darüber blickte er auf und sah über das Feld. Am anderen Ende des Feldes stand plötzlich ein Haus mit einer Mauer aus grün gelblichen Ziegeln. Und auch das Haus selber war aus solchen Ziegeln erbaut. Zu dem Haus führte von einem schmiedeeisernen Tor ein Weg hinauf. Vor dem Haus erkannte der Landwirt große Blumenbeete. Der Schrecken war dem Bauern in alle Glieder gefahren als das Haus plötzlich von einer Sekunde auf die andere dastand. Er rannte nach Hause um seine Familie zu Informieren. Alle zusammen liefen dann zurück zu diesem Feld. Aber dort angekommen war das Haus bereits wieder verschwunden.

Natürlich hatte man dann begonnen nachzuforschen und fand schließlich auf einer Karte aus dem 17. Jahrhundert Einträge über bekannte Herrenhäuser wie Bradfield Green. Wegen der großen Grundstücke mit vielen Bäumen oder Wäldern hatten diese Herrenhäuser allesamt den Beinamen *„Green"*. An der Stelle, an der das mysteriöse Haus immer auftauchte, fand man die Bezeichnung eines Herrenhauses namens Kingshall Green. Über dieses Haus ist nichts mehr bekannt und man weiß nicht, wem das Haus gehörte oder wer es erbaut hat. Es gibt auch keine Beschreibung darüber, wie es einmal ausgesehen hat. Nur eines ist sicher, wenn ein Haus in einer Karte erwähnt wurde, dann musste es schon groß und wichtig gewesen sein. Und es deutet noch einiges anderes auf ein großes Herrenhaus dieses Namens hin, da einige Orte der Umgebung das Kingshall in ihrem Namen haben oder eine Straße namens Kingshall Street besitzen. Weitere Hinweise auf die frühere Existenz des mysteriösen Hauses gab es in den frühen 1980er Jahren. Einige Forscher hatten an dem Ort, an dem das Haus immer wieder auftauchte, diverse Messungen vorgenommen und dabei auffallend starke Magnetfelder entdeckt. Ebenfalls in den 1980er Jahren haben Privatforscher angefangen dort auf den Feldern zu gaben. Das geschah allerdings in einer Nacht-und-Nebel-Aktion ohne Genehmigung. Zwar wurden sie fündig und haben dort ein Stück Mauer freigelegt, das aus eben solchen grün gelblichen Ziegeln bestand, doch war der Bauer, der das Feld von der Stadt gepachtet hatte, stinksauer darüber als die Hobbygräber auf frischer Tat ertappt wurden. Und so mussten sie alles, was sie gefunden hatten, wieder zuschütten und wurden zudem zu Geldstrafen verurteilt. Bis heute hat dort leider keine weitere Grabung mehr stattgefunden.

Die Kingshall Street spielt auch im nächsten Fall eine Rolle, der sich an einem warmen Junitag im Jahre 1908 ereignete. Damals waren zwei Männer, James Cabot und George Wallet, auf ihren Pferden unterwegs. Wallet war der mit Cabot befreundete örtliche Metzger. Die beiden ritten die Kingshall Street in südliche Richtung, als es plötzlich einen lauten Knall gab. Die Männer erschraken und die Pferde fingen an zu scheuen, wobei der Metzger sogar von seinem Pferd abgeworfen wurde. Nur mit großer Anstrengung gelang es schließlich beiden die Tiere wieder zu beruhigen. Und dann sahen beide Männer plötzlich ein rotes Backsteinhaus mit einem großen Garten und einer Ziegelmauer davor. Noch wenige Augenblicke zuvor waren dort nur Feld und Bäume gewesen. Dem Bericht zufolge kam bald darauf so eine Art Nebel, der das Haus einhüllte. Als dieser verblasste, verschwand mit ihm auch das Haus wieder. In dem Bericht über diesen Vorfall ist abschließend noch vermerkt, dass George Wallet, der Metzger, angefangen hätte zu fluchen, da er dieses verdammte Haus nun schon zum dritten Mal gesehen habe.

Die 14jährige Sandra Hartwig aus Rougham war an einem warmen Sommerabend im Jahr 1974 unterwegs zu ihrem Freund. Sie waren im Jugendclub verabredet, der am nördlichen Ende der Kingshall Street lag. So schlenderte sie diese Straße entlang und näherte sich den beiden Bungalows, die es dort auf der linken Seite gab. Plötzlich trat eine unglaubliche Stille ein und es schien gerade so, als ob jegliches Geräusch aufgehört hätte zu existieren. Gleichzeitig sei es extrem kalt geworden und auf der rechten Seite der Kingshall Street sei in diesem Augenblick auch ein Haus erschienen, welches zuvor nicht dagewesen sei. Sie blickte zu dem Haus herüber und sagte später, dass es wunderschön gewesen wäre. Es sah so aus, als ob es direkt von der Sonne angestrahlt wurde, die Fenster des Hauses waren geöffnet und die Gardinen flatterten im Wind. Alles wirkte sehr sommerlich. Doch in Wirklichkeit war keine Sonne am Himmel zu sehen, da diese hinter einer

Wolkendecke verborgen war. Vor dem Haus befanden sich Beete mit wunderschönen Blumen. Trotz dieser eigentlich recht schönen und romantischen Szenerie bekam das Mädchen Angst und lief so schnell sie konnte von dort weg.

Jeanne Bertram und ihr Ehemann Sidney, ein Rentnerehepaar, beschloss an einem Sonntagnachmittag im Februar 2007 einen kleinen Ausflug mit ihrem Auto zu machen. Sie wollten einige der malerischen Dörfer in Suffolk besuchen und fuhren nach Südosten in Richtung Rougham, wo sie zuvor noch nie gewesen waren. Dort fuhren sie auch die Kingshall Street hinunter. Als sie auf Höhe der beiden Bungalows waren, sahen sie auf der gegenüberliegenden Seite ein wunderschönes Landhaus im gregorianischen Baustil sahen. Es lag hinter einem frisch gepflügten Feld aber vor dem dahinterliegenden Wäldchen. Trotz der frühen Jahreszeit hatte das Haus eine sehr sommerliche Erscheinung. Das Ehepaar beschloss in Rougham einen Kaffee zu trinken und dann zurückzukehren um sich das Landhaus einmal aus der Nähe anzusehen. Nach dem Kaffee fuhren sie wie geplant zurück auf die Kingshall Street. Aber es war kein Landhaus mehr da …

Vier junge Mädchen fuhren mit ihrem Chevy im Mai 1972 zurück zur Southern Utah University, nachdem sie zuvor am Samstag ein Rodeo in Pioche im US-Bundesstaat Nevada besucht hatten. Gegen 22.00 Uhr überquerten sie die Staatsgrenze zwischen Nevada und Utah. Kurz darauf stießen sie an eine Straßengabelung und bogen nach links ab um durch den Gadianton Canyon zu fahren. Doch dann geschah etwas Seltsames. Der schwarze Asphalt der Straße wandelte sich in einen weißen Zementbelag. Kurz darauf endete die Straße abrupt vor einer Felswand. Den Mädchen blieb nichts anderes übrig als zu wenden und in dem glauben falsch abgebogen zu sein den Weg, den sie gekommen waren, zurückzufahren. Doch statt der Wüstenlandschaft, durch die sie gekommen waren, fuhren sie nun an Getreidefeldern und Kieferhainen vorbei. Die vier Mädchen beschlossen an einer Taverne am Straßenrand anzuhalten, um die Situation zu besprechen und nach dem Weg zu fragen. Doch dann bemerkten sie plötzlich, wie vier eiförmige Fahrzeuge auf drei Rädern, von deren Oberseite helle Lichter leuchteten, auf sie zukamen. Kurzentschlossen fuhren die verängstigten Mädchen ohne Stopp zurück in die Schlucht. Da verwandelte sich der weiße Zement der Straße wieder in schwarzen Asphalt und die Felder und Kiefernhaine verschwanden und zurück war die öde Wüstenlandschaft. Dann hatten sie eine Autopanne mit drei platten Reifen. Da sie nun nicht mehr weiterfahren konnten, warteten sie ängstlich den nächsten Morgen ab um zum Highway 56 zu gehen. Als sie aufbrechen wollten, bemerkten sie Reifenspuren von drei Rädern. Schnell liefen sie zum Highway und stießen dort glücklicherweise auf einen Beamten der Highway-Police. Außer der dreirädrigen Reifenspur, die nach 200 Metern abrupt in der Wüste endete, obwohl die Mädchen aussagten, dass sie drei Kilometer gefahren seien, gab es keine physischen Beweise für die Geschichte. Zwar war auch eine Radkappe des Autos verloren gegangen, doch die wurde nie gefunden.

Larissa, eine etwa 30jährige Frau, machte sich eines Tages zu Hause auf um bei ihrem Privatlehrer eine Englischstunde zu absolvieren. Der Lehrer schätzte sie als zuverlässige und pünktliche Schülerin, die sich immer rechtzeitig abmeldete, wenn sie einmal verhindert war. Doch an diesem einen Tag kam sie nicht bei ihrem Lehrer an und hatte sich auch nicht abgemeldet. Nach zehn Minuten Wartezeit rief der Lehrer bei Larissa an. Doch er erhielt nur eine automatische Ansage, dass die gewählte Nummer nicht vergeben sei. Rund eine halbe Stunde später klingelte es an der Tür des Lehrers, gefolgt von einem verzweifelten Klopfen. Vor der Tür stand Larissa. Die sonst so gut gepflegte Frau sah schrecklich schmutzig und ramponiert aus. Das Make-up war verschmiert und die Haare hingen in Strähnen nass herunter. Ihr Blick war völlig abgehetzt und fast schon irr. Nachdem sie den Flur betreten hatte sank sie kraftlos zu Boden. Sie starrte den Lehrer an und fragte: *„Bist du wirklich real oder träume ich?"* Dann senkte sie ihren Blick und brach in Tränen aus. Nachdem sie sich wieder einigermaßen gefangen und im Badezimmer etwas frisch gemacht hatte, erzählte sie dem Lehrer eine phantastische Geschichte. Sie war etwa eine Stunde vor ihrer Englischstunde zu Hause mit dem Auto losgefahren. Die Strecke war ihr bestens vertraut und sie fuhr sie automatisch, *„wie im Schlaf“*, wie man immer so schön sagt. In Gedanken versunken bemerkte sie zuerst gar nicht, dass der Bereich durch den sie fuhr ihr völlig unbekannt war. Als sie es bemerkte, wollte sie das Navigationsgerät einschalten. Doch dies reagierte nicht, ließ sich nicht einschalten. So entschloss sie sich anzuhalten um jemanden nach dem Weg zu fragen. Sie stieg aus dem Fahrzeug aus und bemerkte erst jetzt, dass sich keine einzige Person auf der Straße befand. Es war nicht einmal auch nur ein einziges Auto weit und breit zu sehen, weder auf der Straße noch am Straßenrand geparkt. Larissa fuhr weiter bis sie ein Gebäude sah, das wie ein kleines Café aussah. In der Hoffnung dort jemanden zu treffen, der ihr weiterhelfen konnte, hielt sie an und ging in das Gebäude hinein. Doch die kleine Halle war ebenso menschenleer wie die Straße. Zudem sah das Gebäude so aus, als sei es bereits vor langer Zeit verlassen worden. Es befand sich eine dicke Staubschicht auf den Tischen und der Bartheke, die bereits zu einer Art mehrjährigen Schlammschicht komprimiert war. In der Nähe des Cafés befand sich ein Wohnhaus. Das Schloss der Eingangstür war vollkommen verrostet aber nicht verschlossen. Larissa betrat das Gebäude und musste feststellen, dass es ebenso verlassen und verrottet war wie das Café. Nachdem sie das Haus wieder verlassen hatte, wollte sie im Auto mit ihrem Handy telefonieren. Doch sie bekam keine Verbindung und das Display zeigte das Fehlen eines Netzwerks an. Sie geriet in Panik und fuhr los. Larissa fuhr weiter durch die Straßen. Überall das gleiche Bild einer ausgestorbenen Stadt. Als ihr das Benzin ausging hielt sie an. Sie war müde und wollte sich ein wenig auszuruhen. Also schloss sie die Augen und lehnte sich zurück. Dann schlief sie erschöpft ein. Als sie wieder aufwachte war es bereits ganz dunkel geworden. Sie stieg aus dem Auto und ging zu Fuß weiter. Plötzlich sah sie vor sich einen Lichtschein aufleuchten und lief darauf zu. Es war ein erleuchtetes Fenster im dritten Stock eines Gebäudes. Sie öffnete die Eingangstür und lief die dunkle Treppe hinauf. Dabei fiel sie zu Boden, schlug mit dem Kopf auf und wurde bewusstlos. Als sie wieder aufwachte klingelte sie an der Tür und fing zu klopfen an. Sie stand vor der Wohnungstür ihres Lehrers. Und der erinnerte sich daran, dass er unmittelbar vor dem Klingeln an seiner Tür eine telefonische Nachricht erhalten hatte, dass der gewünschte Teilnehmer, den er nicht erreicht hatte, also Larissa, wieder online sei. Larissas Auto wurde einige Tage später am Stadtrand gefunden.

Miriam Golding aus Chicago berichtete über ihr Erlebnis im Herbst 1934 in einer anderen Realität. Damals war sie noch ein junges Mädchen und mit ihrem späteren Mann verlobt. Beide waren Schüler einer Musikschule, die an diesem Nachmittag von einem Konzert zurückkamen. Da sie bis zum Abendessen im Haus der Familie des Verlobten noch viel Zeit hatten, gingen sie in ein nahe gelegenes Musikgeschäft. Nach einiger Zeit gingen sie zum Fahrstuhl um wieder nach unten ins Erdgeschoss zu fahren. Auf der Fahrt nach unten verloren sie sich in dem überfüllten Fahrstuhl aus den Augen. Als Miriam im Erdgeschoss versuchte auszusteigen, gelang ihr dies nicht, da sie von den hereinströmenden Menschen in den Fahrstuhl zurückgedrängt wurde. Die Fahrstuhltür schloss sich und sie fuhren weiter nach unten in den Keller. Ganz unten angekommen öffnete sich die Tür wieder. Sie stieg aus und war völlig überrascht sich in einem riesigen Raum zu befinden, in dem sich überall Kisten stapelten. Düstere Gestalten schoben kleine Gepäckwagen mit Koffern und Taschen hin und her. In einer Ecke befand sich eine Eisentreppe, an deren oberen Ende sie ein Licht sah. Oben angekommen befand sie sich jedoch an einem Ort, der ihr vollkommen fremd war. Es war ein großer Bahnhof, in dem zahlreiche Passagiere umhereilten. Fast hätte sie eine Frau umgelaufen, bei der sich Miriam nun entschuldigte. Doch es schien, als ob diese sie gar nicht wahrgenommen hätte. Dann fragte sie ein anderes Mädchen, wo sie hier eigentlich sei. Doch das fremde Mädchen reagierte nicht und schien sie ebenfalls nicht wahrzunehmen. Sie ging an einer Wand entlang als sie ein Ausgangsschild sah und ins Freie gelangte. Doch auch hier befand sie sich immer noch an einem Ort, der ihr völlig unbekannten war. Es waren viele Leute auf der Straße unterwegs, doch es schien sie immer noch niemand wahrzunehmen. Die Worte, die diese Menschen sprachen, konnte sie nicht verstehen. Dann bemerkte sie einen blonden Jungen und als sie ihm näherkam, machte sie einen Schritt zur Seite um vorbeizukommen. Da lächelte er sie an, berührte ihre Hand und sagte: *„Ich denke, du bist auch an der falschen Haltestelle ausgestiegen."* Da wurde Miriam bewusst, dass dieser Junge wohl gerade etwas Ähnliches erlebte wie sie selbst. Der Junge sagte: *„Es ist sehr seltsam. Ich habe zu Hause Tennis gespielt und bin in die Umkleidekabine gegangen, um meine Schuhe zu wechseln. Als ich ausstieg, befand ich mich an dieser Station."* Miriam fragte ihn, *„und wo ist dein Zuhause?"* Die Antwort lautete: *„In Lincoln, Nebraska"*. Daraufhin sagte Miriam: *„Ich habe diese Reise in Chicago begonnen."* Während sie weiterliefen wurde die Straße immer leerer bis sie schließlich das Ufer eines großen Sees oder Ozeans erblickten. Sie rannten d en Hügel zum Sandstrand hinunter und setzten sich auf einen Felsen. Schließlich bemerkten sie eine große Sandbank in der Nähe, von der sie Stimmen hörten. Dann rief jemand Miriams Namen, die in einem der Mädchen auf der Sandbank die Schwester ihres Verlobten erkannte. Die und die anderen auf der Sandbank winkten ihr zu und riefen immer weiter. Der Junge in Miriams Begleitung versuchte nun zu der Sandbank zu schwimmen, da er dachte, dass es dort eine Verbindung zurück in ihre Realität gäbe. Doch er konnte sie nicht erreichen und als die Silhouetten der Personen auf der Sandbank mit dieser verblassten musste der Junge umkehren. Plötzlich wurde Miriam in Dunkelheit gehüllt und als sie wieder etwas sah, saß sie auf einem Hocker in dem Musikgeschäft, in dem sie zuvor mit ihrem Verlobten gewesen war. Sie schaute sich dann nach ihrem Verlobten um, doch der war nirgend zu sehen. Da entschied sie sich direkt zum Haus der Familie ihres Verlobten zu gehen. Diesmal nahm, sie vorsichtshalber die Treppe aus dem Musikgeschäft nach unten. Als sie beim Hause ankam, öffnete ihr Verlobter die Tür. Der sagte zu ihr, er habe sie in der Nähe des Aufzugs verloren, und als er im ersten Stock herauskam, konnte er sie nicht finden. Nachdem er eine Zeitlang gewartet hatte, war er nach Hause gegangen. Der Rest der Familie war im Speisesaal. Als Miriam dort ankam war sie überrascht die Schwester ihres Verlobten mit denselben Freunden zu sehen wie auf der Sandbank. Diese sagte dann lächelnd zu Miriam: „Wir haben dich in der Stadt gesehen, aber du warst so beschäftigt, dass du uns nicht einmal gehört hast!"

Der nachfolgende Fall, zu dem weder eine Ortsangabe noch eine genaue Zeitangabe vorliegt, fand sehr wahrscheinlich in der Sowjetunion bzw. Russland statt. Darauf deuten sowohl die angegebene Automarke, als auch der Name des Fahrers hin. Eine kleine Gruppe von Personen fuhr zum Pilze sammeln mit einem Auto der Marke *„Zhiguli"* (Schreibweise in den Quellen des Falls). Diese Marke wurde unter der Bezeichnung *„Schiguli"* (russisch Жигули [ʐ̩igʊli]) in der Sowjetunion produziert. In der DDR war die leicht abgewandelte Namensform *„Shiguli"* (ohne das c) und für den Export war es im Westen besser bekannt unter der russischen Automarke *„Lada"*. Fahrer des Wagens war der damals 50jährige Ivan Sidorovich. Das Ereignis lag im Jahr 2022 fünf Jahre oder etwas länger zurück. Der Berichterstatter des Vorfalls war von seinen Nachbarn zu dieser Pilzsammlung eingeladen worden. Es war nicht das erste Mal, dass sie zusammen Pilze sammeln gingen. Die Stelle im Wald war im Prinzip immer die gleiche. Die Straße dorthin war gut bekannt, da die jeden Herbst dorthin fahren. Es ging über eine Holzbrücke, die einen ruhigen Fluss überspannte und dahinter lag auf einem Hügel ein kleines Dorf. Von da waren es noch etwas drei Kilometer bis zum Pilzsammelplatz. Um 10.00 Uhr vormittags fuhren sie los, die insgesamt etwa zehn Kilometer lange Strecke zurückzulegen. Sie näherten sich der Holzbrücke und bemerkten, dass dahinter Nebel war, dem sie aber keine Bedeutung beimaßen. Sie überquerten die Brücke und fuhren den Hügel hinauf, auf dem das kleine Dorf liegen musste. Doch da war kein Dorf! Eine beklemmende Atmosphäre beschlich die Gruppe. Dann klarte der Nebel langsam auf. Die Sicht wurde wieder gut. Eine seltsame Stille herrschte plötzlich und selbst die Motorengeräusche waren kaum noch zu hören. Der Wald sah auch so fremd und unberührt aus. Von den zahlreichen Wegen, die normalerweise von der Straße in den Wald führen, war nicht ein einziger zu sehen. Der Wald schien vollkommen unberührt zu sein. Hier stimmte etwas ganz und gar nicht. Ivan Sidorovich wendete den Wagen und fuhr die Strecke zurück. Das Dorf, dass von dieser Seite vor der Brücke hätte sein müssen, blieb immer noch verschwunden. Schließlich überquerten sie die Brücke wieder. Danach stoppten sie das Fahrzeug. Eine Weile saßen sie nachdenklich im Fahrzeug und stiegen dann aus. Die Sonne schien jetzt und die Vögel sangen. Dann entschlossen sie sich es noch einmal zu versuchen, wendeten das Auto und fuhren über die Brücke zurück in Richtung auf ihren Pilzsammelplatz. Und tatsächlich, auf einmal war das Dorf hinter der Brücke wieder da und sie konnten jetzt in Ruhe ihre Pilze sammeln.

Paul Colizzo wohnte in dem US-Bundesstaat Rhode Island und fuhr regelmäßig ins ca. 45 Minuten entfernte Newport, in dem die Yachtrennen stattfanden. In Newport frühstückte und aß er immer in der Newport Creamery. 1995 fuhr Paul mit seinem Freund Kenny wieder einmal nach Newport. Diesmal allerdings wegen des Besuches einer Zahnklinik. Als sie hungrig waren, beschlossen sie in dasselbe Café zu gehen, in das Paul immer so gerne ging. Also fuhren sie die Americas Cup Avenue entlang zur Thames Street, an der Shell-Tankstelle vorbei und weiter zum Café. Plötzlich war Paul überrascht eine Einfahrt in eine Straße zu sehen, die er zuvor noch nie gesehen hatte. Er erzählte später dazu: *„Dort konnte man einen Teil des Dammes und Stände in der Nähe des Wassers mit Souvenirs für Touristen sehen. Zudem schwamm auf dem Wasser ein Segelschiff. Es sah alles so schön aus, dass wir diese Straße betraten. Es stellte sich als ein geschäftlicher Teil der Stadt heraus, in der ich noch nie gewesen war.“* An der Straße waren mehrere Restaurants, darunter auch ein Newport Creamery-Café. Es war zwar nicht das Café, in das er immer gegangen war, und er kannte es auch noch gar nicht, doch schließlich gingen Paul und Kenny hinein und bestellten Burger und Cola. Sie setzten sich an einen Tisch am Fenster und hatten von dort einen schönen Blick auf das Meer. Nach dem Essen verließen sie Newport wieder und fuhren zurück nach Hause. Drei Tage später führ Paul Colizzo mit seiner Frau nach Newport, um ihr das *„neue“* Café und die geschäftige Straße zu zeigen. Sie fuhren wieder dieselbe Straße entlang und kamen zur Shell-Tankstelle. Doch die Straße mit den Restaurants und den Blick von hier aufs Wasser gab es nicht. Noch viele Jahre lang fuhr Paul regelmäßig nach Newport um das Café zu suchen, in dem er mit seinem Freund Kenny 1995 gegessen hatte. Doch alles wart vergeblich. Die Straße und das Café haben niemals existiert – zumindest nicht in unserer Welt.

Im Alter von gerade einmal 14 Jahren musste der Junge T. Emilsson in Island Schafe von einer Weide treiben und nach einem Lamm in einen Spalt klettern. Er konnte das Lamm retten, blieb aber nun selber in dem Spalt stecken. Es wurde bereits dunkel und das nächste Haus war einige Kilometer weit weg. Doch plötzlich erschien das Gesicht eines Mädchens am Rand der Klippe und dann fand sich Emilsson auf wundersame Weise oben in Sicherheit. *„Wo kommst du her?"* fragte er seine Retterin überrascht. *„Von der Litenshtammer-Farm"*, entgegnete das Mädchen und zeigte auf ein typisch isländisches Haus in einigen hundert Meter Entfernung. *„Aber, ich bin mein ganzes Leben lang durch diese Berge gelaufen und ich habe diese Farm noch nie bemerkt!"* Emilsson war verwirrt. Da sagte das Mädchen *„Du konntest sie nicht sehen. Ich bin eine von denen, die du ‚versteckte Menschen' nennst. Wir sind aus einer anderen Welt, parallel zu deiner."* Während der junge Emilsson die Fremde anstarrte und nicht so recht die richtigen Worte fand, rief eine Männerstimme von der Farm: *„Katerina!"* Da sagte das Mädchen *„Ich muss gehen"* und lief schnell den Hügel hinauf. *„Kann ich dich noch einmal sehen?"* rief er ihr hinterher. Ein *„Kann sein…"* war das letzte, was er von dem Mädchen hörte. Obwohl Emilsson sein ganzes Leben nach dem Mädchen und der Farm suchte, hat er beide nie wieder gesehen. Er starb schließlich 1986 als alter Mann.

Tarnkappe oder Teleportation?

Auf der Homepage *„Axel Ertelt online"* (https://axelertelt.hpage.com/) wurde bereits ein Bericht zum Thema der Tarnkappe veröffentlicht, den wir hier im Wesentlichen, in einer leicht veränderten Fassung, wiedergeben wollen:

Aus zahlreichen Legenden und Mythologien der Welt kennen wir sie: die Tarnkappe. Gab es sie wirklich? Gibt es sie vielleicht noch?

Etwas unsichtbar zu machen – dies ist seit jeher der Traum der Menschheit. Der aus Russland stammende Wissenschaftler, Sachbuchautor und Mitglied der Akademie der Wissenschaften, Jacques Bergier, war bereits in den 1970er Jahren davon überzeugt, dass dies zumindest in beschränktem Maße damals schon technisch möglich war. Viele Mythologien berichten jedoch, dass solche Praktiken in tiefer Vergangenheit fast schon zur Tagesordnung gehörten. Eine der bekanntesten Überlieferungen ist die der Tarnkappe. Der Zwerg Laurin besaß eine Tarnkappe, die später Siegfried im Nibelungenlied trug. Und auch der germanische Gott Thor legte ein Schutzschild um sich, das ihn unsichtbar machte, als er mit Utgartloki kämpfte. In England war es der Zauberer Merlin, der sich mittels magischer Kräfte unsichtbar machte, in Griechenland erhielt der Meeresgott Poseidon von seinen Söhnen, den Zyklopen, eine Tarnkappe und der Held Perseus besaß einen Hadeshelm, der ihn unsichtbar machen konnte und ursprünglich dem Totengott Hades gehört haben soll. Auch Äneas und seine Mannen, alle Helden der griechischen Mythologie, erhielten von der hellenischen Liebesgöttin Aphrodite ein Nebelgewand, das sie für die Blicke der ihnen nicht wohl gesonnenen Götter unsichtbar machte. Auch der berühmte griechische Schmied Hephaistos konstruierte unsichtbare, automatisch zuschnappende Fesseln, mit denen er seine Gemahlin Aphrodite und ihren Geliebten Ares ans Bett kettete. In Irland besaß der berühmte und mächtige Zauberer Manannam mac Llyr (auch als „Mac Lir" bekannt) einen Mantel, der ihn unsichtbar werden ließ. In Indien beschützte das Königspaar der Schlangen, Dharanendra und Patmavati, einen brahmanischen Weisen vor den Dämonen, indem sie ihm ihre unsichtbar machenden Kappen überließen. Ebenfalls in Indien warf der Gott Yama seinen Feinden unsichtbare Schlingen über die Köpfe und nach dem Tod Buddhas lebte dort der Mönch Sagata, der sich unsichtbar machen konnte, indem er einen durchsichtigen *„Hautmantel"* anzog. Und im Tibet besaß der jüngste Paladin des tibetanischen Gottkönigs und Heroen Ge sar eine Tarnkappe. So könnte man diese Liste noch um einige Seiten erweitern, was aber an dieser Stelle zweifellos zu weit führen würde. Erinnern wir uns auch an den „Wunderschirm“ von Thotsanken in der Thaimythologie, mit dem dieser gleich eine ganze Stadt unsichtbar werden lässt.

In den nördlichen Regionen Thailands erzählt man sich allen Ernstes eine merkwürdige Geschichte, wonach es einigen Personen tatsächlich möglich sein soll, sich für ihre Mitmenschen unsichtbar zu machen. Erstmals hörten wir durch Zufall von Thawee Ertelt davon, die ursprünglich aus der Gegend von Korat (Nakhon Ratchasima) in Nord-Thailand stammt. Während wir uns über das Thema Tarnkappe unterhielten, hörte sie aufmerksam zu. Schließlich bemerkte sie: *„Das ist in Thailand kein Problem, dass sich jemand unsichtbar machen kann. Das gibt es dort öfter!“* Völlig überrascht von dieser Aussage schauten wir uns verdutzt an. Doch dann versuchten wir, von ihr mehr darüber zu erfahren. Aber außer der Tatsache, dass dazu die Haut einer bestimmten Schlange notwendig sei, wusste sie nichts. *„Mein Vater hat das aber selbst schon gesehen!“* Skepsis und Zweifel kamen in uns auf. Hatte Thawee auch wirklich verstanden, um was es hier ging? Und hatte sie die Erzählungen ihres Vaters richtig interpretiert? War es vielleicht nur ein Märchen, das er einmal erzählt hatte? Es half nichts, mehr war zu diesem Zeitpunkt nicht herauszubekommen. Unsere weiteren Recherchen zum Thema mussten auf die nächste Thailand-Reise von Axel Ertelt verschoben werden, die ein halbes Jahr später stattfand.

An einem warmen Januarabend 1991 war es schließlich soweit. Man saß in einer gemütlichen Runde im Hause von Axels Schwiegereltern in Tapsong beisammen. An diesem Abend herrschte die typische Atmosphäre, wie man sie in Thailand nur auf dem Lande, weit weg von hoch technisierter Industrie- und Touristenzivilisation, erleben kann. Nun war also endlich der Zeitpunkt gekommen, im Fall der *„Schlangen-Tarnkappe“* Näheres in Erfahrung zu bringen. Gespannt warteten Axel, Thawee und unser Freund und Kollege Wilfried Briegel, der leider bereits viel zu früh verstorben ist, auf die Ausführungen, die Axels Schwiegervater zu bieten hatte. Und der fing dann an zu erzählen: *„Vor ungefähr 12 Jahren* (das muss um 1988 gewesen sein), *genau erinnere ich mich nicht mehr an das Jahr, war ich in der Nähe von Korat mit vielen anderen Leuten bei einer Reisernte beschäftigt. Und da war auch jener Mann dabei, der diesen ‚Hut' besaß. Immer wenn er ihn aufsetzte, konnte er von den umstehenden Personen nicht mehr gesehen werden. Ich bin selbst mehrmals Zeuge dieser Demonstration geworden, und niemand hätte zu sagen vermocht, was der Mann gerade tat, als er unsichtbar war."* Hatten wir gehofft, hier dem Geheimnis der Tarnkappe endgültig auf die Spur zu kommen und keine Mühe und Kosten gescheut, den geheimnisvollen Mann mit seiner merkwürdigen Tarnkappe aufzusuchen, um uns vom Sachverhalt selbst zu überzeugen, so mussten wir erfahren, dass der Mann bereits seit ein paar Jahren tot war. Niemand wusste, was aus seinem *„Hut"* geworden war. Und so hatte er offenbar den größten Teil seines Geheimnisses mit ins Grab genommen. Doch so schnell gaben wir uns nicht geschlagen und Axel bohrte weiter, wollte alles ganz genau wissen und versuchte Näheres von seinem Schwiegervater zu erfahren. Er war schließlich der einzige, greifbare Augenzeuge. Viel kam dabei allerdings nicht mehr heraus. Gerade so viel, dass der *„Hut"* aus der abgestoßenen Haut einer Netzpython bestanden habe. Eine solche zu finden entspricht einem wahren Glücksfall. Doch wem es gelingt, der hat die Macht sich unsichtbar zu machen – so jedenfalls erzählt man es sich in Thailand. Übrigens: Es gibt auch eine Thai-Vokabel für den Begriff *„Tarnkappe"*: *„muak hai tua"*. Das setzt sich zusammen aus den Begriffen *„muak"* (= Hut) und *„hai tua"* (= verschwinden/unsichtbar machen). Und wenn etwas unsichtbar ist, dann ist es *„long hon"* oder *„meng mai hen"*, was beides „unsichtbar" bedeutet.

In Thailand ist man felsenfest überzeugt davon, dass die Tarnkappe existiert. Was also steckt wirklich hinter diesen sonderbaren Schilderungen? Wunschdenken, Suggestion, der Glaube an ein altes Märchen? – Oder ist hier etwas gang und gebe, was wir uns in unserem rational gestalteten Leben einfach nicht vorzustellen vermögen und deshalb als Unsinn beiseiteschieben? Und vielleicht ist das Phänomen der Tarnkappe auch nur eine missverstandene Teleportation, wie ein Wissenschaftler aus Palermo meinte.

Quantenphysiker und andere Forscher gehen bisher davon aus, dass die Teleportation eines Menschen nur in einem geschlossenen Gerät oder mit einer Schutzhülle wie beispielsweise in einem stabilen Plasmafeld möglich sein könnte. Ähnliches, wie solche Plasmafelder in Form von elektromagnetischen Feldern, kennen wir aus der Science-Fiction, wenn Raumschiffe mit einem Schutzschild umschlossen sind und sich damit gegen Flüge mit Überlichtgeschwindigkeit oder feindliche Angriffe schützen. Was hier noch als Science-Fiction gilt, könnte bald vom US-amerikanischen Flugzeugbau- und Wehrtechnikkonzern Boeing realisiert werden. Boeing arbeitet mit dem US-Verteidigungsministerium an einem solchen Plasmafeld und hat bereits ein Patent für die weitere Entwicklung erhalten. Mit einem Generator des Wehrtechnikkonzerns wird ein Plasmafeld erzeugt, sobald sich die Druckwelle einer Explosion nähert. Das System heißt *„Method and System for Shockwave attenuation via electromagnetic arc“* (*„Methode und System zur Verminderung einer Druckwelle durch ein elektromagnetisches Feld“*).

Damit kann man festhalten, dass ein Plasmafeld oder elektromagnetisches Feld bestens dafür geeignet erscheint, dies als Schutzschild bzw. Schutzmantel für Objekte oder Personen anzuwenden. Auch dann, wenn die Boeing-Entwicklung erst einmal nur gegen Druckwellen schützt. Ein weiteres Manko, dass dieses Patent derzeit noch aufweist ist, dass das Plasmafeld lichtundurchlässig ist. Somit sind Personen innerhalb des Feldes faktisch blind.

Wenn man dies nun zukunftsweisend weiter theoretisiert, wird jedes Objekt, unabhängig davon ob es sich um ein Raumschiff, ein Gebäude, eine Stadt oder um eine Person handelt, einen entsprechenden Generator benötigen um ein solches Plasmafeld zu erzeugen. Nach der Meinung einiger Quantenphysiker könnte man dann auch die Objekte innerhalb des Plasmafeldes teleportieren, wobei es keine Rolle spielen dürfte ob dies durch den Raum, die Zeit oder durch Raum und Zeit geschieht. In der Science-Fiction haben sich diese (noch) theoretische

Idee beispielsweise auch die Produzenten der SF-Reihe *„Terminator“* zu Nutze gemacht.

Wenn eine Tarnkappe in der Lage wäre innerhalb kürzester Zeit solch ein elektromagnetisches Feld, um eine Person zu erzeugen und sie im Bruchteil einer Sekunde weg zu teleportieren, dann könnte der Wissenschaftler aus Palermo durchaus recht haben und die Tarnkappen-Geschichten sind missverstandene Teleportationen. Andererseits ist es aber heute bereits möglich x-beliebige Dinge für das menschliche Auge unsichtbar erscheinen zu lassen.

Ist eine technische Teleportation (Beamen) unmöglich?

Wenn man bei einer technischen Teleportation, zum Beispiel in der Art des Beamens bei Star Trek, ausgehen würde, hätten wir es mit dem sogenannten Transportbalken-System zu tun. Dabei werden alle Moleküle im Körper der zu beamenden Person (oder des zu beamenden Objektes) gescannt. Der Zustand der Moleküle wird aufgezeichnet und am Schluss das Original zerstört. An anderer Stelle wird, vermutlich in einem technischen Gegenstück (wie auch bei George Langelaans Romannovelle *„Die Fliege“*), anhand der aufgezeichneten Daten das teleportierte bzw. gebeamte Objekt als vollständige Kopie neu erstellt. Langelaan ließ sein fiktives Experiment insofern schieflaufen, als bei einem Teleportationsvorgang eine Fliege zusammen mit einem Menschen teleportiert wurde. Das hatte dann zum Ergebnis, dass sich die Moleküle von beiden vermischten. Wäre dies möglich? Vermutlich ja, wenn man das Philadelphia-Experiment zugrunde legt, denn dabei sollen einige der Matrosen mit dem Schiff verschmolzen sein.

In der wissenschaftlichen Kritik zu dieser Methode erscheint diese Art des Beamens deshalb vollkommen ausgeschlossen – zumindest nach heutigen Erkenntnissen. Das wird damit argumentiert, dass die Anzahl der menschlichen Moleküle im Körper unberechenbar ist, was in noch größerem Maße für die Aufzeichnung all ihrer Zustände und die Übertragung sowie die Reproduktion am Zielort zutrifft. Erst recht dann, wenn man bedenkt, dass dies alles innerhalb von Sekundenbruchteilen geschehen soll. Aus Sicht der Quantenmechanik sei es unmöglich eine exakte Kopie des abgeleiteten Quantenzustands herzustellen. Zudem würde am Sendungsort mit dem Originalkörper auch das Bewusstsein zerstört, welches aber untrennbar mit dem physischen Körper verbunden ist.

David Darling, der ebenfalls ein Buch über Teleportation verfasste, stellte in diesem Zusammenhang die Frage: *„Would you want to be dismantled atom by atom knowing that what would rematerialize at the other end might just be a copy of the original you?“* (in Deutsch: *„Würdest du Atom für Atom zerlegt werden wollen, in dem Wissen, dass das, was am anderen Ende rematerialisieren würde, nur eine Kopie deines ursprünglichen Ichs sein könnte?“*) Zitatquelle: https://www.daviddarling.info/books3.html [31.05.2022].

Doch, so unglaublich es klingt, es könnte bereits im 19. Jahrhundert erfolgreiche Realität gewesen sein. Jedenfalls dann, wenn man einem Artikel Glauben schenkt, der am 23. Oktober 1878 in *The Hawaiian Gazette* (Honolulu) erschienen ist. In dem Artikel *„The Teleport“*, der sich auf eine Zeitungsmeldung aus Bombay (Indien) beruft, wird dort ein *„Teleport“*-Gerät erwähnt. Dem zu Folge wurde ein Hund auf eine Metallscheibe des Gerätes gesetzt, die dann unter Strom gesetzt wurde. Nach einem kurzen Moment soll der Hund in einem mit einem Draht verbundenen Trichter verschwunden und in einiger Entfernung wieder aufgetaucht sein. Er nagte offenbar unbeirrt an dem Knochen weiter, an dem er bereits zuvor auf der Metallscheibe des Ausgangsortes genagt hatte, bevor der Transport erfolgte. Die wichtigsten Bestandteile dieser Teleport-Apparatur sollen nach der indischen Originalquelle eine leistungsstarke Batterie, eine große metallene Scheibe, ein glockenförmiges Glashaus, und ein großer mit einem Draht verbundener eiserner Trichter sein. Nach der Pressemeldung, die auch in mehreren Zeitungen in Australien publiziert wurde, wird der *„Teleport“* als eine Apparatur bezeichnet, *„durch die der Mensch in* *unendlich kleine / infinitesimale Atome reduziert wird, dann durch einen Draht übertragen, und am anderen Ende sicher und gesund reproduziert werden kann.“*

Ja, Sie haben richtig gelesen! In dem Zitat ist die Rede von einem Menschen, der so eine Reise unternehmen kann. So etwas soll sich bereits damals, im 19. Jahrhundert, abgespielt haben, denn es wird noch spektakulärer. Nach dem Hund wurde mit einem genuesischen Jungen namens Pedro experimentiert. Der Erfinder der Maschine stellte Pedro in das Glashaus. Dieser grinste dabei, wie, als sei es ein guter Witz. Die Presseleute hegten den Verdacht, dass dies nicht das erste Mal für Pedro sei. Wieder wurde der Strom unterhalb der Scheibe verbunden und es gab denselben Effekt wie bei dem Versuch mit dem Hund. Das Glashaus war augenblicklich mit einem Nebel gefüllt. Die Gesichtszüge und Körperteile des Jungen waren noch einen kurzen Moment ziemlich gut sichtbar bevor sie verschwanden. Innerhalb von fünfzehn Sekunden war Pedro am Ausgangsort verschwunden und am anderen Ende des Drahtes wieder aufgetaucht.

Danach wurde ein neuer, folgenschwerer Versuch gemacht. Der Junge und der Hund sollten gleichzeitig übertragen werden. Doch dabei ging etwas gründlich schief und es kam während der Übertragung zur Vermischung der unendlich kleinen / infinitesimalen Atome des Jungen und des Hundes. *„Das Resultat war, dass sie beide wie schreckliche unnatürliche Wesen aussahen“*, wurde die indische Zeitung zitiert. *„Wenigstens“*, so die Zeitung aus Bombay, den ersten Experimenten mit Teleportation Rechnung tragend, weiter, *„ist es möglich, dass ein Mensch durch die Teleportation mit einem U-Boot Kabel in wenigen Minuten von Indien nach England reisen könnte. Allerdings wäre bedauerlicherweise immer die Gefahr der Vermischung von desintegrierten Atomen eines Menschen mit jenen eines anderen gegeben, so wie im Fall von Pedro und dem Hund. Aus diesem Grund wird befürchtet, dass die Teleportation die Eisenbahn nicht verdrängen wird – zumindest nicht, was den Personenverkehr betrifft.“* Gab es demnach bereits einen Teleportations- oder Beam-Apparat im 19. Jahrhundert?

Diese Begebenheit erinnert in markanter Weise an die gut 60 Jahre später veröffentlichte Horror-Novelle *„Die Fliege“* des französisch-britischen Autors George Langelaan. Auch da hatte ein Wissenschaftler einen, in der Verfilmung sogenannten *„Teleporter“* erfunden und schließlich auch an sich selbst ausprobiert. Bei einer dieser Teleportationsreisen war unbemerkt eine Fliege mitgereist und die Atome des Wissenschaftlers hatten sich mit denen der Fliege vermischt. Damit haben wir in beiden Fällen das gleiche Resultat. Hatte George Langelaan von dem Zeitungsbericht aus Bombay Kenntnis und ihn für seine Horror-Novelle als Grundlage benutzt? Anders herum kann es nicht gewesen sein, da der Zeitungsbericht bereits viele Jahre vor der Geburt von Langelaan erschien.

Interessant ist allerdings, dass wir es bei diesen angeblichen Teleportationsvorgängen in Indien mit einer Vorrichtung zu tun haben, die auf einer Drahtübertragung basiert. Das wiederum erinnert an einen ganz anderen angeblichen Teleportationsvorgang mittels eines Telegastrographen. 2015 berichtete unter anderen *The Age* über einen solchen Telegastrographen. Das ist eine Maschine, mit der mit Hilfe von elektrischem Strom der Geschmack von Speisen oder Getränken per Draht über jede Entfernung übertragen (teleportiert) werden kann. Dazu muss die zu übermittelnde Speise oder das zu übertragende Getränk in einen Behälter gelegt und an eine Batterie angeschlossen, also elektrifiziert werden. Dann kann die Übertragung (z.B. mittels eines Telegraphendrahts) beginnen. Das Gefühl des Essens oder Trinkens wird beim Empfänger vermittelt, indem dieser einfach das Ende des Drahtes zwischen die Zähne steckt. So kann man dann angeblich auch das Gefühl der Volltrunkenheit oder der Völle bekommen, wie es in diversen Berichten heißt. Wenn man die Drähte dann wieder aus dem Mund entfernt, ist sowohl das Völlegefühl als auch die Berauschtheit wieder weg. Schließlich hat man ja nicht wirklich etwas zu sich genommen. Die Erfindung des Telegastrographen soll auf Alexander Graham Bell (* 03.03.1847 – † 02.08.1922), den Erfinder des Telefons, zurückgehen. Bell, oft auch als *„Dr. Bell“* bezeichnet, konnte auf den Ideen seiner Vorgänger aufbauend das Telefon zur Marktreife entwickeln und mit seinem Unternehmen *American Telephone and Telegraphy Company* ein flächendeckendes Telefonnetz in Nordamerika aufbauen.

Das Philadelphia-Experiment

Die Berichte über das Philadelphia-Experiment gehen vermutlich auf eine einzige Quelle zurück, nämlich auf den Matrosen Carl Meredith Allen (* 31.05.1925 – † 05.03.1994) von der US-Handelsmarine. Allen hat unter dem Namen Carlos Miguel Allende in öffentlichen Briefen an den UFO-Forscher Morris Ketchum Jessup (* 02.03.1900 – † 20.04.1959) erstmals vom Philadelphia-Experiment berichtet, das rund zwölf Jahre zuvor stattgefunden haben soll.

Demzufolge handelte es sich während des Zweiten Weltkriegs um ein Experiment mit einer neuartigen Tarntechnologie, mit der der Zerstörer USS Eldridge unsichtbar werden sollte. Nach der Legende darüber soll dies insofern gelungen sein, da er plötzlich im Hafen von Philadelphia (US-Bundesstaat Pennsylvania) verschwunden war. Wie einige Autoren, die darüber berichteten, schrieben, tauchte der Zerstörer gleichzeitig im Hafen vom rund 500 Kilometer entfernten Norfolk (US-Bundesstaat Virginia) auf. Dort dematerialisierte er sich wieder um sich anschließend wieder in Philadelphia zu rematerialisieren. Während es sich bei dieser Begebenheit um die Schilderungen von Aussagen eines Dritten handelt, hat Allen im Oktober 1943 während eines Aufenthalts als Matrose auf dem Handelsschiff SS Andrew Furuseth selbst gesehen, wie der Zerstörer, der im selben Konvoi fuhr wie das Handelsschiff, auf dem sich Allen befand, plötzlich unsichtbar wurde. Nur noch der Kielabdruck des Schiffes im Wasser wäre sichtbar gewesen. Das Ganze habe 15 Minuten gedauert.

Während die US-Navy alles abstreitet, gibt es Dokumente, die belegen, dass in den frühen 40er Jahren ein Geheimprojekt mit dem Codenamen Rainbow stattgefunden hat.

Nikola Tesla, auf den wir im nachfolgenden Abschnitt noch näher eingehen, war unzweifelhaft einer der bedeutendsten Erfinder im 20. Jahrhundert. Seine bahnbrechenden Erfindungen auf den Gebieten der Elektrotechnik und der Physik machten ihn auch für das US-Militär interessant. So war Tesla auch an einigen Projekten beteiligt, über die die Weltöffentlichkeit bis heute wenig oder gar nichts weiß. Bei einem dieser Projekte handelte es sich um das legendäre Philadelphia-Projekt – ein geheimes Experiment der US-Marine um Kriegsschiffe für das Radar unsichtbar zu machen.

An der *University of Chicago* wurde bereits in den frühen 1930er Jahren mit Experimenten begonnen, in denen man Objekte unsichtbar machen wollte. Die Codenamen für diese Experimente waren *„Rainbow"* und *„Invisibility"*. Später wurde das Projekt an das *Princeton Institute for Advanced Studies* verlegt. Nikola Tesla wurde zum Direktor des Projekts ernannt und arbeitete seitdem eng mit der US-Navy zusammen. Techniker des Militärs installierten an Deck eines unbemannten Schiffes gewaltige Generatoren, die extrem starke Magnetfelder erzeugen sollten. Der erste Testlauf wurde dann im Jahr 1940 durchgeführt und war ein voller Erfolg wie es hieß. Das ganze Schiff verschwand vor den Augen zahlreicher Zeugen.

Es gibt allerdings auch Quellen, die berichten, dass am 22. Juli 1943 ein bemannter Testlauf stattfand. Die Besatzung hatte diesen Quellen zu Folge gesundheitliche Probleme. Dazu heißt es: *„Es ging der Besatzung nicht gut, die nach Abschaltung der Generatoren an Kopfschmerzen, Übelkeit und Orientierungslosigkeit litten."* Genau dies soll Tesla vorausgesagt haben.

Die Navy plante bereits einen solchen Versuch mit einem weiteren bemannten Schiff durchzuführen. Tesla wusste oder ahnte es zumindest, dank seiner eigenen Erfahrungen mit Experimenten zur Elektrogravitation, dass ein solcher Test mit einer weiterentwickelten Technik und einer Mannschaft an Bord fatale Folgen hätte. Deshalb warnte er die offiziellen Stellen vor den Folgen einer starken Strahlung für die Matrosen. Doch die US-Navy schlug alle Warnungen in den Wind und war versessen darauf die neu erhoffte Technik zu bekommen und so den Krieg zu gewinnen. Die bemannten Experimente sollten in jedem Fall stattfinden. 1942 beschloss Tesla sich von dem Projekt zurückzuziehen. Nach Teslas Rückzug aus dem Projekt hat ein Dr. John von Neumann (* 28.12.1903 bis † 08.02.1957), der ein Pionier auf den Gebieten der Quantenmechanik gewesen sein soll, die Leitung des Projekts übernommen. Neumann hatte, wie sich herausstellen sollte, weniger Skrupel als Tesla und führte die Experimente weiter ohne Teslas Warnungen zu beachten. Einige Quellen berichten, dass Tesla vor seinem Rückzug die Ausrüstung für das geplante Experiment sabotierte. Ging das Philadelphia-Experiment deshalb schief?

Berichten zur Folge hat Dr. Neumann auch den Physiker Thomas Townsend Brown (* 18.03.1905 bis † 22.10.1985) für das Projekt anwerben können. Brown, der sich mit Elektrogravitation, Effekten der Gravitation und Magnetismus beschäftigte, entdeckte 1921 bei Experimenten während seiner College-Zeit den Biefeld-Brown-Effekt. Sein Name steht vor allem mit der Anti-Schwerkraft in Verbindung. Eine Eigenschaft, die sich nach Browns Theorien auch die UFOs als Antriebselement zu Nutze machen. Zur Zeit der Experimente im Projekt Rainbow, genau gesagt ab 1941, war T. T. Brown für das Office of Scientific Research and Development (Amt für wissenschaftliche Forschung und Entwicklung) tätig. Am 24. Oktober 1956 gründete er in Washington D.C. das National Investigations Committee On Aerial Phenomena (NICAP). Dies war eine der bedeutendsten UFO-Forschungsorganisationen seiner Zeit.

Beim Projekt Rainbow soll es allerdings, wie das US-Militär heute behauptet, nicht darum gegangen sein den Zerstörer unsichtbar zu machen oder eine Antiradartechnologie zu erfinden, sondern mit Magnetfeldern einen Eigenschutz zu erzeugen, der Schiffe unempfindlicher gegen die Torpedos mit Magnetzündern zu machen, die von den deutschen U-Booten benutzt wurden.

Wie Carl Meredith Allen in seinen öffentlichen Briefen behauptete, waren die Auswirkungen auf die Besatzung des Schiffes verheerend gewesen. Etliche waren tot, einige spurlos verschwunden oder hätten geistigen Schaden genommen. Andere wiederum sind verbrannt oder gar mit dem Schiff verschmolzen gewesen. Ihre Moleküle hatten sich während der Teleportation mit denen des Schiffes vermischt. Letzteres erinnert wiederum an George Langelaans Romannovelle *„Die Fliege“*, in der sich die Moleküle einer Fliege mit der eines Menschen vermischten, als beide gleichzeitig durch einen Teleporter teleportiert wurden. Allen schreibt in seinen Briefen weiter, dass noch Jahre nach dem Vorfall Überlebende des Experiments auf der USS Eldridge schwer erkrankten oder sich gar spontan in Luft aufgelöst hätten.

Sollte trotz aller Skepsis und Zweifel tatsächlich ein Funke Wahrheit in der Geschichte stecken, dann muss man zu der Schlussfolgerung kommen, dass das Schiff offensichtlich durch Zeit und Raum gesprungen ist.

Hatte Nikola Tesla eine Teleportations-Maschine erfunden?

Nikola Tesla (* 10.07.1856 – † 07.01.1943) soll sich verschiedenen Quellen nach ernsthaft, sowohl theoretisch, als auch experimentell, mit der Teleportations-Technologie und sogar mit Zeitreisen beschäftigt haben. Er befand diese aber als noch zu gefährlich für die Menschheit. Es wird vermutet, dass er sich auch aus diesem Grund bereits 1942 vorzeitig wieder aus den Vorbereitungen zum Philadelphia-Versuch der US-Navy zurückzog und jede weitere Zusammenarbeit verweigerte. Wie im vorangegangenen Abschnitt dargelegt, handelte es sich dabei ganz offensichtlich um ein Teleportations-Experiment, bei dem offenbar auch die sogenannten Tesla-Spulen zum Einsatz gekommen sind. Nach Tesla funktionieren Teleportation und Zeitreisen nach demselben Prinzip.

Wenige Wochen vor seinem Tod hinterließ er uns wohl sein größtes Geheimnis mit einer rätselhaften Aussage. Darin behauptete Tesla, das seine Maschine (Zeitmaschine?) ihn in einem künstlichen

Magnetfeld umschloss und er sich in einem völlig anderen Zeit- und Raumfenster befunden habe. *„Ich konnte Vergangenheit, Gegenwart und Zukunft gleichzeitig sehen."* Im Zusammenhang ist auch seine These, *„Wenn du nur die Großartigkeit der 3 6 und 9 kennen würdest, hättest du den Schlüssel zum Universum"* ein möglicher Schlüssel zum Verständnis von Raumzeit, Teleportation und Zeitreisen?

Tesla wurde vom Personal des Hotel *New Yorker* morgens am 8. Januar 1943, rund neun Monate bevor das Philadelphia-Experiment stattfand, tot in seinem Zimmer aufgefunden. Als Todeszeitpunkt trug der Arzt den 7. Januar 1943 in die Todesbescheinigung ein. Obwohl Tesla US-Staatsbürger war, wurden alle seine Unterlagen sowie sein gesamtes Eigentum, das sich im Hotelzimmer befand, umgehend vom *Office of Alien Property Custodian* beschlagnahmt. Das lag darin begründet, dass man vermutete die Unterlagen und Aufzeichnungen könnten sonst ins Ausland gebracht werden. Diese Gefahr hätte definitiv bestanden, wenn man bedenkt mit welchen Dingen sich Tesla beschäftigte und welche Kenntnisse er zu damit zusammenhängenden militärischen Vorgängen hatte. Verschiedentlich tauchte auch die Theorie auf, Tesla sei wegen seiner Forschungen und Kenntnisse ermordet worden. Dies könnte durchaus der Fall sein, da sich ganz offensichtlich auch die Nazis und das Ahnenerbe stark für Tesla interessiert haben. Mehr dazu im Kapitel *„Besaßen die Nazis die Gravitations- und Teleportations-Technik?"*, wo wir die Zusammenhänge zwischen Tesla und den Nazis näher beleuchten.

In der britischen TV-Talentshow *„Britain's Got Talent"* trat im Jahr 2019 unter anderem ein Magier auf, der ein interessantes Schauspiel vorführte, das mit Tesla und dessen sogenannten Tesla-Röhren in Verbindung gebracht wurde und durchaus den Eindruck erweckte real zu sein.

Der Magier wirft ein zu einem Papierflieger gefaltetes Blatt bedrucktes Papier von der Bühne ins Publikum. Die Dame, bei der der Papierflieger landet muss dann das Blatt hinter ihrem Rücken halten und darauf mit einem Stift eine Stelle markieren. Sie markiert schließlich die Stelle, an der sich die Nummer *„L 34"* befindet, was einer weiteren Sitznummer im Saal entspricht. Auf diesem Sitz befindet sich eine Zuschauerin namens Anika, die der Magier nun für seine nächste Vorführung auswählt und mit zur Bühne nimmt. Die Auswahl von Anika als Versuchsperson des nun folgenden Schauspiels war also rein zufällig und unbeeinflusst. So hat es zumindest den Anschein.

Auf der Bühne stehen drei Objekte, von denen das rechte und das linke Objekt scheinbar vollkommen identisch sind. Es handelt sich dabei jeweils um eine Art Käfig, aus (vermutlich) Holzstäben, die achteckig angebracht sind. Die Zwischenräume der Stäbe, die eine komplette Sicht ins Innere zulassen sind offen. Der Käfig scheint mit ein paar waagerechten Drähten umspannt zu sein und steht auf einem ebenfalls achteckigen, niedrigen Holztisch, der etwas größer als die Außenmaße des Käfigs sind. Das dritte Objekt in der Mitte steht etwas nach hinten versetzt. Dabei handelt es sich scheinbar um ein rundes Gebilde aus Stahl, das wie ein Geflecht aus kleinen Quadraten aussieht. Im Innern steht eine Säule, vermutlich aus Metall; vielleicht Kupfer. Auf dem oberen Ende dieser Säule befindet sich eine Halbkugel mit der Wölbung (wie eine Kuppel) nach oben. Aus dieser Halbkugel schießen Lichtblitze (Lichtbögen), was auf eine hohe elektrische Spannung hindeutet. Bezeichnet wird dieses Objekt vom Magier als *„Tesla Coil"* (Tesla Spule).

Nun wird Anika von dem Magier in den linken der beiden Käfige geführt und die Käfigtür dann verschlossen. Der Magier geht zwischen die Käfige und hebt vom Boden zwei Kabelenden auf, die beide mit einer entsprechend ineinanderpassenden Steckverbindung ausgestattet sind. Er hält sie hoch und Zählt von fünf ausgehend herunter. Bei „Null" angekommen, steckt er die beiden Kabel ineinander. Dabei entsteht über der Tesla Spule ein Funkenregen. In den beiden vorderen Käfigen fällt ein roter Vorhang herab, der bei beiden Käfigen den Blick ins Innere verbirgt. Dann geht der Magier zum linken Käfig, in dem sich Anika befunden hat. Er nimmt den Vorhang und reißt ihn herunter, wobei über dem Käfig wieder ein Funkenregen entsteht. – Der Käfig ist leer! Nun geht der Magier zum rechten Käfig und reißt bei diesem den Vorhang herab, wobei sich auch über diesem Käfig ein Funkenregen bildet. – Dieser ehemals leere Käfig beherbergt inzwischen die Zuschauerin Anika, die ursprünglich im linken Käfig war. Jetzt öffnet der Magier die Käfigtür und hilft Anika aus dem Käfig. Diese ist sichtlich irritiert nun aus dem rechten käfig zu steigen …

Was war hier geschehen? Handelte es sich tatsächlich um einen technisch herbeigeführten Teleportations- oder Beam-Vorgang? Oder war doch alles nur ein billiger Zaubertrick ohne realen Hintergrund? Der entsprechende Ausschnitt aus der Sendung mit dem Auftritt dieses Magiers wurde auch bei YouTube unter dem Link https://www.youtube.com/watch?v=pz-zTAz9A6Y veröffentlicht. Die Szenen dazu beginnen nach dem ersten Auftritt des Magiers bei Minute 1.55 und dauern gute zweieinhalb Minuten.

Tesla-basierte Teleporter, sollen sich heute unter anderem in der Einrichtung der Curtiss-Wright Aeronautical Company in Wood Ridge, New Jersey, und im Sandia National Laboratory in Sandia, New Mexico, befinden. Dies behauptet zumindest der Whistleblower Andrew D. Basiago, über den wir im Kapitel *„Projekt Pegasus und der Chronovisor – Fakt oder Science-Fiction?“* ausführlich berichten.

Ein US-Patent für eine Teleportations-Maschine

Im Jahr 2004 wurde das US-Patent US20060071122A1 von John Quincy St. Clair (* 21.05.1945 – † 13.09.2021) vom *Hyperspace Research Institute* (Institut für Hyperraumforschung in San Juan, Puerto Rico) angemeldet. Es handelt sich dabei um ein Patent für ein *„Ganzkörper-Teleportations-System“*. St. Clair sagt zu seiner Erfindung: *„Meine Erfindung ist ein System, das einen Menschen durch den Hyperraum von einem Ort zu einem anderen teleportiert, indem er eine gepulste Gravitationswelle verwendet, die sich durch den Hyperraum ausbreitet.“* Notwendig dazu wäre nur ein *„gepulstes Gravitationswellen-Wurm-*

loch-Generatorsystem“. Das klingt geradezu fantastisch. Aber was genau steckt wirklich dahinter?

John Quincy St. Clair war ein anerkannter Hyperraumphysiker und exzentrischer Erfinder, der zwischen den Jahren 2002 und 2005 viele Patente angemeldet hat. Darunter waren auch einige sehr ausgefallene aus seiner Zeit am *Hyperspace Research Institute*. St. Clair war genauso brillant wie Nikola Tesla. Zu seiner Erfindung des Ganzkörper-Teleportations-Systems dürfte St. Clair höchstwahrscheinlich auf die Forschungen Teslas aufgebaut und sich diese zu Nutzen gemacht haben.

Als er am 23. Oktober 2003 das Patent für einen „*Magnetischen Vortex-Wurmloch-Generator*“ (Patent-Nr. 20030197093) anmeldete, ahnte noch niemand, was er als Vordenker geschaffen hatte. Diese Erfindung enthielt den Bauplan für einen magnetischen Wirbelgenerator, der die Fähigkeit besitzt, ein stabiles Wurmloch zwischen unserem Raum und dem Hyperraum zu erzeugen. Der Hyperraum besteht aus mindestens vier Dimensionen, den drei Raumdimensionen und der Zeitdimension, wenn man nur die Allgemeine Relativitätstheorie betrachtet. Seit 1995 gibt es die M-Theorie, die sogar von elf Dimensionen im Universum ausgeht. Der Wurmlochgenerator besteht aus zwei konzentrischen zylindrischen Spulen, was ebenso wieder an die Forschungen Teslas, insbesondere an die sogenannten Tesla-Spulen, erinnert.

In der Patentbeschreibung erklärt der Erfinder, das zum Verständnis grundlegende theoretische Kenntnisse in Gravitations- und Hyperraumphysik, Elektromagnetismus, Frequenzen, Wurmlöcher, Quantenphysik sowie über die Hypothese des menschlichen Energiefeldes, besser bekannt als Aura, nötig sind. Zum menschlichen Energiefeld muss angemerkt werden, dass St. Clair davon ausgeht, dass jedem Menschen eine Art Hyperraum-Energiewesen innewohnt, welches vielleicht im religiösen Sinne auch als Seele bezeichnet werden kann. Da der Hyperraum kodimensional mit unserer Dimension ist, durchdringt das Energiewesen den Körper und kontrolliert dessen Bewegung. Da auch das Energiewesen ein gewisses Eigengewicht haben muss, führte St. Clair Messungen durch, indem er die Betten zweier sterbender Personen auf eine Waage stellte. In beiden Fällen gab es einen Gewichtsverlust von 0,071 Kilogramm. Somit wird davon ausgegangen, dass das in jedem Menschen innewohnende Hyperraum-Energiewesen ein Gewicht von 71 Gramm und damit auch Masse hat. Hier wird nicht das klassische Beamen für eine erfolgreiche Teleportation vorausgesetzt, sondern St. Clair schreibt von einer Wellenbewegung beim teleportieren, in der der zu Teleportierende durch sein innewohnendes Hyperraum-Energiewesen mitgetragen wird. Zusammenfassend steht in seinem Patent für das Ganzkörper-Teleportations-System:

„Es ist die Aufgabe dieser Erfindung, einen Menschen von einem Ort zu einem anderen zu teleportieren, indem eine gepulste Gravitationswelle erzeugt wird, die sich durch den Hyperraum bewegt und die Quantentöpfe des menschlichen Energiewesens asymmetrisch komprimiert und expandiert. Diese raumzeitliche Krümmungsverzerrung der Hyperraum-Quantentöpfe zieht den physischen Körper aus der Dimension, so dass der Mensch zusammen mit der Welle teleportiert wird. Während sich die gepulste Welle an den Quantentöpfen vorbeibewegt, wird der Mensch an einem entfernten Ort wieder in die Dimension zurückgebracht. Die Erfindung erfordert 1. eine Vorrichtung, die ein Wurmloch zwischen Raum und Hyperraum erzeugt und 2. eine Vorrichtung, die eine Gravitationswelle erzeugt, die durch das Wurmloch eingeführt wird.“

St. Clair hat zwar die Funktionsweise und die Vorrausetzungen seines Transportsystems beschrieben, aber selber keine funktionierende Maschine gebaut. Trotzdem ist es ein wichtiger Baustein, um in Zukunft einen Teleporter bauen zu können, falls noch keiner existiert.

Besaßen die Nazis die Gravitations- und Teleportations-Technik?

Am 1. Juli 1935 wurde von Heinrich Himmler (Reichsführer SS) und Hermann Wirth, einem niederländischen Privatgelehrten, die *Forschungsgemeinschaft Deutsches Ahnenerbe* als *„Deutsches Ahnenerbe" Studiengesellschaft für Geistesurgeschichte e. V.* gegründet. Ab dem 20. März 1937 firmierte die Gesellschaft als *Das Ahnenerbe e. V.* und seit dem 17. März 1942 bestand die auch als SS-Ahnenerbe betitelte Gesellschaft parallel als *Amt A* innerhalb des *Hauptamt Persönlicher Stab Reichsführer-SS.*

Das Ahnenerbe beschäftigte sich überwiegend mit archäologischen, anthropologischen und geschichtlichen Forschungen und Expeditionen. Aber auch Okkultismus und Magie waren von großem Interesse. Anhand alter Texte und Überlieferungen suchte man auch nach technischen Hinterlassenschaften vergangener Hochkulturen. Dies wurde Axel Ertelt auch während des zweiten in Chicago stattfindenden Weltkongress der A.A.S. von dem gebürtigen, ehemaligen deutschen NASA-Ingenieur Mr. Weiss bestätigt, der selbst auf so einer Forschungsmission in Südamerika zugegen war. Mr. Weiss sagte damals, dass man bei dieser und ähnlichen Expeditionen besonders nach Flug- und Waffentechnik früherer Hochkulturen gesucht habe. Jahre später führte Mr. Weiss diese Forschungen auch im eigenen Interesse und in Eigenregie weiter. So war er auch nach der Entdeckung der Grabkammer im Tempel der Inschriften von Palenque in dieser und untersuchte damals insbesondere die berühmte Grabplatte, von der Erich von Däniken spekulierte, dass dort ein Indio zu sehen wäre, der etwas wie Pedale bediente. Das Gerät auf der Grabplatte identifizierte Mr. Weiss dann als einen Kufenschlitten mit einem Düsenantrieb, den er auch im Modell nachbaute. Dieser Kufenschlitten sah haargenau so aus, wie ein Gegenstück, das Axel Ertelt bei einer Forschungsexpedition mit Kollegen ein paar Jahre zuvor auf einer Felsgravur beim sagenumwobenen Hohlstein bei Troisdorf-Spich im Rhein-Sieg-Kreis entdeckt hatte. Anhand der Schlittenkonstruktion mit hinten befindlicher Düse und des Aussehens des Hohlsteins stellten Axel Ertelt und seine Kollegen damals die Frage zur Diskussion, ob es sich hier um eine Startrampe der Götter gehandelt haben könnte. Dazu gibt es sogar einen entsprechenden Vermerk auf der offiziellen Infotafel zum Hohlstein, den auch die Online-Enzyklopädie Wikipedia übernahm (https://de.wikipedia.org/wiki/Spicher_Hohlstein; hier ist auch die Hinweistafel abgebildet). Also waren die Überlegungen und Ergebnisse des Deutschen Ahnenerbes nicht nur reine Verschwörungstheorie und Pseudowissenschaft.

Ein allseits bekannter Ort inmitten von Deutschland, für den sich das Ahnenerbe interessierte, waren die Externsteine bei Horn – Bad Meinberg. Deshalb hatte man im Oktober 1936 auch die *Pflegestätte für Germanenkunde* (Hermanns-Denkmal) in Detmold übernommen, wozu auch der *Führungsdienst Externsteine* gehörte. Die Externsteine waren eine wichtige *„Kultstätte der Ahnen"*, an der man auch den Standort einer Irminsäule vermutete, die allerdings von Karl dem Großen zerstört worden sei.

Der Untersberg im Berchtesgadener und Salzburger Land ist bekannt für verzweigte Höhlen und Zeitphänomene. Das soll auch die Nazis im Dritten Reich interessiert haben. Und so wurde auch das Deutsche Ahnenerbe hier aktiv, wie einige Quellen berichten. Diesen zufolge sollen die Nazis seinerzeit auch geheime Gerätschaften wie Gravitationsmaschinen und Gravitationsveränderungsgeräte dorthin verbracht haben. Es wird zudem berichtet, dass der Waffen-SS-General Hans Kammler in diesem Zusammenhang einmal sagte: *„Wichtig waren für uns eigentlich nur die Beherrschung der Zeit und die steuerbaren Dimensionstore."* Beherrschten die Nazis damals etwa schon die Zeitreise (-Teleportation)?

Als Nikola Tesla verstarb, wurden bekanntlich seine gesamten Unterlagen umgehend vom *Office of Alien Property Custodian* (OAPC), nicht vom FBI, wie einige Quellen fälschlicherweise behaupten, beschlagnahmt, damit sie nicht in fremde (ausländische) Hände fallen konnten. Man hatte seinerzeit nämlich ernsthaft vermutet, dass diese Unterlagen ins Ausland gebracht werden könnten. Es war damals auch von den US-Behörden vermutet worden, dass sich besonders der deutsche Reichs-Geheimdienst für Teslas Unterlagen und Experimente interessierte. Einige Informanten sprachen davon, dass es von dieser Seite bereits geheime Kontakte mit Tesla gegeben habe. Dies wiederum bestätigt die Vermutung, dass die Nazis ein großes Interesse an den Themen Zeitreise und Teleportation hatten. Kannten sie vielleicht das Geheimnis der Tesla-Spulen?

Dies ist durchaus möglich, denn neue Erkenntnisse belegen, dass Tesla mehr Kontakte zu den Nazis hatte als es das OAPC damals für möglich hielt. Neben den Tesla-Spulen und damit verbundenen Themen wie Teleportation, Zeitreisen und Gravitation beschäftigte sich Tesla seit 1935 offenbar auch mit einer *„Strahlenkanone“*, die auch alternativ als *„Todeskanone“* bezeichnet wurde. Ein weiteres Element, an dem die Nazis verstärkt Interesse gehabt haben dürften.

Eine Zentralrolle der Nazis in Verbindung zu Tesla und dessen Tod spielte nach neuen Erkenntnissen des US-amerikanischen Mathematikers, Physikers und Psychologen Bill Ryan, aufgedeckt im *„Projekt Avalon“*, der Diplom-Ingenieur und ehemalige österreichische SS-Obersturmführer Otto Skorzeny. Offiziell soll der am 12. Juni 1908 geborene Skorzeny am 5. Juli 1975 im Alter von 67 Jahren in Madrid an Krebs verstorben und seine Urne nach der Einäscherung auf dem Döblinger Friedhof in Wien in der Familiengrabstätte beigesetzt worden sein. Jedenfalls steht es so auf dem gemeinsamen Grabstein der Familie. Doch das stimmt gar nicht bezeugte der jüdische US-Amerikaner Eric Berman. Berman war in den 1990er Jahren mit der Tochter Skorzenys befreundet und hatte daher auch den 1999 bereits 90jährigen Otto Skorzeny kennengelernt. Wie sich herausstellte war dieser in die USA ausgewandert und hatte dort zwischenzeitlich vom CIA eine neue Identität erhalten.

Zuvor soll er jedoch noch über mehrere Jahre für den israelischen Geheimdienst MOSSAD gearbeitet haben. Skorzeny selbst sagte später, dass er im Auftrag des MOSSAD auch den am 11. September 1962 in München spurlos verschwundenen Heinz Krug mitgeholfen hat zu ermorden, indem er diesen in die Falle des MOSSAD lockte. Krug war maßgebend an der Raketenentwicklung in Ägypten beteiligt und stand deshalb auf der Abschussliste des israelischen Geheidienstes.

Bevor Skorzeny dann am 31. Dezember 1999 in den USA tatsächlich starb überließ er Eric Berman einen Schuhkarton voller Fotos, die zwischen den 1930er und 1990er Jahren aufgenommen worden waren. Was sich jedoch als besonders interessant und spektakulär herausstellte, war die Totenbettbeichte Skorzenys, die er Berman machte. Demnach hatte Otto Skorzeny zusammen mit Reinhard Gehlen den Erfinder Nikola Tesla durch Strangulation ermordet, nachdem sie zwei Tage zuvor Tesla bereits besucht und ihm Details seiner wichtigsten Erfindungen abgepresst hatten, die Skorzeny an Hitler weitergeleitet haben will.

Vor seiner Ermordung war Tesla offenbar bereits jahrelang von deutscher Seite ausspioniert worden. So war ein gewisser George H. W. Scherff sr. von 1898 bis 1905 als Geschäftsführer bei Tesla tätig und auch später noch über viele Jahre in Teilzeit bei ihm beschäftigt. Dessen Sohn, George H. W. Scherff jr. (* 12.06.1924 bis † 30.11.2018), spionierte später Tesla ganz massiv aus, was ihm dadurch leichtgemacht wurde, weil sein Vater immer noch bei Tesla ein und aus ging. George H. W. Scherff jr. wurde in den USA von einem gewissen Prescott Bush und dessen Ehefrau Dorothy Walker Bush adoptiert und hieß von da an George Herbert Walker Bush und wurde der 41. Präsident der USA. Einer dessen Söhne wiederum wurde später der 43. Präsident der USA.

So unglaublich die vorstehenden Fakten auch klingen mögen, sie wurden (neben anderen Quellen) auch durch folgende seriöse Quellen bestätigt: das *NET-Journal* (Jupiter Verlag Adolf und Inge Schneider, CH-Schaffhausen), die Tesla Society Schweiz & EU (CH-St. Gallen). Links auf entsprechende PDF-Dateien als Quellenbeispiele finden Sie im Quellenverzeichnis unter *NET-Journal*.

Doch zurück zu den Nazis: Die 1. Gebirgsdivision aus Garmisch-Partenkirchen hatte den Auftrag im August 1942, sobald die Heeresgruppe Süd bis an den Kaukasus vorgedrungen war, den höchsten Gipfel zu besteigen um auf dem 5.642 Meter hohen Elbrus die Reichskriegsflagge zu hissen. Die Nazis wählten den Bereich um diesen heiligen Berg der Arier, die vielleicht die Nachkommen der mächtigen Atlanter von Atlantis waren, zur mystischen Stammheimat der Germanen. Einer Legende nach soll sich im Innern des Berges einer der sogenannten Orte der Macht befinden. Diese Orte der Macht sollen Tore der Götter sein, die unter anderem auch nach Shambhala führen. Shambhala ist ein legendäres, übermächtiges und starkes Reich. Im tibetischen Buddhismus ist es ein irgendwo in Zentralasien verborgenes Königreich. Durch diesen Ort der Macht, dem Tor der Götter, hofften die Nazis durch Teleportation (wie es in einigen Quellen heißt) nach Shambhala zu gelangen. Dort erhofften sie sich die Informationen zur Herstellung der „absoluten Waffe" zu erhalten, deren Besitz dann die Allmacht und die ewige Macht über die ganze Welt bedeutete.

Erst Anfang des Jahres 2009 wurde der Geheimdienstbericht Nr. 041 vom 29. Oktober 1942 freigegeben, nach dem das Hauptquartier der 2. Gardedivision der Roten Armee die Nachricht über die Landung eines deutschen Flugzeugs in der Bergregion des Kaukasus erhielt. Bekannt wurde dann, dass dieses Flugzeug eine Gruppe tibetischer Mönche auf ein Plateau brachte. Diese Mönche wurden von Spezialisten des Ahnenerbes begleitet. Das Plateau, welches in einer Höhe von 2.800 Metern liegt, wird seitdem auch öfters mal als *„deutscher Flugplatz"* bezeichnet. Die tibetischen Mönche haben dort, zusammen mit den Spezialisten vom Ahnenerbe, dem Geheimdienstbericht zufolge am 29. Oktober 1942 ein Ritual durchgeführt um die Tore zu einer anderen Welt zu öffnen und so nach Shambhala zu gelangen. Da wollten sie dann die Halle der Chronik, den legendären Raum des Heiligen Wissens, betreten.

Man fand später in dem Gebiet einige wenige Leichen, die den Angehörigen des Ahnenerbes zugeschrieben wurden. Der Verbleib der tibetischen Mönche hingegen ist bis heute unbekannt. Was war ihr Schicksal? Sind sie ebenfalls gestorben? Oder sind sie nach Shambhala teleportiert wie einige meinen? Trotzdem der Verbleib der Mönche ungeklärt ist gibt es am Elbrus einen Ort, der Grab der Lamas genannt wird.

Ein anderes Gebiet, dass die Nazis sehr interessiert haben dürfte, ist der Mount Kailash in Tibet (siehe auch Kapitel *„Kailash – Der geheimnisvolle Berg in Tibet“*). Bekannt ist eigentlich nur die deutsche Tibet Expedition von 1938/39. Sie wurde vom deutschen Zoologen Ernst Schäfer geleitet und von der SS-Organisation Ahnenerbe sowie von Heinrich Himmler gefördert. Doch da gibt es keine Anhaltspunkte dafür, dass man auch am Mount Kailash war. Über eine (oder zwei?) Expedition(en) in den Jahren 1934 bis 1936, die von Ernst Schäfer nach Tibet gemacht worden sein sollen, ist allerdings so gut wie nichts bekannt. Der Südhang des Mount Kailash wird von einem vertikalen Spalt durchschnitten, der in der Mitte von einem horizontalen Spalt gekreuzt wird. Je nach Lichteinfall in der Abendsonne bilden sie optisch die Balken eines Hakenkreuzes. Darum wird der Kailash in der Bön-Religion auch manchmal *„Berg des Hakenkreuzes“* genannt. So manch ein Forscher nimmt sogar an, dass das uralte Symbol des Hakenkreuzes, das Swastika (nach dem Sanskritwort *„svastika“*), welches auf der ganzen Welt verbreitet und ein religiöses Sonnensymbol ist, hier seinen Ursprung hat. Somit dürften die Nazis, wenn sie davon Kenntnis hatten, ganz besonders am Mount Kailash interessiert gewesen sein, zumal auch der Kailash, wie der Elbrus, als Tor nach Shambhala gilt. Bekannt ist ja auch, dass die Nazi-Führer, wie beispielsweise Heinrich Himmler, glaubten, dass Tibet den letzten der ursprünglichen arischen Stämme beherbergen könnte. Das sollen die legendären Vorfahren derer sein, die damals als die deutsche Rasse galten. Und deren arische Führer sollten übernatürliche Kräfte besitzen. Die Nazis glaubten diese Kräfte nutzen zu können um die Welt zu erobern. Die Ideen über eine arische Herrenrasse tauchten erstmals gegen Ende des 19. Jahrhunderts in den Medien auf.

Trevor Ravenscroft schreibt in *„The Spear of Destiny"* (*„Der Speer des Schicksals"*; 1973), dass unter Einfluss von Karl Haushofer (* 27.08.1869 bis † 10.03.1946) und der Thule-Gesellschaft in den Jahren von 1926 bis 1943 jährlich deutsche Expeditionen nach Tibet stattgefunden hätten. Dies habe in erster Linie der Kontaktsuche und der Kontaktpflege mit den arischen Vorfahren in Shambhala und Agarthi gedient, die versteckt in unterirdischen Städten unter dem Himalaya lebten. Allerdings gibt es über solche Expeditionen keine offizielle Bestätigung.

In der Nazi-Zeit war auch der Glaube an ein mythisches Land namens Hyperborea, das gleichgesetzt wurde mit Thule, weit verbreitet. Vor allem Herodot (* um 490/480 v. Chr. bis † um 430/420 v. Chr.) hatte für eine Verbreitung der ägyptischen Legende um Hyperborea im hohen Norden gesorgt, wie Platon von Atlantis. Mehreren Überlieferungen zu Folge wurde Hyperborea von Eis zerstört und in die Inseln Thule und Ultima Thule aufgespalten. Die Bewohner Hyperboreas sollen dann nach Süden ausgewandert sein. Viele hochrangige Mitglieder aus dem Nazi-Regime, darunter Hitler, Himmler und Hess, waren davon überzeugt und glaubten fest daran und an die damals daraus resultierenden Schlussfolgerungen.

Ende des 17. Jahrhunderts hatte der britische Astronom Sir Edmund Halley als erster die Theorie von der hohlen Erde aufgebracht. Kurz danach tauchte der Begriff *„Vril"* auf und 1871 schrieb der britische Autor Edward Bulwer-Lytton in *„The Coming Race"* (*„Die kommende Rasse"*) eine höherstehende Rasse, die er Vril-ya nannte und die mit einer psychokinetischen Energie die Erde zu erobern plante. Obwohl es nur ein Roman gewesen sein soll, wurde der Inhalt von zahlreichen Menschen ernst genommen. Der französische Autor Louis Jacolliot brachte diesen Mythos mit seinen Büchern *„Les Fils de Dieu"* (*„Die Söhne Gottes"*; 1873) und *„Les Traditions indo-européennes"* (*„Die Indo-Europäischen Traditionen"*; 1876) weiter voran. Darin brachte er

Vril mit dem unterirdisch lebenden Volk von Thule in Verbindung, die eines Tages die Vril-Energie nutzbar machen würden um als Übermenschen die Welt zu regieren. Auch der deutsche Philologe und Philosoph Friedrich Nietzsche (* 15.10.1844 bis † 25.08.1900) sorgte für die Weiterverbreitung der Vorstellung des Übermenschen. In seiner Abhandlung *„Der Antichrist"* (1888) schreibt er unter anderem: *„Sehn wir uns ins Gesicht. Wir sind Hyperboreer."* Und in seiner im Nachlass veröffentlichten Aphorismen-Sammlung *„Der Wille zur Macht"* hebt er besonders die Rolle einer inneren Kraft bei der Entwicklung des Übermenschen hervor, erwähnt aber an keiner Stelle den Begriff des *„Vril"*.

Bal Gangadhar Tilak, ein früher Verfechter der Freiheit Indiens, sah in der Wanderung der Thuleaner nach Süden den Ursprung der arischen Rasse. Dies kommt zum Ausdruck in seinem 1903 erschienenen Werk *„The Arctic Home of the Vedas"* (*„Die arktische Heimat der Veden"*). Auch deshalb glaubten zu Anfang des 20. Jahrhunderts sehr viele Deutsche daran die Nachkommen der Arier zu sein. Schlussfolgernd daraus wären sie dazu bestimmt, durch die Macht des Vril zur Herrenrasse der Übermenschen zu werden. Dieser Auffassung war zweifellos auch Adolf Hitler.

Vril soll auch eine Kraft sein, mit der die angeblich im Dritten Reich entwickelten Flugscheiben geflogen sein sollen – und dies sogar weit in den Weltraum hinaus. Es tauchten auch immer wieder Behauptungen auf, dass das *„Großraumschiff Vril-Odin"* (angeblich 45 Meter im Durchmesser und 15 Meter in der Höhe) sogar zum Sternensystem Aldebaran geflogen sei. Es habe Geschwindigkeiten von rund 8.000 km/h im erdnahen Raum und im *„Antigravitationsraum"* sogar annähernd Lichtgeschwindigkeit erreicht. Neben zahlreichen anderen berichtete der Autor Maximillien de Lafayette auch, dass Dr. Otto Schumann nach den Unterlagen von Maria Orsic den legendären *„Schumann SM-Levitator"* entwickelt hat, der mit der Vril-Kraft funktionierte.

Einige sogenannte *„Verschwörungstheoretiker der rechtsextrem-esoterischen Szene“* schreiben in diesem Zusammenhang ebenfalls über die angeblichen Aldebaraner. Zu ihnen gehört unter anderem Jan Udo Holey (* 1967), der unter dem Pseudonym Jan van Helsing schrieb, dass die Aldebaraner bereits vor rund 735.000 Jahren auf die Erde gekommen seien und durch Geschlechtsverkehr mit den Ureinwohnern auf der Erde die unterschiedlichsten menschlichen Rassen begründeten. Holey alias van Helsing beschreibt weiter die angeblichen sensationellen Erlebnisse einer Familie Feistle mit den Aldebaranern. Axel Stoll (* 1948 bis † 2014) geht mit seinen Theorien sogar soweit, dass er behauptet die Arier stammten von den Aldebaranern ab und sollten in deren Auftrag über den Strafplaneten Erde herrschen. Das Sternensystem Aldebaran ist ein Doppelsternsystem im Sternbild Stier. Die größere der beiden Sonnen ist die Hauptsonne Alpha Tauri. Das System Aldebaran ist ca. 67 Lichtjahre von der Erde entfernt.

Dass während des Dritten Reichs an Flugscheiben oder scheibenförmigen Flugkörpern entwickelt und experimentiert wurde, steht heute eigentlich außer jeder Frage. Anhand der unterschiedlichsten Berichte und Zeugenaussagen sowie vorliegender Fakten muss es mehrere Projekte dieser Art gegeben haben, die teilweise auch völlig unabhängig voneinander stattfanden. So soll der deutsche Konstrukteur, Ingenieur Heinrich Richard Miethe, an einem diskusförmigen Flugkörper gearbeitet haben, der als das legendäre *„V7-Projekt“* bezeichnet wurde. Das *„V“* steht dabei für *„Vergeltungswaffe“*. Das hielt aber spätere Autoren nicht davon ab, diese Flugscheiben auch mit Bezeichnungen wie *„Vril 7“* oder *„Vril-Odin“* zu betiteln. Insgesamt soll es sieben Typen von *„Vril-UFOs“* gegeben haben. Zudem ist im Zusammenhang mit Maria Orsic auch immer wieder die Rede von einer sogenannten *„Jenseitsflugmaschine“*. Ob dies eine der sieben *„Vril-UFO-Typen“* war ist nicht sicher; eventuell identisch mit *„Vril 7“*, das vermutlich wiederum mit *„Vril-Odin“* identisch war. So wird der arischen Rasse, den Ariern, sogar zugeschrieben vor rund 5.000 Jahren *„Interplanetarflüge“* absolviert zu haben. Auch dazu sollen sie, wie einige behaupten, die geheimnisvolle Kraft des *„Vril“* benutzt haben.

Wenn man diesen Spekulationen folgt und Glauben schenkt, dann stellt sich einem unweigerlich die Frage: *„Was ist Vril?“* Vril muss dann eine ganz spezielle und vielfältige kosmische Kraft sein, die schlussfolgernd auch mit teleportieren und beamen zu tun hat, indem sie Wurmlöcher erzeugt, durch die man in andere Räume und vielleicht sogar Zeiten gelangen kann.

Erste offizielle Resultate auf dem Weg zum beamen?

Luc Montagnier, ein französischer Virologe, will mit einer Studie den Nachweis erbracht haben, dass ein in einem Reagenzglas befindliches DNA-Fragment in ein zweites, nur mit Wasser befülltes Reagenzglas teleportiert wurde. Bei dem Experiment wurden beide Reagenzgläser einem schwachen elektromagnetischen Feld von sieben Hertz ausgesetzt. 18 Stunden später fand eine Polymerase-Kettenreaktion der DNA statt. Danach befand sich auch in dem ursprünglich DANN-leeren Reagenzglas ein DNA-Fragment.

Auch der chinesische Wissenschaftler Jiang Kanzheng war in der Lage, DNA zu teleportieren. Dies geschah bei ihm sogar von einem lebenden Objekt zu einem anderen lebenden Objekt. So beeinflusste er eine Melone mit Hilfe eines elektromagnetischen Felds und übertrug dann deren DNA auf eine Gurke. In der Folge dieses Experiments schmeckten die neuen Gurken-Früchte wie eine Melone.

Der US-Biochemiker und Unternehmer John Craig Venter (* 14.10.1946) ist Begründer und Inhaber der Firma Celera Corporation und hat als Erster ein gesamtes menschliches Genom sequenziert. Außerdem gelang es ihm auch als Erstem ein Erbgut selbst herzustellen und in eine Zelle einzupflanzen. Daraus entstand ein lebensfähiges Bakterium. Venter argumentierte, dass die Zelle dieselbe molekulare Maschine ist, deren Software das Genom ist. *„Man kann mit einer Zelle alles machen, wenn man das Genom mit Methoden der*

Synthetischen Biologie verändert", sagte der Wissenschaftler. Und weiter: *„Digitalisierte biologische Informationen können wie jede andere Software mit Lichtgeschwindigkeit über große Entfernungen übertragen werden."*

Physikern ist es 2015 erstmals auch gelungen, ein magnetisches Wurmloch zu konstruieren. Dieses Wurmloch leitete ein Magnetfeld von seinem Anfang zu seinem Ende und erzeugt dort die Illusion, als erschiene dort ein *„aus dem Nirgendwo"* kommendes Magnetfeld. Das entsprechende Experiment gelang den Forschern um Jordi Prat-Camps von der Autonomen Universität Barcelona. Im Prinzip besteht das magnetische Wurmloch lediglich aus drei Teilen. Der Kern wird dabei von einer spiralförmig gewundenen Folie aus Mu-Metall (eine Nickel-Eisen-Legierung), die Magnetfelder konzentriert in eine Richtung leitet, gleichzeitig zudem nach außen hin begrenzt. Darum herum liegt eine kugelförmige Schale, die aus einem supraleitenden Materialbesteht. Die Schale wiederum wird von einer äußeren Hülle umgeben, die aus ferromagnetischem Material besteht.

Wie im Juli 2022 bekannt wurde, ist es Wissenschaftlern gelungen, innerhalb eines Quantencomputers eine neue Materie-Phase zu erzeugen, die zwei parallele Zeitdimensionen besitzt. Dies gelang, nachdem atomare Ionen (die Qbits, die Informationen im Quantencomputer speichern und verarbeiten) in einem Quantencomputer mit einer quasiperiodischen Abfolge von Laserimpulsen beschossen wurden. Die beteiligten Forscher, darunter Philipp Dumitrescu, Romain Vasseur und Andrew Potter, berichteten darüber in der Fachzeitschrift *„Nature"*.

Könnte dies ein weiterer Schritt zur Beamtechnologie sein, indem man einen Körper in die zweite, parallele Zeitdimension mit einer neuen Materie-Phase versetzt und dann am Zielort wieder in die ursprüngliche Zeitdimension zurückholt?

Laser können Materie entstehen lassen

Die Unschärferelation der Quantenmechanik sorgt dafür, dass ein vermeintlich leerer Raum niemals komplett leer sein kann. Zufallsfluktuationen erzeugen auch in einem augenscheinlich leeren Raum ständig neue Teilchen, wie beispielsweise Elektronen und Positronen, die man als *„virtuelle Teilchen“* bezeichnet.

Im Normalfall löschen sie sich aber gegenseitig aus, bevor sie wahrgenommen werden können. Seit den 1930er Jahren gibt es die Theorie, dass extrem starke elektrische Felder die virtuellen Teilchen aufgrund deren unterschiedlicher Ladung voneinander trennen können, bevor sie sich gegenseitig zerstrahlen. Dies wurde 1997 experimentell durch Physiker am Stanford Linear Accelerator Center (SLAC) in Menlo Park, Kalifornien, bestätigt. Das geschah jedoch immer nur mit einem einzigen Teilchenpaar. Laser, die eine Leistung von 10^{26} Watt auf eine Fläche von einem Quadratzentimeter bündeln können, wären imstande, eine Kettenreaktion auszulösen, in welcher Millionen Teilchenpaare entstehen würden.

Das erste Paar wird dabei vom Laser auf eine hohe Geschwindigkeit beschleunigt, wodurch es Licht aussendet. Dieses Licht, kombiniert mit dem des Lasers, bringt noch mehr Paare hervor, sagen Alexander Fedotov von der National Research Nuclear University in Moskau und seine Kollegen in einer Studie, für das Magazin *Physical Review Letters*. *„Eine große Anzahl von Teilchen wird aus dem Vakuum austreten“*, sagte auch John Kirk vom Max-Planck-Institut für Kernphysik in Heidelberg.

Könnten dies die ersten Ansatzpunkte für ein zukünftiges *„beamen“* wie bei *Star Trek* oder *Stargate* sein? Etwa gleichzeitig fanden ähnliche Experimente an der Universität Innsbruck statt, wie das Wissenschaftsmagazin *Nature* berichtete. Auch Wissenschaftler in Rom gelang damals ein ähnliches Experiment. Den österreichischen Forschern gelang die perfekte Kopie eines Teilchens herzustellen, die plötzlich an einem weit entfernten Ort auftrat. Was damals mit den kleinsten Teilchen der Natur gelang, nämlich die Verschiebung physikalischer Eigenschaften, egal wie groß die Entfernung ist, könnte schon bald mit Atomen gelingen. Dieser Ansicht war schon Ende der 1990er Jahre Anton Zeilinger, der Chef der damaligen österreichischen Forschungsgruppe.

Der amerikanische Physiker Charles Benett, der bereits Jahre zuvor mit Kollegen die sogenannte Quantenteleportation auf der die Experimente beruhten, angeregt hatte, meinte allerdings: *„Ich denke, es ist klar, dass die Teleportation komplexer lebender Strukturen, selbst von Bakterien, technologisch noch so weit entfernt ist, dass es nicht einmal lohnt, darüber nachzudenken.“* Die Österreicher schafften gerade einmal 100 Teilchen pro Stunde. *„Das ist viel zu wenig und zu unsicher“*, meint auch Harald Weinfurter, der für die Technik des Experiments beim österreichischen Team zuständig war. Und weiter sagte er: *„Ich würde mich jedenfalls nicht in unsere Apparatur hineinstellen.“*

In einem australischen Teleportationsexperiment gelang es den Wissenschaftlern 2002 die Lichtphotonen, aus denen der Laserstrahl besteht, sofort zu bewegen. In einem Abstand von einem Meter zum Ursprung wurden sie nachgebildet. Damit demonstrierten die Physiker die Möglichkeit, Milliarden von Photonen zu zerstören und an einem ganz anderen Ort zu reflektieren. Dies war der endgültige Zeitpunkt, an dem auch die wissenschaftliche Fachwelt ernsthaft über die Möglichkeit der Teleportation zu sprechen begann.

Auch einigen Physikern an der Universität Wien gelang ein einzigartiges Experiment in Bezug auf Teleportation. Sie konnten die Eigenschaften einzelner Lichtteilchen über eine Distanz von bis zu 600 Metern übertragen. Das geschah von einem Donauufer zum anderen. Die Labore auf beiden Donauseiten waren mit einem Glasfaserkabel verbunden. Bei dem Experiment wurden in einem der Labore drei verschiedene Quantenzustände von Photonen übertragen, die dann in dem anderen Labor reproduziert werden konnten. Der Prozess der Datenübertragung erfolgte unmittelbar und mit Lichtgeschwindigkeit.

Über die Ergebnisse dieses Experiments wurde unter anderem in der Fachzeitschrift *Nature* berichtet.

Rund zwei Jahre nach den australischen Wissenschaftlern, im September 2004, meldeten Wissenschaftler der Universität von Tokio, dass es ihnen gelungen sei Daten über eine unbegrenzte Entfernung zu übertragen, indem sie eine Quantenteleportation zwischen drei Photonenteilchen durchführten. Das ebnet, wie es hieß, den Weg zur Entwicklung von Ultrahochgeschwindigkeits-Quantencomputern sowie Informationsverschlüsselungssystemen, die auch für die besten Hacker unzugänglich sein sollen.

Unter Quantenteleportation versteht man die Übertragung des Zustands eines Objekts auf Distanz, während sich das Objekt selbst nicht bewegt und am ursprünglichen Ort bleibt. Nur die Informationen werden übermittelt. Diese Methode hatte bereits Albert Einstein theoretisch beschrieben. Allerdings war Einstein selbst damals noch der Ansicht, dass ein solcher Quanteneffekt ins blanke Absurde führen würde, obwohl diese Methode selbst nicht den Gesetzen der Physik widerspricht.

Inzwischen hat auch die Medizin die Teleportation mit Hilfe von Quanteneffekten, die sich auf mikroskopischer Ebene manifestieren, entdeckt. In einem ersten Versuch hat man bereits Impfstoffeigenschaften auf Patienten teleportiert. Damit sollte getestet werden, inwieweit eine therapeutische Wirkung aus der Ferne im Körper eines Patienten erzeugt werden kann. Das Experiment zeigte eine direkte Heilwirkung durch Teleportation, die sehr stark war. Zudem hat es bereits bewiesen, dass die Übertragung von Medikamenten und Impfstoffen per Teleportation bereits heute möglich ist. Ein Patient und der Arzt mit der benötigten Medizin befinden sich an zwei völlig unterschiedlichen Orten. Dank der Möglichkeit der Teleportation brauchen beide keinen direkten Kontakt mehr zueinander. Das öffnet sowohl gute, als auch schlechte Perspektiven für die Zukunft. Das Grundgesetzt, die Menschenrechte und das Recht auf die Unversehrbarkeit des eigenen Körpers kann damit auch außer Kraft gesetzt werden. Eine zukünftige Diskussion um eine Impfpflicht wie bei Masern oder zuletzt bei der sogenannten Corona-Pandemie würde überflüssig. Dann konnte die Bevölkerung per Teleportation sogar ohne Wissen geimpft werden. – Das sind vollkommen erschreckende Aussichten für die Zukunft! Der Mensch würde auf unkontrollierbare Art und Weise manipuliert werden können.

Die Teleportation von Hologrammen

Mike Schroepfer, der technische Leiter von Facebook bestätigte *„Business Insider“* zufolge auf einer Pressekonferenz am 3. November 2015 am Web Summit in Dublin, dass Facebook *„einen Teleporter bauen wird“*. Eine Kombination aus Virtual-Reality-Set und dem sozialen Netzwerk soll dies möglich machen. So will er es den Menschen ermöglichen, sich zu jedem Zeitpunkt an jeden gewünschten Ort zu teleportieren. Dazu sagte Schroepfer: *„Facebook möchte ein Gerät entwickeln, dass es dir erlaubt, überall auf der Welt mit jedem gewünschten Menschen zusammen zu sein, unabhängig von den geografischen Distanzen. Der erste Schritt für diese ‚Star Trek‘ verdächtige Technik, erfolgt mit dem Launch der Datenbrille Oculus Rift im kommenden Frühjahr.“*

Die von Facebook anvisierte Art der Teleportation oder des Beamens wird aber nur eine Illusion sein, die allerdings auf den ersten Blick als nahezu perfekt erscheinen soll. Dafür müssen die Anwender allerdings sorgen, dass er an dem jeweiligen Ort sich selbst und seine Mitreisenden sehen kann. Bei den ersten Gehversuchen halfen die *„Oculus Touch Controllers“*, welche die Bewegungen des Trägers wahrnehmen und eine virtuelle Interaktion mit der Umgebung erlauben. Allerdings gab Facebook 2015 zu, dass es noch ein weiter Weg bis zur Perfektionierung des Verfahrens sei und sprach von einer Entwicklungszeit von rund zehn Jahren. Die Vision von Mike Schroepfer war einer der ersten Schritte bei der Entwicklung der Hologramm-Teleportation.

Streng genommen ist die digitale Übertragung von gesprochenen und geschriebenen Worten sowie von Filmen und Bildern bereits eine Art Teleportation. Dabei werden beispielsweise Filme und Bilder in ein digitales Datenformat umgewandelt, gesendet (teleportiert) und beim Empfänger wieder zu einem Bild umgewandelt.

Als das Telefon erfunden wurde, war es undenkbar, dass es einmal Bildtelefone geben würde. Heute ist ein Life-Videochat (z. B. per Facebook) an der Tagesordnung. Man kann sich während des Gespräches auf dem Bildschirm sehen, wobei es keine Rolle spielt ob der Videochat nur innerhalb einer Stadt oder zwischen Deutschland und Thailand stattfindet. Doch nicht genug. Die Technik schreitet mit Riesenschritten voran. So auch die Hologramm-Technik. Die einfachen Laser-Hologramme von einst sind bereits seit Jahren von 3D-Hologrammen abgelöst worden, die für den Betrachter kaum noch von der Realität unterscheidbar sind. Besonders eindrucksvoll wird dies von Shahram Izadi in dem YouTube-Film *„holoportation: virtual 3D teleportation in real-time"* dargestellt, der bereits seit dem 25. März 2016 online steht. (https://www.youtube.com/watch?v=7d59O6cfaM0)

Das Unternehmen PORTL-Hologram aus Los Angeles, USA, hat so ein Gerät entwickelt. Das zielt darauf ab daraus ein System zu schaffen wie ein holographisches Telefon- und Unterhaltungszentrum. Gründer des Unternehmens ist David Nussbaum. Er ist auf dem Weg zur Ära der stationären Teleportation und hat große Pläne. Das Ziel ist eine Maschine, die in der Lage ist eine direkte Kommunikation zwischen einem realen Menschen und einem holografischen Gesprächspartner zu ermöglichen, auch wenn dessen Original Tausende von Kilometern entfernt ist. Eine Art Holo-Telefon gewissermaßen. Dabei würde quasi das Hologramm des Originals über die gesamte Entfernung hinweg teleportiert. Visuell wäre es so, als ob sich beide Gesprächspartner direkt gegenüberstehen.

David Nussbaum schwebt es vor, mit dieser Technik künftig ganze Bühnen-Shows zu erstellen. Stellen Sie sich vor, sie gingen zu einem großen Open-Air-Konzert und die Musiker wären gar nicht dort, weil dass, was auf der Bühne steht nur ihre Hologramme sind, die von Amerika nach Deutschland teleportiert worden sind. Einen Anfang zu dieser Technik machte die Aufführung eines holographischen Konzerts von 2012, in der man den bereits verstorbenen Rapper Tupac Shakur wieder auferstehen ließ.

Das PORTL-Hologramm ist ein sensationelles Produkt der Holographie, mit dem Bilder zu jeder Tages- und Nachtzeit übertragen werden können. Durch die Kombination von Projektor und einem Aufnahmestudio kann sich praktisch jeder mit einem weißen Hintergrund nach jedem Ort auf der Welt teleportieren. Der einzige Nachteil dabei ist bisher: Das Hologramm macht nur dass, was das Original gerade vormacht. Trotzdem hat das Unternehmen bereits rund 100 Geräte verkauft. Mehrere Dutzend Geräte davon an Einkaufszentren, Flughäfen und Kinos.

Im Jahr 2022 hat die Technik bereits enorme Fortschritte gemacht. So wurde bereits im April 2022 von der NASA erfolgreich ein Arzt auf die Internationale Raumstation (ISS) holoportiert. Der wurde damit zum ersten *„Holonauten"*. Eine kleine Gruppe Studenten des Western Institute for Space Exploration (Western Space) versammelte sich am Nachmittag des 27. Juli 2022, um an der ersten internationalen Holoport-Vorführung teilzunehmen. Der Begriff Holoport oder holografische Teleportation ist eine Zusammensetzung aus Hologramm und Teleport.

„Wir hatten die unglaubliche Gelegenheit, die erste internationale holografische Zwei-Wege-Teleportation zu demonstrieren", sagte Dr. Adam Sirek, Mitbegründer von Leap Biosystem und Fakultätsmitglied an der Schulich School of Medicine Dentistry und Western Space. Die Demonstration von Western Space war das erste Mal, dass dabei internationale Grenzen durch holografische Teleportation überquert wurden. *„Wir haben eine Person von Alabama nach London, Ontario, transportiert, und dann war jeder der Studenten hier im Projekt in der Lage, sich sofort in holografischer Form nach Huntsville, Alabama, zu holoportieren"*, sagte Dr. Adam Sirek.

Die holografische Teleportation bedarf einer speziellen Technologie. Microsoft entwickelte dafür die Hardware und die Software stammt von Aexa Aerospace, deren Hauptsitz in Houston/Texas ist. Aexa Aerospace hat sich auch mit dem kanadischen Unternehmen Leap Biosystems zusammengetan um medizinische Anwendungen für diese Technologie zu erforschen. Das führte letzten Endes zur Demonstration der ersten internationalen holografischen Teleportation. Dabei wird mittels einer ganz speziellen Kamera ein holografisches Bild erstellt, das an den gewünschten Zielort gesendet wird. Am Empfang befindet sich ein Gerät, das Hololens genannt wird. Dadurch kann eine Person das Objekt in ihrer Umgebung sehen. Wenn beide eine Holo-Linse tragen, können sie in ihrer Umgebung so interagieren, als ob sie tatsächlich dort anwesend wären.

Gibt es ein Portal in ein Paralleluniversum der fünften Dimension?

Bereits 2019 hat *„The Independent“* berichtet, dass am Oak Ridge National Laboratory in Tennessee/USA ein Forscherteam unter der Physikerin Leah Broussard versucht ein Portal zu einem Paralleluniversum zu öffnen. Die Physikerin sei sich absolut sicher, dass ein solches Portal existiert und dass sie mit ihrem Forscherteam die Lösung finden wird es zu öffnen. Dass, was auf den ersten Blick noch wie Science-Fiction klingen mag, dürfte aber durchaus Realität sein. Das Forscherteam betrachtet dieses Paralleluniversum als 5. Dimension.

Eine fünfte Dimension – gibt es so etwas? Es hieß früher immer allgemein, dass wir in einer dreidimensionalen Welt (3. Dimension) leben. Danach waren die Dimensionen wie folgt definiert:

- Dimension 0: Sie besteht nur aus einem einzigen Punkt ohne jede Ausdehnung.
- Dimension 1: Sie besteht nur aus einer Linie (Länge) mit einer Ausdehnung in lediglich zwei mögliche Richtungen.

- Dimension 2: Sie besteht aus einer Fläche (Länge + Breite) mit einer Ausdehnung in mehr als nur zwei Richtungen. In der zweiten Dimension kann jeder x-beliebige Punkt der Fläche erreicht werden.
- Dimension 3: Sie besteht zusätzlich zur Fläche der zweiten Dimension auch aus einer dritten Ausdehnungsrichtung, der Höhe (Länge + Breite + Höhe).

Dieses Dimensionsmodell galt lange Zeit im 20. Jahrhundert als Fakt und Überlegungen über weitere, höhere Dimensionen galten dabei als rein spekulativ. Inzwischen beschreibt die freie Internetenzyklopädie Wikipedia eine weitere.

- Dimension 4: *„Wiederum ist eine Richtung erforderlich, die nicht im Raum (aus Dimension 3) liegt. Dazu zeigen wir kugelförmig in alle Richtungen, die wir uns vorstellen können und schließen alle diese Richtungen aus. Zurück bleiben Richtungen, die wir uns mit unserem auf die Erfassung von drei Dimensionen ausgerichteten Verstand nicht (mehr) vorstellen können. Im einfachsten Fall steht diese senkrecht auf allen Richtungen, die wir uns vorstellen können. Erweitern wir den Raum in diese Richtung, haben wir einen 4-dimensionalen Hyperraum beschrieben. Hierfür wird die W-Achse eines Koordinatensystems eingeführt mit der Ausdehnung nach ana und kata, Begriffe geprägt von Charles Howard Hinton."*
(https://de.wikipedia.org/wiki/4D)

Spekulationen über eine vierte Dimension, die früher vielfach gemacht wurden, gingen tatsächlich bereits in etwa die Richtung, die bei Wikipedia als vierte Dimension geschildert wird. Dazu muss man sich (bildlich gesehen) bewusst machen, dass ein zweidimensionales Wesen vollkommen eingesperrt ist, wenn sich rund um ihm herum eine Mauer befindet, der Raum aus dreidimensionaler Sicht jedoch nach oben hin vollkommen offen wäre. Und dies selbst dann, wenn die Mauer nur einen einzigen Millimeter hoch wäre. In unserer dreidimensionalen Welt wäre es dann ähnlich. Weil wir eine vierte Richtung (nach Länge + Breite + Höhe) nicht erfassen, nicht sehen können, können wir aus einem dreidimensionalen, nach allen Seiten vollkommen geschlossenen Würfel nicht entkommen. Ein Wesen aus der vierten Dimension jedoch hätte kein Problem diesen dreidimensional vollkommen geschlossenen Würfel zu betreten und wieder zu verlassen. Die Richtung in die vierte Dimension wäre dazu praktisch die Tür, das Portal. Wäre dies unter Umständen die Lösung des Rätsels der Teleportation?

Dann gibt es noch die eigentlich, auch unter Wissenschaftlern, recht verbreitete Theorie, dass die vierte Dimension die Zeit ist. Wenn wir dies gemäß der vorstehenden Spekulation, die räumlich bezogen war, auf die Zeit ummünzen, dann wiederum wären wir wieder beim Thema Zeitreisen.

Der deutsche Physiker Burkhard Heim (* 9.02.1925 – † 14.01.2001) hat ein extrem weitergehendes Dimensionsmodell aufgestellt, das auch weitere Dimensionen, bis zur 12. Dimension besitzt, die jedoch eher im esoterischen Bereich anzusiedeln sind. Danach sind die ersten drei Dimensionen (1 bis 3; irdischer Raum) identisch und als vierte Dimension betrachtet Burkhard Heim ebenfalls die Zeit (mit Geschwindigkeit und Bewegung). So gehören die ersten vier Dimensionen zur Raum-Zeit und bilden zusammen mit der fünften und sechsten Dimension (= Energetisches Steuerungsfeld) nach Heim den Energieraum:

- Dimension 5: *„Individuelle Regulationsfelder (feinstoffliche Energie: Erinnerungen, Emotionen, Liebe), Nullpunktfeld, morphogenetische Felder, universelle Datenbänke."*
- Dimension 6: *„Kollektive Regulationsfelder (feinstoffliche höhere Energien: Gedanken, Absicht, bedingungslose Liebe)."*

Die Dimensionen fünf bis sechs nach Heim bilden den Hyperraum. Ab Dimension sieben, bis Dimension 12 bilden die Dimensionen den Bewusstseinsraum. Dieser ist wiederum in zwei Bereiche unterteilt. Im unteren Bereich (Dimension sieben und acht) ist der Bereich *„Globales Informationsfeld"*. Dieses besteht aus:

- Dimension 7: *„Individuelle Informationsmuster (Gedanken, Persona, Ego, Autopilot), unbeseelte Entitäten."*
- Dimension 8: *„Kollektive Informationsmuster (Archetypen, Elemente, ‚Ahnen', Familienstrukturen)."*

Die Dimensionen neun bis zwölf bilden den Bereich *„Geist"*. Das sieht dann nach Heim so aus:

- Dimension 9: *„Inkarnierte Seelen, Absicht (zielgerichteter Impuls), freier Wille, Gesamtsinn der Wirklichkeit."*
- Dimension 10: *„Gottmenschtum (Gott gelangt im Menschen als dem Spiegel seiner selbst zum Bewusstsein), Gott richtet sich aus."*
- Dimension 11: *„Göttlicher Wille, reine Aufmerksamkeit."*
- Dimension 12: *„Gott, Urquelle, Eins sein mit Gott."*

(Vorstehende Zitate zu Dimensionen fünf bis zwölf aus: https://cdn.website-editor.net/217fff4ca337413281749566efd59306/files/uploaded/Burkhardt-Heim-12.-Dimension.pdf)

Kommen wir zurück auf die fünfte Dimension, so, wie sie sich die Physikerin Leah Broussard und ihr Forscherteam vorstellen. Das Paralleluniversum, in das sie seit 2019 versuchen ein Portal zu öffnen, wird hier als fünfte Dimension bezeichnet. Dabei handelt es sich um Welten, die parallel zu unserer existieren. Diese Welten sind voneinander getrennt, können aber nach Ansicht des Forscherteams miteinander verbunden werden. Das wiederum würde uns ermöglichen in jene Parallelwelten zu reisen. Nach den Ausführungen des Forscherteams um Leah Broussard klingt dies keinesfalls mehr nach reiner Science-Fiction, sondern ist offenbar tatsächlich in den Bereich des Möglichen gerückt. 2021 wurde ein weiteres Forscherteam gegründet, welches sich mit dem gleichen Thema beschäftigt. Das Öffnen eines Portals, das in die Welten der fünften Dimension führt, könnte demnach kurz bevorstehen.

Eine neue Studie aus Anfang der 2020er Jahre berichtet von einer Wissenschaftlergruppe, die sich mit dunkler Materie beschäftigte. Diese Forscher fanden dabei ein Teilchen, das als Portal zur fünften

Dimension dienen könnte. Die entsprechende Studie wurde in *„The European Physical Journal C“* veröffentlicht. Das neu gefundene Teilchen könnte eine schlüssige Erklärung für die dunkle Materie liefern, die bislang nie wirklich erforscht wurde. Man nimmt jedoch allgemein an, dass die dunkle Materie den größten Teil des Universums ausmacht. Und so meinen die Forscher weiter, dass diese Teilchen durch das ganze Universum reisen können, einschließlich der fünften Dimension.

Adrian Carmona, Javier Castellano Ruiz und Matthias Neubert, die Autoren der ziemlich umfangreichen Studie, erklärten in einem Interview mit VICE (einem US-amerikanischen Online- und Print-Magazin, herausgegeben von VICE Media), dass es ursprünglich ihre Absicht war *„den möglichen Ursprung von Fermionen-(Teilchen-)Massen in Theorien mit einer verzerrten Extradimension zu erklären.“* Den Experten zufolge könnte das gefundene Teilchen ein *„Bote für den dunklen Sektor“* sein. Dies alles ist größtenteils noch Theorie. Es liegt nun an den Forschern diese Theorie zu beweisen. Bereits jetzt steht allerdings fest, dass *„dieses neue Teilchen eine wichtige Rolle in der kosmologischen Geschichte des Universums spielen und Gravitationswellen erzeugen könnte, nach denen mit zukünftigen Gravitationswellendetektoren gesucht werden kann.“*

Nutzen Besucher aus anderen Welten Portale zur Erde?

Im bisherigen Verlauf unseres Buches haben wir dargelegt, dass es Portale in andere Welten gibt bzw. geben muss und dass dorthin nicht nur Gegenstände, sondern auch Menschen verschwinden. Diese anderen Welten können, zumindest theoretisch, an unzählig vielen *„Orten“* existieren. Das kann dann beispielsweise auf anderen Planeten, in Paralleluniversen, in anderen Dimensionen oder in einer anderen Zeit sein. In diesem Zusammenhang ist auch vielfach die Rede von einem Spiegeluniversum, einem Multiversum, Parallelwelten oder auch von verschiedenen Zeitebenen oder Zeitlinien, die nach Meinung vieler Forscher existieren sollen.

Wenn dies tatsächlich die Realität ist, dann müssen wir auch davon ausgehen, dass solche Portale auch an diesen, für uns (noch) unbekannten Orten existieren und dass es geschehen kann und auch geschieht, dass sich dort das Gleiche wie bei uns auf der Erde ereignet. Und dann liegt es durchaus auch im Bereich des Möglichen, dass an diesen fremden Orten Gegenstände oder Bewohner verschwinden, die zum Beispiel bei uns, hier auf der Erde, auftauchen.

Erinnern wir uns an das JOTT-Phänomen, dem Verschwinden und/oder Auftauchen von Gegenständen. Dies wird, je nach Situation, von einigen Forschern in sechs verschiedene Bereiche eingeteilt. In den Bereichen 4. bis 6., insbesondere bei Bereich 5., tauchen plötzlich Gegenstände auf, die zuvor nicht dort gewesen sind, oder die sogar völlig unbekannt sind. Das könnten möglicherweise anstelle von Gegenständen auch Besucher sein. Woher stammen diese Gegenstände oder Besucher dann? Die Möglichkeit, dass sie aus einer fremden Welt oder einer anderen Zeit stammen, kann und darf nicht als unmöglich betrachtet werden.

Solche Portale oder Tore können überall und zu jeder Zeit auftreten – manchmal sogar direkt bei einer Person. Noch haben wir den (technischen) Schlüssel, wie sich solch ein Portal oder Tor öffnen lässt, um nach dem Durchschreiten plötzlich an einem ganz anderen, manchmal weit entfernten, Ort zu sein, nur theorisiert. So betrachteten wir bisher nur unsere Sicht *„nach woanders“*. Bei den Überlegungen für die Zukunft, zum Beispiel für die zukünftige Raumfahrt mit interstellaren Reisen durch Wurmlöcher, was in der Raumfahrt durchaus ernsthaft diskutiert wird, gehen wir natürlich davon aus, dass es auch eine Rückkehr zum eigentlichen Ausgangspunkt gibt. All dies scheint nach den bisherigen Erkenntnissen berechenbar und logisch, selbst die Möglichkeit, dass ein Raumschiff durch die Zeit reisen kann.

Im Verhältnis zu unserer Sicht dieses Themas, was wäre im umgekehrten Fall, wenn es irgendwo eine oder mehrere Welten gäbe, deren Bewohnern dasselbe widerfährt? Oder was wäre, wenn eine technisch weiterentwickelte, außerirdische Intelligenz diese Art der Fortbewegung soweit perfektioniert hat, dass sie damit gigantische Sprünge durchs Universum unternehmen können? Es gibt immer wieder UFO-Augenzeugen, die von einem plötzlichen Licht oder Blitz berichten, aus dem ein fliegendes oder leuchtendes Objekt plötzlich auftaucht. Umgekehrt gibt es Berichte, die von UFOs berichten, die mit ungeheurer Geschwindigkeit in einem Lichtblitz oder einfach von einem Moment zum anderen spurlos wie ins Nichts verschwanden. Was wäre, wenn es sich dabei tatsächlich (zumindest teilweise) um Besucher fremder Welten oder aus der Zukunft handelt? Möglich wäre es allemal, denn ausgeschlossen werden kann es definitiv nicht. Allerdings kann es zum derzeitigen Zeitpunkt auch nicht bewiesen werden. Aber wenn es sich um fremde Besucher handelt, dann steht eines unumstößlich fest: Interstellare Raumfahrt, und vielleicht sogar Zeitreisen, sind in der Zukunft möglich. Die Teleportation ist der Schlüssel zum Reisen in der Zukunft.

Gab es schon Besucher aus Parallelwelten?

Menschen verschwinden aus unserer Welt. Das ist ganz offensichtlich ein nicht mehr abzustreitender Fakt. Wohin verschwinden sie? Gibt es Parallelwelten oder unterschiedliche Zeitlinien, parallele Erden oder unterschiedliche Zeitabläufe, die sich vielleicht nur geringfügig voneinander unterscheiden und in die diese Menschen *„reisen“*? Welten, in denen auch wir, jeder einzelne von uns, seinen Doppelgänger hat, der dort ein ähnliches oder vielleicht auch ganz anderes Leben führt wie wir hier auf der Erde? Wenn wir dies einmal voraussetzen, müssen wir uns unweigerlich auch die Frage stellen, ob dann vielleicht auch in diesen Parallelwelten Menschen verschwinden, die vielleicht bei uns, in unserer Welt ankommen. Und tatsächlich gibt es eine Reihe von Fällen, die auf genau so etwas hindeuten – auf Menschen, die aus einer Parallelwelt oder einer anderen Zeitlinie zu uns kamen. Von solchen Parallelwelten ist beispielsweise auch die Rede, wenn es um die sogenannte MIW-Theorie geht. MIW ist das Kürzel für *„Many Interacting Worlds"* (zu Deutsch: *„viele interagierende Welten"*). Diese Theorie besagt, dass parallele Welten existieren und darüber hinaus mit unserer Welt auf Quantenebene interagieren. *„Dafür gibt es viele Beweise"*, schreibt der Forscher Viktor Kotlyarov aus Nalchik.

In der Vergangenheit gab es immer wieder Personen, deren Herkunft nie geklärt wurde. Waren es Besucher aus einer Parallelwelt? Manchmal stellt sich dabei auch die Frage, ob eine hiesige Person dafür aus unserer Welt in die Parallelwelt verschwand, die beiden Personen also *„ausgetauscht"* wurden, wie es beispielsweise im Fall der Spanierin Lerina Garcia gewesen sein muss, auf die wir weiter unten noch ausführlicher berichten. Einer der Fälle, in denen das Rätsel der Herkunft nie gelöst werden konnte, ist der berühmt gewordene Fall des Kaspar Hauser. Am 26. Mai 1828 wurde in Nürnberg ein ca. 16jähriger Junge mit einem ungepflegten Aussehen und in einem scheinbar geistig verwirrten Zustand aufgegriffen. Nach späteren Aussagen von ihm wurde er, solange er denken konnte, bei Wasser und Brot immer ganz allein in einem dunklen Raum gefangen gehalten. Bis heute ist völlig ungeklärt, woher dieser Junge stammte, der unter dem Namen Kaspar Hauser bekannt wurde.

Lerina Garcia, eine Frau aus Spanien, hatte plötzlich das Gefühl, alles um sie herum wäre falsch. Sie wachte eines Morgens in ihrer Wohnung in der spanischen Hauptstadt Madrid auf und alles war von jetzt auf gleich nicht mehr so, wie es eigentlich hätte sein sollen. Sie erkannte die Bettwäsche auf der sie geschlafen hatte nicht. Einige Dinge in ihrer Wohnung fehlten, dafür waren andere da, die sie noch nie gesehen hatte. Das gravierendste aber war, dass auch ihr Freund und Verlobter verschwunden war. Wo war er? Sie suchte nach seiner Telefonnummer, konnte sie aber nirgends finden. Freunde, die sie dann fragte, sahen sie verständnislos an. Niemand wusste etwas über diesen Freund. Ihre Familie erinnerte sich nicht mehr an die Schulteroperation ihrer Schwester von vor zwei Monaten. Die Schwester selber sagte ihr, dass sie nie operiert worden sei. Als sie zur Arbeit ging, arbeitete sie plötzlich in einer ganz anderen Abteilung, die noch zudem in einem anderen Gebäudeteil war. Sie war jetzt vollkommen desorientiert, meldete sich krank und ging nach Hause. Es kamen unzählige andere Dinge hinzu, die sie so nicht kannte und die in ihrem Leben jetzt offensichtlich falsch waren. Lerina Garcia erinnerte sich an viele Ereignisse, von denen ihre Freunde und Bekannten sagten, dass sie nie passiert seien. Ihr Verlobter hat, wie sich jetzt herausstellte, offenbar nie existiert. Sie sucht heute immer noch verzweifelt nach Beweisen für ihre Geschichte. Doch die wenigsten Leute glauben ihr. Lerina Garcia wurde nie für psychisch krank erklärt, nimmt keine Drogen oder alkoholische Getränke und scheint ansonsten eine ganz normale Frau zu sein. Sie selbst glaubt sich *„in einem anderen Universum"* zu befinden, in dem es nur geringfügige Unterscheidungen zu ihrem *„Heimatuniversum"* gibt. Inzwischen hat sie sich mit ihrem Schicksal abgefunden und es akzeptiert, dass sie in dieser Welt festsitzt und möglicherweise nie wieder nach Hause zurückkehren kann.

Wenn Lerina Garcia aus einer Parallelwelt oder einer anderen Zeitlinie kam, wohin verschwand dann *„unsere"* Lerina Garcia, die Lerina Garcia aus unserer Welt? Verschwand die dann in das *„Heimatuniversum"* der Besucher-Lerina? Fand da etwa ein Austausch statt?

In einem Dorf bei Frankfurt/Oder wurde im Jahr 1851 ein unbekannter Mann aufgegriffen, der sich scheinbar in dem Dorf herumtrieb, was den Einwohnern sehr suspekt vorkam. Eine Erklärung, wie er dorthin gekommen war, konnte er nicht abgeben. Er sagte, dass er in einem Ort namens Laxaria lebe, der sich in dem Land Sakria befinde. Es gibt und gab aber nie einen Ort und ein Land mit diesen Namen. Aber wo kam der Mann dann her? Aus einer anderen Dimension, einer Parallelwelt? Ein ganz ähnlicher Fall spielte sich im Jahr 1954 in Tokio ab.

Gute 100 Jahre nach dem Vorfall aus dem Jahr 1851 bei Frankfurt/Oder ereignete sich 1954 in der japanischen Hauptstadt Tokio ein ganz ähnlicher Vorfall. Auf dem Flughafen Haneda in Tokio tauchte plötzlich ein Mann auf, der behauptete aus dem Land Taured gekommen zu sein. In einigen Quellen wird das Land auch als Tuared benannt. Die Internetenzyklopädie Wikipedia vermutet, dass dies ein Schreibfehler sei und eigentlich Tuareg heißen müsste. Das Land Taured (bleiben wir bei dieser Version des Namens) liege zwischen Frankreich und Spanien erklärte der Mann den Behörden und legte einen Pass vor, der von diesem Land ausgestellt wurde. Jedenfalls war der vorgelegte Pass entsprechend ausgestellt. Er schien genauso echt zu sein, wie der Führerschein des Unbekannten, ein Scheckbuch einer unbekannten Bank und die Banknoten, die der Mann bei sich hatte. Alle lauteten auf Taured. Merkwürdigerweise enthielt der Pass auch bereits Ein-, Ausreise- und Visa-Stempel vom Haneda-Airport aus allen fünf zurückliegenden Jahren. Die Stempel erweckten durchaus den Eindruck echt zu sein. Allerdings: der Haneda-Airport wurde erst im Jahr 1952 für internationale Flüge eröffnet. Somit hätte der Pass nur die Stempel der letzten zwei, nicht fünf, Jahre enthalten können. Da niemand ein Land mit dem Namen Taured kannte, legte man dem Unbekannten eine Karte der Erde vor und bat ihn auf sein Land zu zeigen. Er deutete daraufhin an die Stelle, an der sich zwischen Frankreich und Spanien das kleine Land Andorra befindet, hatte den Namen Andorra aber noch nie gehört und wusste damit nichts anzugfangen. Er erklärte den Behörden noch, dass das Land Taured bereits seit mehr als 1.000 Jahren existiere und seine Worte sollen recht überzeugend geklungen haben. Zudem behauptete der Mann, dass er geschäftlich nach Japan gekommen sei, was er bereits seit fünf Jahren regelmäßig mache. Problematisch war allerdings, dass die Firma in Japan, für die er zu arbeiten vorgab, keinerlei Kenntnis von und über ihn hatte. Und dies, obwohl er eine Reihe entsprechender Unterlagen vorlegen konnte. Auch legte er eine Hotelreservierung vor. Doch das Hotel hatte noch nie von ihm gehört und auch die Firmenvertreter, mit denen er in Tokio Geschäfte machen wollte, kannten den Mann nicht. Der Mann wurde schließlich im Zimmer eines Hotels im 15. Stock festgehalten, vor dessen Tür zwei Wachen postiert wurden. Am nächsten

Morgen war das Zimmer leer und der Mann genauso spurlos wieder verschwunden, wie er gekommen war. Wo kam der Mann her und nach wo verschwand er wieder? Kam er aus einer Parallelwelt oder gar einer anderen Zeitlinie?

In der Regierungszeit von Katharina II. (Katherina die Große, * 02.05.1729 bis 06.11.1796 [jul.] / 17.11.1796 [greg.] in Russland, die am 09. Juli 1762 begann, erschien in der Hauptstadt ein seltsam gekleideter junger Mann. Der behauptete von sich, aus dem 20. Jahrhundert zu kommen. Er sagte damals das genaue Datum von Katharinas Tod und das von Paul I., das Jahr des Angriffs von Napoleon und das vom Ende der Familie Romanov. Seine Voraussagen verärgerten die Kaiserin, die ihn daraufhin aus der Stadt vertreiben ließ. Was danach mit dem jungen Mann geschah ist nicht bekannt. Bekannt ist aber, dass alles, was er vorausgesagt hat, exakt eingetroffen ist. War es ein Zeitreisender, der zwischen den Zeitlinien hin und her reiste oder kam auch er aus einer Parallelwelt?

Einige der älteren Einwohner Sibiriens erinnern sich noch an eine seltsame Geschichte, die auch in geheimen Militärarchiven der ehemaligen Sowjetunion dokumentiert sein soll. Demnach erschien in einem sibirischen Dorf einmal ein Mann in recht seltsam anzuschauender Kleidung. Er sprach Russisch, war aber sehr verwirrt und wusste nicht, wo er war. Bei sich trug er ein Dokument mit der Aufschrift *„östliche Besatzungszone“*. Der fremde Mann berichtete, dass die Sowjetunion den *„Großen Vaterländischen Krieg“* verloren hat und Sibirien heute ein chinesisches Territorium sei. Auf Grund dieser Aussage wurde er für verrückt erklärt und weggesperrt. Es wurde dann auch ein Foto des Mannes im lokalen Fernsehen gezeigt und nach Verwandten gesucht. Doch niemand hat sich je gemeldet.

Eine US-Amerikanerin mit dem Usernamen skeletonwar9723 veröffentlichte auf der Internet-Plattform *„reddit.com“* folgendes Erlebnis, das auf einen Telefonanruf aus einer Parallelwelt hindeutet. Gegen 09.00 Uhr fuhr sie zur Arbeit. Ihr Mann war an diesem Tag mit dem fünfjährigen Sohn zu Hause. Gegen 12.30 Uhr ging sie zum Mittagessen und gegen 13.00 Uhr erhielt sie einen Anruf von einer unbekannten Nummer. Entgegen ihrer Gewohnheit solche Anrufe zu ignorieren nahm sie diesen doch an. Am Telefon war ihr fünfjähriger Sohn, der weinte. Schließlich sagte der Sohn, dass er geschlafen habe und dass beim Wachwerden der Vater nicht mehr da gewesen sei. Die Mutter sagte dem Sohn, dass sie nach Hause käme und in ca. zehn Minuten da wäre. Er solle solange in der Leitung bleiben, was der Sohn auch tat. Zwar hat er nichts mehr gesagt, aber die Mutter konnte ihn am anderen Ende der Leitung deutlich in den Hörer atmen hören. Als die Frau in die Straße zu ihrem Haus einbog, endete das Telefonat. Das Auto ihres Mannes stand vor dem Haus. Also konnte er nicht weit entfernt sein. Sie betrat schließlich Haus und Wohnung und sah ihren Mann zusammen mit dem Sohn vor dem Fernseher auf der Couch sitzen. Ihr Mann spielte zudem mit seinem Handy. Auf die Frage, was passiert sei, schaute er ziemlich irritiert. Als sie ihm von dem Anruf erzählte, glaubte er ihr nicht. Weil seine Frau an einen *„beschissenen Streich“* von ihm glaubte, fragte sie nun ihren Sohn: „Hast du Mami angerufen und gesagt, du könntest Daddy nicht finden?“ Der Sohn verneinte und seine Mutter glaubte ihm. Ihr Mann bestätigte dann auch, dass er den Raum nicht verlassen und auch dem Jungen das Handy nicht gegeben hätte. Die Frau beteuert felsenfest, dass es die Stimme ihres Sohnes gewesen sei, der sie angerufen hatte. Doch ganz offensichtlich war er es nicht. Hat sie vielleicht den Anruf *„ihres Sohnes“* aus einer Parallelwelt erhalten? Wäre so etwas möglich?

Die Hohlsteinhöhle – Ein Portal zu einer anderen Welt?

In den 1980er Jahren unternahm Axel Ertelt zusammen mit seinen Freunden und Forscherkollegen Hans-Werner S. aus Dortmund und Ferdinand H. aus Köln eine mehrtägige Expedition zu den Externsteinen und deren Umgebung. Dabei statteten sie auch der Hohlsteinhöhle einen Besuch ab. Die liegt ein paar Kilometer südlich der Externsteine im Südoststeil des Teutoburger Waldes, ca. drei Kilometer südwestlich der Nahtstelle zum Richtung Süden ausgerichteten Eggegebirge. Ihr Eingang befindet sich etwa zwei Kilometer ostnordöstlich von Kohlstädt entfernt. Kohlstädt ist ein Ortsteil der südlippischen Gemeinde Schlangen. Etwa 250 Meter Luftlinie östlich des Eingangs befindet sich der gut 13 Meter höher liegende Hohlesteingipfel in einer Höhe von gut 433 Meter über NN. Die natürlich entstandene Klufthöhle zählt zu den bedeutendsten in Ostwestfalen und hat sich im Plänerkalk gebildet. Ihre Gesamtlänge beträgt heute ca. 200 Meter mit einer größten Höhe in der zweiten Kammer von 47 Metern. Der bis zu vier Meter hohe und bis zu eineinhalb Meter breite Eingangsbereich fällt recht steil und schräg nach unten und ist mit allerlei Geröll bedeckt. Rund 30 Meter nach dem Eingang kommt ein extremer Engpass, durch den es für einen normal gebauten Menschen kaum ein Durchkommen gibt. Dahinter befindet sich die große Kammer, in der sich auch Tropfsteinbildungen befinden.

Nun befanden sich die fünf Personen (Axel, Hans-Werner, Ferdinand, dessen Ehefrau und Tochter) also auf dem Weg durch den Wald zur Hohlsteinhöhle. Dazu notierte Axel aus seinen Erinnerungen: Inzwischen befanden sich Hans-Werner und Axel an der Spitze der kleinen Gruppe, nur noch wenige Meter vom Höhleneingang entfernt. Vor ihnen war ein Baum, vermutlich unter der Schneelast des letzten Winters, umgebogen und bildete nun einen regelrechten Torbogen über dem Weg zur Höhle.

„Stopp! Sofort stehen bleiben“, rief Ferdinand in großer Panik von hinten. Etwas erschrocken drehten wir uns um und dachten wunderst was passiert sei. Ferdinand fuchtelte wild mit den Armen herum und schrie: *„Nicht darunter durchgehen!“*

„Wo sollen wir nicht drunter durch gehen?“ Auf Axels Frage antwortete Ferdinand: *„Unter dem umgebogenen Baum, der einen Torbogen über den Weg bildet!“* Als Begründung sagte er dann: *„Das ist ein Zeitportal! Wenn ihr da drunter durchgeht verschlingt euch die Zeit und ihr landet vermutlich irgendwo in der Vergangenheit.“*

Axel musste da doch etwas grinsen und meinte mit deutlich erkennbarem Spott: *„Prima, ich wollte immer schon mal eine Zeitreise machen!"* Entrüstet entgegnete Ferdinand allen Ernstes: *„Axel, spotte nicht. Wenn du da durchgehst und in einer anderen Zeit landest, darfst du dich nicht umdrehen, denn dann findest du das Tor nie mehr wieder. Du musst dann, ohne zurück zu schauen, rückwärts wieder so viele Schritte gehen, wie du zuvor vorwärts durch das Tor gegangen bist. Nur so kommst du dann wieder in unsere Welt, in unsere Zeit, zurück."*

Das war dann doch *„zu viel des Guten"*. Außerdem war es mal wieder so eine Situation, wo man nicht wusste, meint Ferdinand das jetzt ernst oder macht er einen Gag. Ernst genug war sein Tonfall ja bei seinen Worten gewesen. Doch Axel, der nicht an das Zeitportal glaubte, obwohl er doch zu gerne eine Zeitreise in die Vergangenheit gemacht hätte, reichte es jetzt und ohne weiter herum zu diskutieren und auf Ferdinands mahnende Worte zu achten marschierte los und ging unter dem umgebogenen Baum hindurch. Dann drehte er sich um und winkte Ferdi zu, der völlig aufgelöst etwa 20 Meter vor dem Baumbogen stand. Währenddessen war auch Hans-Werner unter dem Bogen durchmarschiert. Und keiner von beiden war in der Zeit verschollen. Dennoch waren weder Ferdinand, noch seine Frau oder Tochter dazu zu überreden unter dem Baumbogen hindurchzugehen. Sie gingen alle drei geschlossen neben dem Weg und dem umgebogenen Baum an der Stelle vorbei.

Axel dachte *„das fängt ja gut an und kann nur noch heiter werden"*. Wie recht er damit behalten sollte zeigte sich dann an der Höhle, bei der die Gruppe kurz darauf ankam. Auch hier hatte Ferdinand plötzlich enorme Einwände die Höhle zu betreten. Es stieg ein leichter grünlicher Nebel aus der Höhle auf. Ferdinand bezeichnete ihn sofort als Zeitnebel. Für ihn stand fest: Wenn wir jetzt da hineingingen würden wir für immer in der Zeit verschwinden.

In der Tat beschlich auch den skeptischen Axel plötzlich ein komisches Gefühl. Er musste an die Berichte aus dem Bermuda-Dreieck denken, wo oft die Rede von einem grünen Nebel war. Doch schob er das komische Gefühl, das ihn überkommen hatte, auf Ferdinands Hirngespinste und die damit verbreitete Angstmacherei. Also nahm er seinen ganzen Mut zusammen und stieg in die Höhle hinab. Hans-Werner folgte ihm. Doch nach ein paar Metern mussten die beiden aufgeben. Der Nebel wurde in der Höhle dichter und der Gang immer enger. Zudem hatten sie für den feuchten, rutschigen und teilweise mit Geröll bedeckten Höhlenboden nicht das passende Schuhwerk an. So beendeten sie die Höhlenexpedition ergebnislos...

Heute ist die Hohlsteinhöhle bereits seit vielen Jahren verschlossen, da sie inzwischen als Naturdenkmal ausgewiesen und Überwinterungsquartier für Fledermäuse ist. Damals war sie jedoch noch frei zugänglich. Im Nachhinein gibt doch der damals aus der Höhle aufgestiegene grüne Nebel zu denken. Zumal jetzt auch viel mehr Erkenntnisse über solche Ereignisse wie Teleportationen und Portale vorliegen. Und viele Portale sollen sich ja auch in Höhlen befinden. *„Vielleicht“*, so Axel heute, *„sind wir damals nicht weit genug in die Höhle eingestiegen um das Portal in ihr zu durchschreiten. Und so frage ich mich heute, was wäre wohl, wenn doch? Wären wir dann in der Zeit, einer anderen Dimension oder Parallelwelt verschollen? Würden dann auch wir einer der vielen Fälle der Verschwundenen sein? Wenn es so gekommen wäre, dann könnten Sie dieses Buch heute nicht in Händen halten.“*

Danksagung

Zum Gelingen dieses Buches haben folgende Personen bewusst oder unbewusst beigetragen – sei es durch anregende Diskussionen oder gute Ideen, durch Hinweise oder die Beschaffung von Quellenmaterial, durch die Überlassung von Abbildungen, durch Übersetzungen oder sonst auf irgendeine Art und Weise. Dafür möchten wir uns an dieser Stelle ganz herzlich bedanken.

Judith Deering, Bern

Astrid Stockter, St. Goar

Die Nennung erfolgte, um niemanden zu bevorzugen, in alphabetischer Reihenfolge der Nachnamen.

Literatur- und Quellenverzeichnis

Aguanno Jr., Sebastian siehe unter **St. Clair, John Quincy** & **Aguanno Jr., Sebastian**

Air-Britain Archive: *„Casualty compendium"*, part 53, Juni 1994, S. 94/53. https://air-britain.com/pdfs/archive/Archive_1994.pdf

AllatRa TV (Deutsch): *„Was verbindet alle Pyramiden auf der Welt mit Kailash?"*; https://www.youtube.com/watch?v=AZLrfUj-0gY, 27.09.2020

AllatRa TV (Deutsch): *„Teleportation ist keine Science-Fiction, sondern Realität"*; https://www.facebook.com/watch/?v=386164930115062, 16.05.2022

Ampssler, Sonja: siehe unter **Betz, Werner** & **Ampssler, Sonja**

Ancient Code Team: *„12 Vile Vortices on Earth you should avoid at all cost"*; https://www.ancient-code.com/12-vile-vortices-earth-avoid-cost/, [22.06.2022]

anomalien.com: *„Mystical Mysteries of Mount Kailash: Why This Mount Is Unclimbed?"*; https://anomalien.com/mysteries-of-mount-kailash/, 22.06.2022

Antares: *„Die NASA gibt bekannt, dass magnetische Portale existieren!"*; https://transinformation.net/die-nasa-gibt-bekannt-dass-magnetische-portale-existieren/, 23.07.2015

Arbeiter, Armin: *„Besitzt der Vatikan eine Zeitmaschine?"*; https://fake-busters.podigee.io/39-besitzt-der-vatikan-eine-zeitmaschine, 23.02.2021

Aviation Safety Network: Unfallbericht DC-4 N95425; https://aviation-safety.net/database/record.php?id=19500623-0, [26.10.2022]

Aviation Safety Network: Unfallbericht Douglas C-47A-DK (DC-3) NC66637; https://aviation-safety.net/database/record.php?id=19481104-0, [10.11.2022]

Aviation Safety Network: Unfallbericht Douglas DC-4 CF-CPC; https://aviation-safety.net/database/record.php?id=19510721-0, [10.11.2022]

Becker, William & **Hagens, Beth**: *„The Planetary Grid - A New Synthesis"*; https://www-bibliotecapleyades-net.translate.goog/ciencia/antigravityworldgrid/ciencia_antigravityworldgrid02.htm?_x_tr_sl=en&_x_tr_tl=de&_x_tr_hl=de&_x_tr_pto=op,sc, [10.08.2022]

Berlitz, Charles: *„Spurlos"*; Paul Zsolnay Verlag, A-Wien 1977

Berlitz, Charles: *„Das Drachen-Dreieck"*; Droemer Knaur, München, Januar 1990

Berlitz, Charles: *„Das Bermuda-Dreieck"* (*„Fenster zum Kosmos?"*); Bertelsmann Verlag, München 1994

Berlitz, Charles & **Moore, William L.**: *„Das Philadelphia-Experiment"*; Knaur, TB-Sonderausgabe, München 1995

Berzin, Dr. Alexander: *„Die Beziehung der Nazis zu Shambhala und Tibet"*; https://studybuddhism.com/de/fortgeschrittene-studien/geschichte-und-kultur/shambhala/die-beziehung-der-nazis-zu-shambhala-und-tibet, [28.12.2022]

Betz, Werner & **Ampssler, Sonja**: *„Portale – Eine Spurensuche in Vergangenheit und Gegenwart"*; Ancient Mail Verlag, Groß-Gerau 2021

Betz, Werner siehe auch unter **Laue, Andreas** & **Betz, Werner**

Biggi's Crime & Mystery: *„Das unerklärliche Verschwinden von Paula Jean Welden im Bennington-Dreieck"*; https://www.youtube.com/watch?v=GVSsRiZaxnc&t=93s, 14.10.2022

Bird, Christopher: *„Planetary Grid"*; https://quantumagriculture.com/articles/planetary-grid/, 27.04.2016

blick.ch: *„Diese Menschen sind spurlos verschwunden"*; https://www.blick.ch/life/wissen/menschen/diese-menschen-sind-spurlos-verschwunden-id15113411.html, Blick, Zürich, 30.11.2018 (aktualisiert am 24.05.2019)

Bogaard, Cecilia: *„Mysteriöses monolithisches Sonnentor von Tiahuanaco"*; https://www.ancient-origins.de/orte-amerika/tiahuanaco-sonnentor-007612, 22.03.2022

Britain's Got Talent: *„Ben Hart's MIND-BLOWING Victorian magic leaves Judges speechless | Auditions | BGT 2019"*; https://www.youtube.com/watch?v=pz-zTAz9A6Y, [28.06.2022]

Buchan, Sophie: *„Hoia Baciu: Inside the creepiest forest in Transylvania"*; https://www.independent.co.uk/travel/europe/haunted-forest-romania-ufo-ghosts-transylvania-b1913161.html, 03.09.2021

Buttlar, Johannes von: *„Reisen in die Ewigkeit"*; Econ Verlag, Düsseldorf 1973

Buttlar, Johannes von: *„Zeitsprung"*; Bertelsmann Verlag, München 1977

Calvet, Carlos: *„Sternentore – Die rätselhafte sechste Dimension"*; J. Bohmeier Verlag, Leipzig 2003

Calvo, Fernando: *„Das rätselhafte ‚Michigan-Dreieck'"*; https://terra-mystica.jimdofree.com/rätsel-mystery/das-rätselhafte-michigan-dreieck/, 06.11.2017

Catherine: *„15 Little-known Mount Kailash Facts & Mysteries"*; https://www.greattibettour.com/tibet-travel-tips/mount-kailash-facts-mysteries-you-may-not-know.html, 05.09.2022

causa-nostra.com: *„Zeitreisen im Hyperraum"*; http://www.causa-nostra.com/Ausblick/Zeitreisen%20im%20Hyperraum_a1702a02.htm [28.09.2022]

Chamings, Andrew & Dowd, Katie: *„In 1942, a war blimp fell out of the sky onto Daly City. Its crew was never found"*; https://www.sfgate.com/sfhistory/article/SF-Ghost-blimp-Daly-City-15739903.php?fbclid=IwAR2Pc19v3LidRCRf-scO_Ukc9_OF8haZmET_OXDR7xYiOhPj5_uPdk_kEdT4, 20.11.2020

Charles Fort Institute: *„The Vidal Case (Teleportation: Argentina To Mexico; 1968)"*; https://forums.forteana.org/index.php?threads/the-vidal-case-teleportation-argentina-to-mexico-1968.68282/, [28.05.2022]

Chavers, Penny: *„The Vile Vortices Of Ivan T. Sanderson"*; https://historydaily.org/the-vile-vortices-of-ivan-t.-sanderson, [22.06.2022]

chemie.de: *„Teleportation"*; https://www.chemie.de/lexikon/Teleportation.html, [27.05.2022]

chistenkoeschool.ru: *„Ist es möglich eine Person zu teleportieren. Das ist ein absoluter Schock! Sie verbergen vor uns, dass Teleportation möglich ist! Moderne Teleportationsforschung"*; https://chistenkoeschool.ru/de/ikonografiya/vozmozhen-li-teleport-cheloveka-eto-polnyi-shok-ot-nas/, 15.03.2022

Cochrane, Hugh F.: *„Gateway to Oblivion"*; Avon Publications, New York 1980

curiosmos.com: *„Mysterious Planet: Here's a List of Earth's 12 Vile Vortices"*; https://curiosmos.com/mysterious-planet-heres-a-list-of-earths-12-vile-vortices/, 25.04.2019

Danzer, Andreas: *„Facebook will ab 2025 Menschen teleportieren"*; https://brutkasten.com/facebook-will-ab-2025-menschen-teleportieren/, 04.11.2015

Darling, David: *„Teleportation – The Impossible Leap"*; John Wiley & Sons, Hoboken (New Jersey) 2005

Daugherty, Greg: *„The 80-Year Mystery of the U.S. Navy's ‚Ghost Blimp'"*; https://www.smithsonianmag.com/history/the-80-year-mystery-of-the-us-navys-ghost-blimp-180980531/, 16.08.2022

Davis, Deena: siehe unter **Davis, Josh & Davis, Deena**

Davis, Josh & Davis, Deena: *„Kefitzat Haderech"*; https://anshesholomnewrochelle.org/sermons/parshat-chayei-sarah-%D7%A4%D7%A8%D7%A9%D7%AA-%D7%97%D7%99%D7%99-%D7%A9%D7%A8%D7%94-2/, 03.11.2018

de.frwiki: *„Bennington-Dreieck"*; https://de.frwiki.wiki/wiki/Triangle_de_Bennington, [03.01.2023]

Dowd, Katie: siehe unter **Chamings, Andrew** & **Dowd, Katie**

Durgadoss, Dr. R.: *„Mount Kailash: A Riddle wrapped in a Mystery inside an Enigma"*; http://drdurgadoss.blogspot.com/2016/04/mount-kailash-riddle-wrapped-in-mystery.html#.Y3QBsHbMKM9, 06.04.2016

Edwards, Frank: *„Stranger Than Science"*; Citadel Press, New York 1983

El Salvador Tipps: *„Die Puerta del Diablo"*; https://www.elsalvadortips.com/la-puerta-del-diablo, 09.06.2022

Ertelt, Axel: *„Verschollen ohne Wiederkehr"*; in: Neue Weltschau Nr. 23/77, Pabel Verlag, Rastatt 1977

Ertelt, Axel: *„Makabres bei Dan Shocker"*; in: Magazin 2000 Nr. 1-2, John Fisch Verlag, Luxemburg im Januar/Februar 1983

Ertelt, Axel: *„Unglaublich – aber wahr"* (1. Folge, *„Fall Nr. 1: Spuren im Wüstensand"*); in: Das Neue Zeitalter Nr. 34/83, Annelies Huter Verlag, München 1983

Ertelt, Axel: *„Unglaublich – aber wahr"* (3. Folge, *„Fall Nr. 10: Wenn Dinge verschwinden"*); in: Das Neue Zeitalter Nr. 36/83, Annelies Huter Verlag, München 1983

Ertelt, Axel: *„Botschaften aus dem Phantastischen – Die Toten, die niemand kennt“* (9. Folge); in: Das Neue Zeitalter Nr. 49/84, Annelies Huter Verlag, München 1984

Ertelt, Axel: *„Botschaften aus dem Phantastischen – Menschen in der Raumzeitfalle“* (10. Folge); in: Das Neue Zeitalter Nr. 50/84, Annelies Huter Verlag, München 1984

Ertelt, Axel: *„Botschaften aus dem Phantastischen – Der Tote, der noch lebte“*; in: Para Nr. 42, A-Klosterneuburg, Oktober 1987

Ertelt, Axel: *„Botschaften aus dem Phantastischen – Ereignisse aus der Welt des Unglaublichen“*; in: Para Nr. 43, A-Klosterneuburg, November 1987

Ertelt, Axel: *„Ein Stück Raumschiff Enterprise wird Realität“*; in: Unknown Reality Nr. 15/16, Januar-April 1998

Ertelt, Axel: *„Das Mittelalter war ganz anders“*; Ancient Mail Verlag, Groß-Gerau 2010

Ertelt, Axel: *„Geheimnisvolles Thailand“* (*„Fantastisches und Unbekanntes aus dem ‚Land des Lächelns‘“*); eBook, Ancient Mail Verlag, Groß-Gerau 2014

Ertelt, Axel: *„Die verlorene Zeit“* (*„Fantastische Aspekte über das unbekannte Wesen der Zeit“*); eBook, Ancient Mail Verlag, Groß-Gerau 2016

Ertelt, Axel: *„Der Traum unsichtbar zu sein“* (*„Die Tarnkappe - ist sie in Thailand Realität?“*); eigene Homepage, http://axelertelt.npage.de/thailand.html#tarnkappe, Stand: 25.04.2022

Ertelt, Axel: *„Das Geheimnisvolle ist allgegenwärtig – Aus den Erinnerungen eines Mysterienjägers“*; noch unveröffentlichtes Manuskript, Halver 2022

Ertelt, Axel & Stevens, Wilfried: *„Rätsel und Geheimnisse des Mondes“*; Reihe „Blaue Dokumente“, Bd. 22, Halver im August 2022

Ertelt, Axel: siehe auch unter **Mais, Alex** (Pseudonym von **Ertelt, Axel**)

Evans, Kate: *„The Alleged And Unbelievable History Of Stonehenge; 93 Seemingly Pointless Rocks"*; https://thetourguy.com/travel-blog/england/london/stonehenge/the-alleged-unbelievable-history-of-stonehenge/, 14.10.2021

Fiebag, Johannes: *„Die Gesandten des Alls"*; in: **Ertelt, Axel** & **Fiebag, Johannes** & **Fiebag, Peter** & **Sachmann, Hans-Werner**: *„Die kosmischen Eingeweihten"*, Selbstverlag des Autorenteams, Dortmund 1980

Fisher, Irwin: *„1950s Airliner Lands with 92 Skeletons on Board"*; in: Weekly World News Tabloid, 14.11.1989

Flessner, Bernd: *„Das teleportierte Schiff"*; in: mare Nr. 124, Oktober/November 2017, https://www.mare.de/das-teleportierte-schiff-content-460, [25.06.2022]

FOCUS: *„Mysteriöse Fahrgäste und verschollene Abteile: Der Geisterzug von Stockholm"*; https://www.focus.de/panorama/welt/viele-mythen-ranken-sich-um-die-u-bahn-menschen-angeblich-verschwunden-der-geisterzug-von-stockholm_id_5017252.html, 19.10.2015

Franco, Louise: *„Bermuda Triangle of Queensland: Mystery Behind the Black Mountain Disappearances in Australia Debunked"*; https://www.natureworldnews.com/articles/49369/20220212/new-research-reportedly-claims-resolving-mystery-behind-black-mountain-disappearances.htm, 12.02.2022

Frickel, Claudia: *„Mystery: Das Zeitloch im Untersberg"*; https://web.de/magazine/wissen/mystery/mystery-zeitloch-untersberg-31592866, 01.06.2016

Gerber, J.-C.: *„Mysteriöses Grabmal soll eine Zeitmaschine sein"*; https://www.20min.ch/story/mysterioeses-grabmal-soll-eine-zeitmaschine-sein-133392734675, 21.12.2015

Gerber, J.-C.: *„Von Skelett-Piloten und 12-Kilo-Heuschrecken"*; https://www.20min.ch/story/von-skelett-piloten-und-12-kilo-heuschrecken-665865287871, 03.01.2016

Gilbert, Maria: *„Vor 111 Jahren fuhr ein Zug in einen Tunnel in Italien ein und verschwand: Die Leute folgten den Spuren, fanden aber nichts"*; https://gesellschaft.uberalles.live/22436-vor-111-jahren-fuhr-ein-zug-in-einen-tunnel-in-italien-ein-und-verschwand-die-leute-folgten-den-spuren-fanden-aber-nichts, 11.08.2022

Glasl, Sofia: *„Bei den Ottermenschen"*; https://www.sueddeutsche.de/panorama/alaska-dreieck-polarkreis-raetsel-1.5150642, 26.12.2020

Glasl, Sofia: *„Friedhofstor zur Zukunft"*; https://www.sueddeutsche.de/leben/zeitmaschine-grab-london-brompton-cemetery-courtoy-1.5563165, 13.04.2022

Goncharov, N. F. & **Morosov, V. S.** & **Makarov, V. A.**: *„Ist die Erde ein großer Kristall?"*; in: Chemie und Leben (wissenschaftliches monatliches Forschungsjournal der Akademie der Wissenschaften der UdSSR), Heft 3, März 1974, S. 34ff (Übersetzung aus dem Russischen von W. & O. Robl, Berching 2019)

González, Paloma: *„Ein Portal zur 5. Dimension? Wissenschaftler könnten es gefunden haben"*; https://www.gq-magazin.de/entertainment/artikel/portal-5-dimension-wissenschaftler-studie-teilchen-schwarze-materie, 12.02.2021

González, Paloma: „Un grupo de científicos dicen que existe un portal a la quinta dimensión"; https://www.gq.com.mx/entretenimiento/articulo/portal-a-la-quinta-dimension-segun-cientificos, 09.02.2021

Gott, J. Richard: *„Zeitreisen in Einsteins Universum"*; Rowohlt Verlag, Hamburg 2002

Gourley, Jay: *„The Great Lakes Triangle"*; Fontana, 1977

greatdreams.com: *„DARPA – Projekt Pegasus“*; http://www.greatdreams.com/darpa-pegasus.htm, [10.07.2022]

greatplainsparanormal.com: *„Are there Portals to Parallel Worlds all the Time?”*; https://greatplainsparanormal.com/6338268-are-there-portals-to-parallel-worlds-all-the-time-alternative-view, [30.11.2022]

greatplainsparanormal.com: *„Blurred Boundaries Between Parallel Worlds”*; https://greatplainsparanormal.com/6450548-blurred-boundaries-between-parallel-worlds-alternative-view, [03.12.2022]

greatplainsparanormal.com: *„Disappearances in Sicily”*; https://greatplainsparanormal.com/6482378-disappearances-in-sicily-alternative-view, [28.11.2022]

greatplainsparanormal.com: *„ How I got into an unusual Reality”*; https://greatplainsparanormal.com/6352817-how-i-got-into-an-unusual-reality-alternative-view, [02.12.2022]

greatplainsparanormal.com: *„Iceland's ‚hidden People'”*; https://greatplainsparanormal.com/6450665-icelands-hidden-people-alternative-view, [06.12.2022]

greatplainsparanormal.com: *„Missing Persons disappearing in Parallel Worlds?”*; https://greatplainsparanormal.com/6441393-missing-persons-disappearing-in-parallel-worlds-alternative-view, [03.12.2022]

greatplainsparanormal.com: *„Parallel Worlds”*; https://greatplainsparanormal.com/parallel-worlds/1, [28.11.2022]

greatplainsparanormal.com: *„Parallel Worlds Attack”*; https://greatplainsparanormal.com/6350103-parallel-worlds-attack-alternative-view, [02.12.2022]

greatplainsparanormal.com: *„People from Nowhere: Messengers of Parallel Worlds?”*; https://greatplainsparanormal.com/6350036-people-from-nowhere-messengers-of-parallel-worlds-alternative-view, [01.12.2022]

greatplainsparanormal.com: *„Portals in the Tundra and in the Apartment"*; https://greatplainsparanormal.com/6450662-portals-in-the-tundra-and-in-the-apartment-alternative-view, [06.12.2022]

greatplainsparanormal.com: *„She got into a Parallel World and miraculously returned – Mystical Story about my Friend"*; https://greatplainsparanormal.com/6339011-she-and-nbsp-got-into-a-and-nbsp-parallel-world-and-nbsp-and-and-nbsp-miraculously-returned-and-nbsp-mystical-story-about-and-nbsp-my-friend-alternative-vie, [30.11.2022]

greatplainsparanormal.com: *„The Portal of Transition to Parallel Worlds must be sought in the Tyzyl gorge of Kabadino-Balkaria"*; https://greatplainsparanormal.com/6349646-the-portal-of-transition-to-parallel-worlds-must-be-sought-in-the-tyzyl-gorge-of-kabardino-balkaria-alternative-view, [01.12.2022]

greatplainsparanormal.com: *„Trapped between Worlds or Orion Williamsons Story"*; https://greatplainsparanormal.com/6350066-trapped-between-worlds-or-orion-williamsons-story-alternative-view, [02.12.2022]

greatplainsparanormal.com: *„Tunnels to another Dimension"*; https://de.greatplainsparanormal.com/6450661-tunnels-to-another-dimension-alternative-view, [06.12.2022]

greatplainsparanormal.com: *„We crossed the Bridge in the Fog and did not find the Village in its usual Place"*; https://greatplainsparanormal.com/6446776-we-crossed-the-bridge-in-the-fog-and-did-not-find-the-village-in-its-usual-place-alternative-view, [03.12.2022]

great-spacing.com: *„The incident at Stonehenge - 1971. 5 tourists disappeared during a thunderstorm"*; https://great-spacing.com/publication/732/, [10.08.2022]

Group, David: *„Beweise: Das Bermuda-Dreieck"*; Droemer Knaur, München 1987

Grundhauser, Eric: *„The Silver Arrow, the Real Ghost Train Haunting the Stockholm Metro"*; https://www.atlasobscura.com/articles/the-silver-arrow-the-real-ghost-train-haunting-the-stockholm-metro, 07.10.2015

Hagens, Beth siehe unter **Becker, William** & **Hagens, Beth**

Haslam, Garth: *„1880, September 23: The Mystery of David Lang"*; Anomalies, http://anomalyinfo.com/Stories/1880-september-23-mystery-david-lang, [30.05.2022]

Haunted History Trail: *„Thompson Park Vortex"*; https://hauntedhistorytrail.com/explore/thompson-park-vortex, [13.11.2022]

Hawking, Stephen: *„Die kürzeste Geschichte der Zeit"*; Rowohlt Taschenbuch Verlag, Hamburg, 39. Auflage/Neuausgabe 2011

Heim, Burkhard: *„Die 12 Dimensionen (Quantenfeld-Theorie) von Burkhard Heim"*; https://cdn.website-editor.net/217fff4ca337413281749566efd59306/files/uploaded/Burkhardt-Heim-12.-Dimension.pdf, [09.10.2022]

Heller, Gerda: *„Die geheimnisvolle Insel"*; in: MYSTERIA Nr. 9/79, Halver & Dortmund 1979

Hermes, Othniel (Hrsg.): *„Kefitzat Haderech"*; Alphascript Publishing / Bellum Publishing

Hernandez, Sunny: *„Aliens among us? Visit Upstate New York's very own ‚Area 51'"*; https://www.newyorkupstate.com/northern-ny/2021/01/aliens-among-us-visit-upstate-new-yorks-very-own-area-51.html, 22.01.2021

history.de: *„Tesla, die Überwindung der Schwerkraft und das Philadelphia-Projekt"*; The History Channel (Germany), München, https://www.history.de/news/detail/tesla-die-ueberwindung-der-schwerkraft-und-das-philadelphia-projekt.html, [21.06.2022]

history.de: *„Das Bennington-Dreieck, in dem Menschen spurlos verschwinden“*; https://www.history.de/news/detail/das-bennington-dreieck-in-dem-menschen-spurlos-verschwinden.html, [03.01.2023]

Horn, Roland M.: *„Wichtige Forschungen inklusive eigene Erfahrungen“*; Rezension des Buches *„Portale“* von Werner Betz & Sonja Ampssler, https://www.amazon.de/gp/customer-reviews/R1LYRU3KBU2L82/ref=cm_cr_dp_d_rvw_ttl?ie=UTF8&ASIN=3956522982, 12.06.2021

hostelcluj.com: *„The strangest place to visit in Cluj-Napoca – The haunted forest Hoia-Baciu”*; https://hostelcluj.com/haunted-forest-hoia-baciu/, [23.11.2022]

ik-ptz: *„Gab es jemanden in einer Parallelwelt? Unerklärlich: in der Welt des Unsichtbaren – Parallelwelten“*; https://ik-ptz.ru/de/diktanty-po-russkomu-yazyku--3-klass/byl-li-kto-v-parallelnom-miru-neobyasnimoe-v-mire-nevidimogo--.html, [09.10.2022]

industr.com: *„Erste internationale Holografische Teleportation gelungen“*; https://www.industr.com/de/erste-teleportation-2661509, 23.08.2022

Institut für körperliche & energetische Ausgewogenheit Günther & Bernadette Offenberger OG: *„Ley Lines / Ley Linien“*; https://www.offenberger-oeg.at/de/radi%C3%A4sthesie/ley-lines-und-geomantie, [23.11.2022]

Interessante Geschichten: *„Vermisstes Flugzeug landet nach 37 Jahren. Was war passiert?“*; https://www.youtube.com/watch?v=YhenMbS9wDE, 04.07.2020

Irlbeck, Thomas: *„Das JOTT-Phänomen“*; https://www.mystisch.net/blog/?p=250, 24.10.2020

Izadi, Shahram: *„holoportation: virtual 3D teleportation in real-time“*; https://www.youtube.com/watch?v=7d59O6cfaM0, 25.03.2016

Janczura, Sarah: *„Leben im All: Forscher finden 24 extrem gut bewohnbare Planeten“*; https://www.ingenieur.de/technik/fachbereiche/raumfahrt/leben-im-all-forscher-finden-24-super-bewohnbare-planeten/, 20.10.2020

Janvier, Thomas Allibone: *„Legends of the City of Mexiko“*; in: Harper's Magazine Nr. 118, New York 1908

Kabel1 Doku: *„Das Mysterium um Mount Shasta“* (aus der Reihe *„Unerklärliche Phänomene – Ancient Aliens“*); gesendet von Kabel1 Doku am 04.10.2022

Kaku, Michio: *„Die Physik des Unmöglichen: Beamer, Phaser, Zeitmaschinen“*, 7. Edition, Rowohlt Verlag, Hamburg 2010

Kamalakaran, Ajay: *„When a Russian doctor tried to crack the mystery of the abode of Lord Shiva”*; https://www.rbth.com/blogs/tatar_straits/2017/02/24/when-a-russian-doctor-tried-to-crack-the-mystery-of-the-abode-of-lord-shiva_707558, 24.02.2017

Kantilli, Günter: *„Mythologie der Kelten“*; https://www.geomantie.at/joomla/index.php?option=com_content&view=article&id=68&Itemid=51, [24.11.2022]

Kellerhoff, Sven Felix: *„Wie Hitlers Gebirgsjäger den Kaukasus stürmten“*; Welt, https://www.welt.de/kultur/history/article108696384/Wie-Hitlers-Gebirgsjaeger-den-Kaukasus-stuermten.html, 21.08.2012

King, Steve: *„Watertown, New York has it's own Area 51 with a Teleportations Vortex”*; https://q1057.com/watertown-new-york-has-its-own-area-51-with-a-teleportation-vortex/, 21.11.2021

Klintberg, Bengt af: *„Die Ratte in der Pizza und andere moderne Sagen und Großstadtmythen“*; Wolfgang Butt Verlag, Mönkeberg bei Kiel 1990

Krämer Andreas: *„Hoia Baciu: Der Rumänische Gruselwald. Bist Du Mutig Genug?“*; https://manonamission.de/big-stories/hoia-baciu-der-rumaenische-gruselwald-bist-du-mutig-genug, 18.03.2018

kraftort.org: *„Kraftort Untersberg - Salzburger Land“*; www.kraftort.org [08.10.2012]

Krassa, Peter: *„Phantome des Schreckens“*; Caesar Verlag, Wien 1980

Krassa, Peter: *Dein Schicksal ist vorherbestimmt: Pater Ernettis Zeitmaschine und das Geheimnis der Akasha-Chronik.* Herbig Verlag, München 1997

Kringiel, Danny: *„Die unglaubliche Geschichte“*; https://www.spiegel.de/geschichte/kult-boulevardzeitung-weekly-world-news-a-947260.html, 13.07.2011

Lang, André: *„Dreams and Goes”*; 1897

Langelaan, George: *„Die Fliege“*; Fischer Taschenbuch Verlag, Frankfurt/M. 1988

Laue, Andreas & **Betz, Werner**: *„Menschen – spurlos verschwunden“*; Ancient Mail Verlag, Groß-Gerau 2022

Lee, Avis: *„Hyperdimensional portal: Could Stonehenge be under the influence of Saturn?“*; https://mysteriesrunsolved.com/2021/09/hyperdimensional-portal-stonehenge-and-saturn.html, 25.05.2022

Lehnartz, Sascha: *„Besuch in Bugarach – wo der Ufo-Berg ruft“*; https://www.welt.de/kultur/medien/article112157742/Besuch-in-Bugarach-wo-der-Ufo-Berg-ruft.html, 20.12.2012

Lindsay, Joan: *„Picknick am Valentinstag“*; Deutscher Taschenbuch-Verlag (dtv), München 2004

Löwe, Leonard: *„ Verschwundene Menschen“* (*„Die unheimlichsten ‚Missing 411‘ Fälle“*); Denk Verlag, 2019

Löwe, Leonard: *„ Verschwundene Menschen =2=“* (*„Die unheimlichsten ‚Missing 411‘ Fälle“*); Denk Verlag, 2020

Löwe, Leonard: *„Verschwundene Menschen =3=“* (*„Die unheimlichsten ‚Missing 411‘ Fälle“*); Denk Verlag, 2021

Löwe, Leonard: *„Verschwundene Menschen =4=“* (*„Die unheimlichsten ‚Missing 411‘ Fälle“*); Denk Verlag, 2021

Lu, Sei: *„The mystery behind the ‚Lake Michigan Triangle'“*; https://mysteriesrunsolved.com/2018/07/lake-michigan-triangle-mystery.html, 28.01.2021

Lu, Sei: *„Santiago Flug 513: Das vermisste Flugzeug, das nach 35 Jahren mit 92 Skeletten an Bord gelandet ist!“*; https://mysteriesrunsolved.com/de/2018/03/1950s-missing-flight-513-lands-92-skeletons.html?fbclid=IwAR0-9FRfvZsun1JpTzWhgsIWWzdyv-REtQ7F6kgYujlrU6Q6q5WIqCllbhRE, 14.04.2022

Mais, Alex: *„Der Mönch von Heisterbach – Heimkehr nach 300 Jahren?“* Unglaubliche Geschichten über die Zeit (1); OnlineZeitung24, 05.03.2012

Mais, Alex: *„Die verlorene Zeit – Gibt es das wirklich?“*; Unglaubliche Geschichten über die Zeit (2), OnlineZeitung24, 19.03.2012

Mais, Alex: *„Manipulierte Zeit – Die perfekte Tarnkappe?“*; Unglaubliche Geschichten über die Zeit (3), Online-Zeitung24, 01.04.2012

Mais, Alex: *„Signale aus der Zukunft? – Wenn Träume wahr werden“*; Unglaubliche Geschichten über die Zeit (4), OnlineZeitung24, 21.04.2012

Mais, Alex: *„Am Untersberg spielt die Zeit verrückt“*; Unglaubliche Geschichten über die Zeit (5), OnlineZeitung24, 07.10.2012

Mais, Alex: *„Verschollen im Kyffhäuser“*; Unglaubliche Geschichten über die Zeit (6), OnlineZeitung24, 04.12.2012

Mais, Alex: *„Daniels Brautfahrt – Eine Zeitverschiebungsgeschichte aus Irland“*; Unglaubliche Geschichten über die Zeit (7), OnlineZeitung24, 16.01.2013

Mais, Alex: *„Die sieben Schläfer von Ephesus (1)“*; Unglaubliche Geschichten über die Zeit (8), OnlineZeitung24, 23.01.2013

Mais, Alex: *„Die sieben Schläfer von Ephesus (2)“*; Unglaubliche Geschichten über die Zeit (9), OnlineZeitung24, 24.01.2013

Mais, Alex: *„Der lange Schlaf des Epimenides“*; Unglaubliche Geschichten über die Zeit (10), OnlineZeitung24, 31.01.2013

Mais, Alex: *„Ein 70-Jahre-Schlaf und die geheimnisvolle Insel“*; Unglaubliche Geschichten über die Zeit (11), OnlineZeitung24, 12.03.2014

Makarov, V. A.: siehe unter **Goncharov, N. F.** & **Morosov, V. S.** & **Makarov, V. A.**

Matrix3000: *„Irlands Bermuda-Dreieck"*; Band 87, https://www.matrix3000.de/default-71d63b1a4c?tx_ttnews%5Btt_news%5D=668&cHash=736136a75123333e3f19cdb38ec75e11, 30.04.2015

Max-Planck-Institut für Quantenoptik: *„Elegante Quantenteleportation mit nur einem einzelnen Photon“*; https://www.mpq.mpg.de/6549937/06-quantum-teleportation-with-a-single-photon, 01.07.2021

m-haditec GmbH: *„Faltung der Erde – Tay al-Ardh“*; in: *„Lexikon des Islam in deutscher Sprache“*, http://www.eslam.de/begriffe/f/faltung_der_erde.htm, [08.08.2022]

Michell, John & **Rickard, Robert J. M.**: *„Phenomena A Book Of Wonders“*; Pantheon Books, New York 1977

Mikhailov, Alexey: *„The Story of a Woman from a Parallel Universe"*; https://de.greatplainsparanormal.com/6339013-the-story-of-a-woman-from-a-parallel-universe-alternative-view, [30.11.2022]

Mölleken, Jan: *„Forscher erzeugen zweite Zeitdimension“*; T-online-Nachrichten, https://www.t-online.de/digital/internet-sicherheit/internet/id_100031680/zweite-zeitdimension-forscher-erzeugen-neue-materie-phase-in-quantencomputer.html, 25.07.2022

Moewig: *„Spurlos verschwunden“*; Verlagsunion Erich Pabel – Arthur Moewig KG, 2. Auflage, Rastatt 1993

Moore, William L.: siehe unter **Berlitz, Charles** & **Moore, William L.**

Morosov, V. S.: siehe unter **Goncharov, N. F.** & **Morosov, V. S.** & **Makarov, V. A.**

MRU MEDIA: *„The Missing Santiago Flight 513 Lands After 35 Years?!“*; https://www.youtube.com/watch?v=urxhMJwYB6A&t=134s, 04.05.2020

mybestplace.com: *„Hoia Baciu, Haunted Forest of Mystery in Transylvania”*; https://www.mybestplace.com/en/article/hoia-baciu-haunted-forest-of-mystery-in-transylvania, [23.11.2022]

Mystery Of India: *„Mount Kailash – A man-made Pyramid?”*; http://www.mysteryofindia.com/2014/09/mount-kailash-man-made-pyramid.html, [15.11.2022]

Mythen Metzger: *„Hoia Baciu: So finster der Wald - so seltsam die Ereignisse“*; https://www.youtube.com/watch?v=L7Fe75m_Rv8, 06.06.2016

Mythen Metzger: *„Was geschah mit Flug 513 der Santiago Airlines? Eine unglaubliche Geschichte“*; https://www.youtube.com/watch?v=PDr0ErwsQDA, 25.04.2019

Mythen Metzger: *„Die mysteriösen Rougham Vorfälle“*; https://www.youtube.com/watch?v=s-wrPUJBhEk, 12.03.2020

Mythen Metzger: *„Das Geheimnis des Mt. Kailash“*; https://www.youtube.com/watch?v=diJlymfI0fwm, 08.04.2020

MythenWelt: *„Vile Vortices – Die zwölf Friedhöfe des Teufels“*; https://www.youtube.com/watch?v=TMTzzFsmx5Q, [22.06.2022]

N24: *„Zeitreisen – Spuren aus der Zukunft“*; N24, 2017, gesendet von N24 DOKU am 06.06.2022 um 01.20 Uhr

Nature Group: *„Forscher konstruieren magnetisches Wurmloch“*; https://www.scinexx.de/news/technik/forscher-konstruieren-magnetisches-wurmloch/, 21.08.2015

Navau, Carles: siehe unter **Prat-Camps, Jordi** & **Navau, Carles** & **Sánchez, Alvaro**

NET-Journal: *„Das Geheimnis um Otto Skorzenys Tod“*; in Nr. 09/10, Sept./Okt. 2021, 26. Jg., S. 60f, Jupiter Verlag Adolf und Inge Schneider, CH-Schaffhausen (http://www.borderlands.de/net_pdf/NET0921S60-61.pdf, [13.07.2022])

NET-Journal: *„Geheimnisse rund um Nikola Teslas Tod“*; in Nr. 3/4, März/April 2012, 17. Jg., S. 30ff, Jupiter Verlag Adolf und Inge Schneider, CH-Schaffhausen (http://www.teslasociety.ch/info/ss/1.pdf, [13.07.2022])

Neue Weltschau: *„Ein Mann verschwand spurlos – Fernsehteam war Zeuge“*; in: „Neue Weltschau“ Nr. 37/79, Pabel Verlag, Rastatt 1979

newsogoos.com: *„Sanetti: der mysteriöse Geisterzug“*; https://de.newsogoos.com/publication/4048, [22.11.2022]

Odrich, Peter: *„Plasmafeld von Boeing soll Menschen vor Explosionsdruckwellen schützen“*; https://www.ingenieur.de/technik/fachbereiche/verkehr/plasmafeld-boeing-menschen-explosionsdruckwellen-schuetzen/, 26.03.2015

paranormaldaybook.com: *„Atta-Ameisen und Teleportation“*; https://paranormaldaybook.com/11741772-atta-ants-and-teleportation, [30.05.2022]

Paranormal of Watertown: *„Exploring the Thompson Park Vortex! Part of the Haunted History Trail of New York!”*; https://www.youtube.com/watch?v=-4fpyqEjbVo, 28.06.2021

Parmiter, Cindy: *„Geheimnisse von Zeit und Raum: Portale“*; https://zauber-magie.de/geheimnisse-von-zeit-und-raum-portale/#, [08.10.2022]

Phillips, Dr. Tony: *„Hidden Portals in Earth's Magnetic Field“*; https://www.nasa.gov/mission_pages/sunearth/news/mag-portals.html, 02.07.2012 (aktualisiert am 07.08.2017)

pilger-weg.de: *„Leylinien & Ley-Punkte“*; http://www.pilger-weg.de/pilgergebiete/leylinien/, [23.11.2022]

Pisoni, Ivan: *„The mystery of the Zanetti train that disappeared in 1911 that still travels in space and time”*; https://www.e-borghi.com/en/curiosities/1351/the-mystery-of-the-zanetti-train-that-disappeared-in-1911-that-still-travels-in-space-and-time.html, 27.05.2022

Podbregar, Nadja: *„Erste Quanten-Teleportation in 3D“*; https://www.scinexx.de/news/technik/erste-quanten-teleportation-3d/, 20.08.2019

Pole, Wellesley Tudor: *„The silent road”*; Penguin Random House, New York & London 1960

Poteaca, Eva: *„Be afraid in the Baciu Hoia”*; https://www.itinari.com/be-afraid-in-the-baciu-hoia-forest-near-cluj-napoca-5doa, Januar 2019

Prat-Camps, Jordi & **Navau, Carles** & **Sánchez, Alvaro**: *„Ein magnetisches Wurmloch“*; Scientific Reports, https://www.nature.com/articles/srep12488, 20. August 2015

Probst, Robert: *„Hitlers Held soll für Mossad gemordet haben“*; Süddeutsche Zeitung online, https://www.sueddeutsche.de/politik/ss-offizier-otto-skorzeny-hitlers-held-soll-fuer-mossad-gemordet-haben-1.2926525, 30. März 2016

Psiram.com: *„Teleportation"*; https://www.psiram.com/de/index.php/Teleportation, 12.06.2012

Quinn, T.: *„Now Hanging Rock Buffs Have Their ‚Answer' The Only Ques"*; in: *Sunday Mail* (Queensland), 15.02.1987

Rawert, Peter: *„Der Mann, der niemals starb"*; in: „Die Zeit" Nr. 32 vom 05.08.2010

RealMystery: *„In der Zeit versetzt - Die Zeitreise Theorie"*; https://www.youtube.com/watch?v=XbNnqJnkokg, 10.09.2022

Riccio, Gianluca: *„PORTL-Hologramm, die holographische Teleportation im Stillstand"*; https://de.futuroprossimo.it/2020/10/portl-hologram-il-teletrasporto-olografico-da-fermi/, 31.10.2020

Rickard, Robert J. M.: siehe unter **Michell, John** & **Rickard, Robert J. M.**

Rietz, Alexandra: siehe unter **Sat1 Gold**

Ritter, Thomas: *„Das Geheimnis des Alten Berges"*; in: EFODON SYNESIS Nr. 2/2006, https://www.efodon.de/html/archiv/sonstiges/ritter/2006%20ritter_rennes.pdf

Sammons, Lisa: *„New York Has Its Own Area 51 And The Stories Behind It Are Truly Bizarre"*; https://www.onlyinyourstate.com/new-york/thompson-park-vortex-ny/, 06.01.2022

Sánchez, Alvaro siehe unter **Prat-Camps, Jordi** & **Navau, Carles** & **Sánchez, Alvaro**

Sanderson, Ivan Terence: *„Invisible Residents: The Reality of Underwater UFOs"*; Adventures Unlimited Press, Kempton (USA), 2005

Sat1 Gold: *„Wenn Menschen verschwinden"*; Dokumentationsserie mit Alexandra Rietz, 2021/2022

Schmid, Berthold: *„Untersberg hält 18 Menschen ‚gefangen'"*; Salzburger Nachrichten, 24.09.2013

Schwede, Frank: *„Verloren im Hyperraum: Wenn Züge und Flugzeuge plötzlich verschwinden und durch die Zeit reisen"*; https://www.pravda-tv.com/2021/12/verloren-im-hyperraum-wenn-zuege-und-flug-zeuge-ploetzlich-verschwinden-und-durch-die-zeit-reisen-video/, 27.12.2021

Schwede, Frank: *„Time Travel in Hyperspace: Deportiert in eine andere Realität – Fenster zum Gestern und Morgen"*; Quelle unbekannt, ist identisch mit *„Zeitreisen im Hyperraum"* von **causa-nostra.com**

Shadow Chasers: *„2007 – Watertown, NY"*; http://www.nyshadowchasers.com/cases/2012/5/26/2007-watertown-ny-1.html, [12.11.2022]

Shiga, David: *„Lasers could make virtual particles real"*; www.newscientist.com, 17.08.2010

skeletonwar9723: *„Unknown number is my son crying saying he can't find my husband. I get home and they're watching a movie"*; https://www.reddit.com/r/Paranormal/comments/d83lz5/unknown_number_is_my_son_crying_saying_he_cant/, [01.12.2022]

Solomon, David: *„Kefitzat Haderech - Instant Travel"*; https://www.youtube.com/watch?v=wkO4BdtvxOs, 25.11.2020

Sonnenseite: *„Ein Zug Ging in einem Tunnel in Italien Verloren Und Niemand Kann Ihn Finden"*; https://www.youtube.com/watch?v=m47ujZwXfgg, 01.06.2019

Sonnenseite: *„Ein Flugzeug verschwand und landete 37 Jahre später"*; https://www.youtube.com/watch?v=EDeKf5N5MgE, 05.07.2019

Sonnenseite: *„Warum Schiffe im Michigansee-Dreieck verschwanden"*; https://www.youtube.com/watch?v=b89aJw9vm9Q, 02.08.2019

Sonnenseite: *„11 Orte, die viel mysteriöser sind als das Bermuda-Dreieck"*; https://www.youtube.com/watch?v=Z73adP1qZCM, 06.08.2019

Sonnenseite: *„Alaska hat ein Bermudadreieck und ist sogar noch mysteriöser“*; https://www.youtube.com/watch?v=005Ng5k-4_E, 02.02.2021

Soto, Micah: *„The mystery at the majestic mountain ‚swallows people'“*; https://scienceinfo.net/the-mystery-at-the-majestic-mountain-swallows-people.html, 05.11.2021

Space: *„Ancient ‚Stonehenge‘ at the bottom of Lake Michigan“*; http://earth-chronicles.com/histori/ancient-stonehenge-at-the-bottom-of-lake-michigan.html, 31.08.2017

Spiritwiki: *„Ashta Siddhi“*; http://www.spiritwiki.de/w/Ashta_Siddhi, 12.09.2019

srashtijain.wixsite.com: *„Gadianton Canyon”*; https://srashtijain.wixsite.com/mystries-of-universe/gadianton-canyon, [30.11.2022]

srashtijain.wixsite.com: *„The Man from Taured”*; https://srashtijain.wixsite.com/mystries-of-universe/the-man-from-taured, [30.11.2022]

Srivastava, Ansh: *„The Stargate of Hayu Marca and it's Connection with the FBI: Proof of Inter-dimensional Travel“*; https://www.infinityexplorers.com/stargate-hayu-marca-connection-fbi-proof-inter-dimensional-travel, 07.11.2017

St. Clair, John Quincy: *„Full body teleportation system“*; https://patents.google.com/patent/US20060071122A1/en, [20.06.2022]

St. Clair, John Quincy & **Aguanno Jr., Sebastian**: *„The Mysterious Patents of John Quincy St. Clair: Illustrated Edition (Volume 1)“*; Independently published, 2021

Steffens, Sharada: *„Gemomantie“*; in: Yoga Vidya Journal, Nr. 26, Herbst 2012

Stevens, Wilfried: *„Das Phänomen Zeit“*; MYSTERIA (Fachzeitschrift für UFO-Forschung und Prä-Astronautik) Nr. 63, 9. Jg., Halver, 1987

Stevens, Wilfried: *„Der Mönch von Heisterbach und andere Mönche auf Zeitreise“*; OnlineZeitung24, 09.10.2015

Stevens, Wilfried: *„Der Mönch von Konradsburg und andere Mönche auf Zeitreise“*; OnlineZeitung24, 10.10.2015

Stevens, Wilfried: *„Der Abt San Virila und andere Mönche auf Zeitreise“*; OnlineZeitung24, 13.10.2015

Stevens, Wilfried: *„Der Mönch aus dem Eis und andere Mönche auf Zeitreise“*; OnlineZeitung24, 04.11.2015

Stevens, Wilfried: *„Die gealterten Pilgermönche und andere Mönche auf Zeitreise“*; OnlineZeitung24, 12.11.2015

Stevens, Wilfried: *„Bruder Benedikt von Chorin und andere Mönche auf Zeitreise“*; OnlineZeitung24, 21.02.2016

Stevens, Wilfried: *„Antigravitation – nur Science-Fiction?“*, OnlineZeitung24, 10.03.2016

Stevens, Wilfried: *„Sternentore der Götter entdeckt!“*; OnlineZeitung24, 21.03.2017

Stevens, Wilfried: *„Antigravitation - leicht wie eine Feder“*; Online-Zeitung24, 01.12.2019

Stevens, Wilfried: *„Teleportation - noch Science-Fiction?“*; OnlineZeitung24, 11.01.2020

Stevens, Wilfried: *„Sternentore der Götter entdeckt!“*; in: Mystikum-Magazin Nr. 172, S. 33ff, https://www.mystikum.at/wp-content/themes/Mystikum-Magazin/ausgaben/Mystikum_Juni_2022.pdf, Juni 2022

Stevens, Wilfried: siehe auch unter **Ertelt, Axel** & **Stevens, Wilfried**

Strom, Caleb: *„Das Rätsel der Penteli-Höhle – ein Ort unerklärlicher Phänomene seit der Antike"*; https://www.ancient-origins.de/mythen-europa/penteli-hoehle-007553, 19.02.2022

Sudakov, Dmitry: *„Lightning Can Open Doors to Parallel Worlds"*; https://english.pravda.ru/society/110838-parallel_worlds/, 30.11.2009

Swancer, Brent: *„Bizarre Cases of Mysterious Teleporting People"*; https://mysteriousuniverse.org/2016/10/bizarre-cases-of-mysterious-teleporting-people/, 31.10.2016

Swancer, Brent: *„Vanishings and High Strangeness at Africa's Cursed Mountain"*; https://mysteriousuniverse.org/2017/01/vanishings-and-high-strangeness-at-africas-cursed-mountain/, 05.01.2017

Targaryen, Bodiel: „Mandela-Effekt, JOTT-Phänomen und andere Absonderlichkeiten des Alltags"; https://forum.fanfiktion.de/t/70248/1, 06.11.2020

The Brisbane Courier: *„The Teleport"*; The Brisbane Courier (Australien), 27.07.1878

The Hawaiian Gazette: *„The Teleport"*; Honolulu, 23.10.1878

thestrip.ru: *„Legends and secrets of the sacred mountain Kailash. Mysteries of Mount Kailash"*; https://thestrip.ru/en/lico/legendy-i-tainy-svyashchennoi-gory-kailas-zagadki-gory/, 30.09.2019

Tomas, Andrew: *„Wir sind nicht die ersten"*; Hieronimi Verlag, Bonn 1972

Top Talent: *„OMG! Best Of Magic on Britain's Got Talent 2019 | Magicians Got Talent"*; https://www.youtube.com/watch?v=Sa0d53MHgPc, [26.06.2022]

TopWelt: *„Unglaublichste Portale, die in eine andere Dimension führen - Auf dem ganzen Planeten entdeckt!"*; https://www.youtube.com/watch?v=ks48Fx4AClM, [06.10.2022]

Travelbook: *„Stockholms Geisterzug, in dem angeblich Menschen verschwanden“*; https://www.travelbook.de/ziele/staedte/silverpilen-geisterzug-stockholm, 25.08.2020

untersberg.org: *„Die verschwundene Hochzeitsgesellschaft“*; http://www.untersberg.org/html/hochzeitsgesellschaft.html [08.10.2012]

Vaas, Rüdiger: *„Tunnel durch Raum und Zeit“*; Franckh Kosmos Verlag, Stuttgart, 2. Auflage 2010

Vernaleken, Theodor: *„Alpensagen“*; 1858, Neuausgabe: Verlag für Sammler, Graz 1993

Webre, Alfred Lambremont: *„Time Screen“*; Universe Books, Blaine/WA, USA, Erscheinen angekündigt für Juli 2023

Weiser-Alexander, Kathy: *„The Alaska Triangle – Disappearing Into Thin Air”*; https://www.legendsofamerica.com/alaska-triangle/, April 2020

whoisidentity.com: *„Milarepa Kailash Parvat Story and Death Cause”*; https://whoisidentity.com/milarepa-kailash-parvat-story/, 12.11.2022

Wikipedia: *„4D“*; https://de.wikipedia.org/wiki/4D, 23.09.2022

Wikipedia: *„Atharvaveda“*; https://de.wikipedia.org/wiki/Atharvaveda, 16.06.2020

Wikipedia: *„Bifröst (Mythologie)“*; https://de.wikipedia.org/wiki/Bifröst_(Mythologie), 06.07.2021

Wikipedia: *„Chronovisor“*; https://de.wikipedia.org/wiki/Chronovisor, 12.02.2022

Wikipedia: *„Deutsche Tibet-Expedition 1938/39“*; https://de.wikipedia.org/wiki/Deutsche_Tibet-Expedition_1938/39, 31.03.2022

Wikipedia: *„Forschungsgemeinschaft Deutsches Ahnenerbe“*; https://de.wikipedia.org/wiki/Forschungsgemeinschaft_Deutsches_Ahnenerbe, 01.03.2022.

Wikipedia: *„Frederick Law Olmsted”*; https://de.wikipedia.org/wiki/Frederick_Law_Olmsted, 28.06.2022

Wikipedia: *„Frederick Law Olmsted, Jr.”*; https://de.wikipedia.org/wiki/Frederick_Law_Olmsted,_Jr., 18,10.2022

Wikipedia: *„Graf von Saint Germain“*; https://de.wikipedia.org/wiki/Graf_von_Saint_Germain, 20.07.2022

Wikipedia: *„Hoia-Baciu“*; https://de.wikipedia.org/wiki/Hoia-Baciu, 01.11.2022

Wikipedia: *„Ivan T. Sanderson“*; https://de.wikipedia.org/wiki/Ivan_T._Sanderson, 22.01.2021

Wikipedia: *„Joan Lindsay”*; https://de.wikipedia.org/wiki/Joan_Lindsay, 24.11.2021

Wikipedia: *„John Charles Olmsted”*; https://de.wikipedia.org/wiki/John_Charles_Olmsted, 05.03.2022

Wikipedia: *„John Zegrus”*; https://de.wikipedia.org/wiki/John_Zegrus, 17.12.2021

Wikipedia: *„Jumper (Film)”*; https://de.wikipedia.org/wiki/Jumper_(Film), 28.04.2022

Wikipedia: *„Kefitzat haderech“*; https://en.wikipedia.org/w/index.php?title=Kefitzat_haderech, 13.06.2022

Wikipedia: *„Keltische Anderswelt“*; https://de.wikipedia.org/wiki/Keltische_Anderswelt, 13.10.2022

Wikipedia: *„L-8“*; https://de.wikipedia.org/wiki/L-8, 30.10.2021

Wikipedia: *„Ley-Linie“*; https://de.wikipedia.org/wiki/Ley-Linie, 08.09.2022

Wikipedia: *„Liste spurlos verschwundener Menschen"*; https://de.wikipedia.org/wiki/Liste_spurlos_verschwundener_Menschen, 04.11.2022

Wikipedia: *„Liste verschollener Verkehrsflugzeuge"*; https://de.wikipedia.org/wiki/Liste_verschollener_Verkehrsflugzeuge, 05.08.2022

Wikipedia: *„Magnetospheric Multiscale Mission"*; https://de.wikipedia.org/wiki/Magnetospheric_Multiscale_Mission, 09.01.2022

Wikipedia: *„Mary Celeste"*; https://de.wikipedia.org/wiki/Mary_Celeste, 16.08.2022

Wikipedia: *„Montauk Air Force Station"*; https://en.wikipedia.org/wiki/Montauk_Air_Force_Station, 02.06.2022

Wikipedia: *„Necronomicon"*; https://de.wikipedia.org/wiki/Necronomicon, 05.06.2022

Wikipedia: *„Northwest-Airlines-Flug 2501"*; https://de.wikipedia.org/wiki/Northwest-Airlines-Flug_2501, 20.10.2022

Wikipedia: *„Picknick am Valentinstag"*; https://de.wikipedia.org/wiki/Picknick_am_Valentinstag, 03.08.2022

Wikipedia: *„Rishi"*; https://de.wikipedia.org/wiki/Rishi, 26.06.2021

Wikipedia: *„Siddhi"*; https://de.wikipedia.org/wiki/Siddhi, 14.03.2022

Wikipedia: *„Silverpilen"*; https://en.wikipedia.org/wiki/Silverpilen, 16.08.2022

Wikipedia: *„Spicher Hohlstein"*; https://de.wikipedia.org/wiki/Spicher_Hohlstein, 30.01.2022

Wikipedia: *„Tay al-Ard"*; https://en.wikipedia.org/wiki/Tay_al-Ard, 19.09.2022

Wikipedia: *„Teleportation"*; https://de.wikipedia.org/wiki/Teleportation, 15.04.2022

Wikipedia: *„Teufelsmeer“*; https://de.wikipedia.org/wiki/Teufelsmeer, 28.04.2021

Wikipedia: *„THEMIS“*; https://de.wikipedia.org/wiki/THEMIS, 23.10.2019

Wikipedia: *„Thomas Townsend Brown“*; https://de.wikipedia.org/wiki/Thomas_Townsend_Brown, 22.11.2017

Wikipedia: *„Überlichtgeschwindigkeit“*; https://de.wikipedia.org/wiki/überlichtgeschwindigkeit, 04.01.2022

Wikipedia: *„Veda“*; https://de.wikipedia.org/wiki/Veda, 21.06.2022

Wikipedia: *„Walther von Knebel“*; https://de.wikipedia.org/wiki/Walther_von_Knebel, 23.01.2022

Wikipedia: *„Watertown (City, New York)”*; https://de.wikipedia.org/wiki/Watertown_(City,_New_York), 25.05.2022

Wikipedia: *„Wurmloch“*; https://de.wikipedia.org/wiki/wurmloch, 20.07.2022

Wilkins, Harold T.: *„Strange Mysteries of Time and Space“*; Literary Licensing, LLC, Whitefish 2011

Window To News: *„Mount Kailash An Ancient Pyramid?”*; https://www.windowtonews.com/news.php?id=148248&cat_id=0&p=22646&search=, 07.05.2018

yoga-vidya.de: *„Geomantie“*; https://wiki.yoga-vidya.de/Geomantie, 15.06.2022

Zapato, Lyle: *„Indian Teleportation Accident, Circa 1878“*; ZPi-Blog, https://zapatopi.net/blog/?post=201506190880.indian_teleportation_accident_circa_1878, 19.06.2015

Die Autoren

Axel Ertelt und Wilfried Stevens verband eine Jahrzehnte lange Freundschaft. Beide Autoren wurden 1974 Mitglied der Ancient Astronaut Society (AAS). Während Axel Ertelt Anfang der 1970er-Jahre die „private UFO-Forschungsgruppe Halver“ gründete, hatte Wilfried Stevens Mitte der 1970er-Jahre die private Forschungsgruppe „Ufos und Science-Fiction“ in Düsseldorf gegründet. 1979 hatten sie sich beim Kongress der *Ancient Astronaut Society (AAS)* in München kennengelernt. Dabei stellten sie fest, dass sie genau die gleichen Ansichten und Interessen hatten. Ab 1980 wurde Wilfried Stevens Mitautor der Zeitschrift Mysteria mit dem Redaktionssitz in Halver. Sie trafen sich seitdem regelmäßig privat in Halver und Düsseldorf sowie auf Meetings, Kongressen und weiteren Veranstaltungen, die sich mit Prä-Astronautik und Ufos beschäftigten. Weiterhin beteiligten sich an verschiedenen Forschungsreisen der AAS, führten private Forschungsreisen durch und nahmen an grenzwissenschaftlichen Forschungsprojekten wie Paläo-SETI, Teleportation und Zeitreisen teil. Alleine oder auch gemeinsam erlebten sie dabei einige paranormale Situationen, was beide nicht für einen Zufall hielten. Beide Autoren heirateten später, vielleicht war es eine Fügung, eine Thailänderin und gründeten die erfolgreiche Thailand-Zeitschrift *Siam-Journal*. Es folgten viele weitere gemeinsame Beiträge und die Heft-Reihe *Blaue Dokumente* im Selbstverlag. Weil der Gesundheitszustand von Axel Ertelt seit Mitte 2021 langsam schlechter wurde, fuhr Wilfried Stevens regelmäßig zu ihm nach Halver. Gemeinsam haben für Sie, liebe Leser, nach vielen Arbeitsstunden, dieses außergewöhnliche Buch kurz vor dem Tod von Axel Ertelt noch fertigstellen können.

Axel Ertelt, geb. am 3. April 1954, war hauptberuflich als selbständiger Tischlermeister und Fachgeprüfter Bestatter tätig. Nebenberuflich betätigt er sich seit den 1970er Jahren als Journalist und Schriftsteller. Im Frühjahr 1987 lernte er während einer Forschungsreise durch mehrere Länder Südostasiens seine Frau Thawee kennen, mit der er seit dem 11. Dezember 1987 bis zu ihrem Tod am 18. Juli 2021 verheiratet war. Rund 700 Online-Artikel bei der *OnlineZeitung24* sowie mehr als 350 Print-Artikel veröffentlichte er bereits in den verschiedensten Zeitungen und Zeitschriften in Deutschland, Österreich, der Schweiz, Luxemburg, Namibia, Thailand und der VR China. 1978 wurden über *Radio Luxemburg* zwei SF-Hörspiele von ihm gesendet. Im Dezember 1995 wurde sein Film *„Thailand in Vergangenheit und Gegenwart“* (ÄON-MAGAZIN u. SIAM-JOURNAL, Dortmund/Hagen u. Halver 1995) über die regionalen *„Offenen Kanäle“* im Ruhrgebiet, der Pfalz und Berlin ausgestrahlt. 1997/98 wurde unter gleicher Regie der Filmbeitrag *„Thailändische Feste in Deutschland“* gesendet und 2004 der Filmbericht *„War das Mittelalter ganz anders?“*. Er ist Co-Autor der Anthologien *„Rätsel seit Jahrtausenden“* (Selbstverlag, Dortmund 1978), *„Die kosmischen Eingeweihten“* (Selbstverlag, Dortmund 1980) sowie des Buches *„Sie kommen von anderen Welten“* (John Fisch Verlag, Luxemburg 1982); Herausgeber und Co-Autor der SF-Anthologie *„Gefangen in Zeit und Raum“* sowie Herausgeber der ehemaligen Zeitschrift *„MYSTERIA“* einschließlich mehrerer Sonderpublikationen (MYSTERIA, Halver/Dortmund bis 1990) und zusammen mit Wilfried Stevens der Zeitschrift *„SIAM-JOURNAL“* (SIAM-JOURNAL, Halver u. Düsseldorf 1992 bis 2003); Autor der Bücher *„Die interplanetaren Kontakte des Albertus Magnus“* (Saint Germain Verlag, Höhr-Grenzhausen 1986), *„Das Mittelalter war ganz anders“* (1. Auflage, CTT Verlag Suhl 1999) und der

Broschüre *„Der Tod ist nicht geplant“* (Ein Bestattungsratgeber), Halver, im Juni 2000, der in mehreren überarbeiteten Auflagen erschienen ist. Von 2018 bis 2022 war er Herausgeber und Autor der Heftreihe *„Blaue Dokumente“*, die er in Zusammenarbeit mit Wilfried Stevens im Selbstverlag herausbrachte. Im Ancient Mail Verlag sind bisher erscheinen: *„Das Mittelalter war ganz anders“* (2010 als überarbeitete und ergänzte Neufassung der Ausgabe von 1999) und *„Die Heimat der Götter“* (2013 als Co-Autor mit Wilfried Briegel). Im NIBE Verlag erschienen seine Bücher *„Mobilität auf dem Abstellgleis“* (Oktober 2017) und *„Die thailändische Bestattungskultur im Wandel der Zeit“* (März 2019).

Wilfried Stevens wurde am 27. Februar 1960 in Düsseldorf geboren. Nach der Schule machte er eine Ausbildung zum Datenverarbeitungskaufmann und absolvierte 1982 den Bachelor of Science in Datenverarbeitung. Bis heute ist er in diesem Bereich tätig. 1988 heiratete er seine thailändische Frau Siriporn. Seit der Schulzeit interessiert er sich für Archäologie und Raumfahrt. 1973 schrieb er dazu erste Berichte in der Schülerzeitung. Ab 1974 verlagerte sich sein Interesse hauptsächlich auf Prä-Astronautik und UFO-Forschung, nachdem er selbst ein UFO beobachten konnte. Dies war ausschlaggebend für eigene Recherchen und das Interesse für die Schriftstellerei. Seit Mitte der 1970er Jahre verfasste er ca. 200 Artikel in Zeitschriften und im Internet. Mehreren Exkursionen und Forschungsreisen führten ihn durch Europa, nach Nordafrika und Südostasien. Er war Mitglied in der Ancient Astronaut Society (AAS), der Hermann-Oberth-Gesellschaft (HOG), Deutsche Gesellschaft für Luft- und Raumfahrt (DGLR) und in privaten Forschungsgruppen. Seit Ende der 1980er Jahre schrieb er rund 350 Berichte über und zu Thailand in verschiedene Zeitschriften und im Internet. Von 1992 bis 2003 brachte er mit Axel Ertelt die erfolgreiche Zeitschrift Siam-Journal heraus und betrieb von 2010 bis 2015 mit Unterstützung des Thailändischen Gaststättenverband, dem Thailändischen Fremdenverkehrsamt und verschiedenen Thailändischen Vereinen die Webseite *„Thai9“*.

Veröffentlichungen als Autor:

„Die Früchte Thailands“, Blaue Dokumente, Bd. 7, 2019

„Die Kunst der Obstschnitzerei in Thailand“, Blaue Dokumente, Bd. 8, 2019

„Feiertage in Thailand“, Blaue Dokumente, Bd. 16, 2022

„Der Buddhismus in Thailand“, Blaue Dokumente, Bd. 24, 2022

Veröffentlichungen als Autorenteam mit Axel Ertelt:

„Thailändisches Essen in Deutschland“, Siam-Journal 1995

„Thailändisches Essen in Deutschland und der Schweiz“, Siam-Journal 1997

„Elefanten in Thailand“, Blaue Dokumente Bd. 4, 2019

„Russlands Geheimnisse“ (Teil 1), Blaue Dokumente Bd. 19, 2022

„Russlands Geheimnisse“ (Teil 2), Blaue Dokumente Bd. 20, 2022

„Rätsel und Geheimnisse des Mondes“, Blaue Dokumente Bd. 22, 2022

„Auf der Spur der Zwerge“, Blaue Dokumente, Bd. 25, 2022

Weitere Bücher zu den Rätseln unserer Geschichte und anderen interessanten Themen finden Sie im Verlagsprogramm des Ancient Mail Verlags:

Werner Betz & Sonja Ampssler

Portale

Eine Spurensuche in Vergangenheit und Gegenwart

ISBN 978-3-95652-298-7, Paperback,
74 Farbabbildungen, 246 Seiten, **€ 21,90**

Portale zu anderen Dimensionen – wie kann man sich so etwas vorstellen? Wir versuchen mit unseren Forschungen, ein Bild davon zu vermitteln und folgen seit mehreren Jahren allen Spuren, die uns Hinweise geben könnten. Diese fanden wir in Überlieferungen und Mythen sowie in alten Berichten, aber auch in Vorkommnissen, die bis in die Gegenwart reichen. Ob am Untersberg, in den Pyrenäen oder an anderen Orten der Erde, überall fanden wir Parallelen, die nur den Schluss zulassen, dass es solche Tore sind, die in andere Welten oder Zeiten führen. Geheime militärische Forschungen seit Jahrzehnten weisen darauf hin, dass nicht nur wir an diesem Phänomen interessiert sind. Hinweise darauf, dass diese Portale Realität sind, geben aber auch unsere technischen Untersuchungen, mit deren Hilfe wir physikalische Kräfte nachweisen konnten, die uns offenbar verraten, wo wir diese Übergänge finden können. Begleitet uns auf einer spannenden Suche, die vor unserer Haustür beginnt und bis in die entlegensten Winkel der Erde führt!

Thorsten Läsker

Paranormales Deutschland

ISBN 978-3-95652-299-4, Paperback, Din A5, 236 Seiten, **€ 16,90**

Interessieren Sie sich für übernatürliche und unerklärliche Dinge?

Glauben Sie auch, dass unsere Welt ganz anders ist, als es teilweise den Anschein macht?

Haben Sie vielleicht selbst schon oft vermutet, dass da irgendetwas im Verborgenen schlummert?

Sind Sie bereit, diesen Geheimnissen nachzugehen und möglicherweise auf die Schliche zu kommen?

Dann treten Sie ein ins Paranormale Deutschland und werden Sie dabei Zeuge von 19 fesselnden Erlebnisberichten, wovon einer spannender und mysteriöser ist als der andere. Machen Sie sich also gefasst auf eine faszinierende Reise durch die Welt der Grenzwissenschaften mit teils unvorstellbaren Geschehnissen, von denen Sie einige regelrecht verzaubern oder komplett sprachlos machen werden, während Ihnen andere wiederum die Haare zu Berge stehen lassen dürften. Begegnen Sie dabei u.a. Aliens, Geistern, Dämonen, UFOs, ORBs, Astralreisenden und sogar einem schwarzen Hund mit roten Augen. Erfahren Sie zudem etwas über Zeitreisen, Paralleluniversen, das Jenseits und allerlei verborgene Energien. Dabei werden Sie allerdings nicht nur die reinen Zeugenberichte aus erster Hand erhalten, sondern zu jedem Fall auch noch einige paranormale sowie rationale Erklärungsmöglichkeiten. Denn nur wenn Sie beide Seiten der Medaille kennen, werden Sie sich am Ende ein objektives Urteil bilden können, um so des Rätsels Lösung vielleicht ein Stückchen näher zu kommen.

Paranormales Deutschland 2

ISBN 978-3-95652-331-1, Paperback, Din A5, 232 Seiten,
14 s/w-Abb., **€ 18,90**

Werner Betz & Sonja Ampssler

Portale sind Realität

Die Suche geht weiter

ISBN 978-3-95652-325-0, Paperback,
77 Farbabbildungen, 220 Seiten, **€ 22,90**

Seit dem Erscheinen unseres Buches „Portale" hat sich viel getan. Wir haben unsere Forschungen fortgesetzt und uraltes Wissen analysiert. Wir sind Hinweisen und alten Quellen nachgegangen, die uns zu unheimlichen Orten führten. Dabei hatten wir selbst Begegnungen mit Portalen, die uns die Haare zu Berge stehen ließen und uns bestätigten: Portale sind Realität!

Verschiedene Parteien sind offenbar in einem Wettlauf auf der Suche nach dem Schlüssel, der diese Tore öffnen und steuern kann. Befindet er sich bereits in den Händen einer europäischen Regierung? Bei unseren Reisen und Recherchen vor Ort haben wir Hinweise darauf gefunden und präsentieren sie in diesem Buch.

Wie weit sind die Wissenschaftler fortgeschritten in ihren Bemühungen, Dimensions- oder Zeittore zu schaffen? Möglicherweise sind sie dazu bereits in der Lage und verheimlichen es.

Die Suche beginnt vor unserer Haustür und führt bis in weit entfernte Regionen. Eine spannende Reise von der frühen Geschichte bis in unsere Gegenwart!

Andreas Laua & Werner Betz

Menschen – spurlos verschwunden

Mythen – Realitäten – „Missing 411"

ISBN 978-3-95652-318-2, Paperback, 298 Seiten,
17 s/w-Abbildungen, **€ 21,90**

Überall auf der Welt verschwinden Menschen spurlos. Immer wieder. Die Anzahl der Fälle geht in die Tausende. Aber diese Menschen verschwinden nicht einfach so, etwa weil sie ein neues Leben beginnen wollen, weil sie Selbstmord begehen oder weil sie in irgendein Loch fallen. Sie verschwinden spurlos ... Der Mensch hat immer Angst vor dem, was er nicht kennt; und wenn wir was nicht verstehen, kriegen wir noch mehr Angst.

Zeitverschiebung, Zeitreise, fremde physikalische Abläufe, paranormale Phänomene ... ja sind möglich und scheinen eine Rolle zu spielen. Aber es sind keine zufälligen Fallen, in die Tausende tappen.

Wer die Fakten nicht ignoriert, wünscht sich Aufklärung. Die Fälle gehen jeden an, denn es kann jeden treffen.

Nigel Mortimer

Isaac Newton & Die geheime Sonnenuhr

Die Sonnenuhr von Settle – Portal in eine andere Welt

ISBN 978-3-943565-99-7, DIN A5, Paperback, 184 Seiten, 48 s/w-Abb., 3 Farbfotos, **€ 14,90**

In Settle, England, stand einst „die größte Sonnenuhr der Welt", die jedoch plötzlich von der Bildfläche und aus den historischen Aufzeichnungen verschwand. Der Autor vermutet, dass es sich dabei nicht nur um eine Sonnenuhr gehandelt hat, sondern um ein Portal in eine andere Welt, das bereits Isaac Newton gekannt hat. Auf der faszinierenden Suche nach der Wahrheit um das Verschwinden des Tores begegnen wir UFOs, Geistern, Freimaurern und anderen Gestalten, die sich jedoch nahtlos in die Lösung des Rätsels einfügen – bis hin zur RAF auf Menwith Hill. Hat das Militär etwa bereits die interdimensionalen Tore im Moor von England entdeckt und genutzt?

Mario Rank (Hrsg.)
DER
UNTERSBERG
RUFT!
Ancient Mail Verlag